Cuentos Hispanos de los Estados Unidos

Edited by Julián Olivares

Arte Público Press
Houston
Texas
1993

This book is made possible through a grant from the National Endowment for the Arts (a federal agency), the Lila Wallace-Reader's Digest Fund and the Andrew W. Mellon Foundation.

Arte Público Press
University of Houston
Houston, Texas 77204-2090

Cover design by Mark Piñón
Original painting (oil on canvas) by Billy Hassell:
"Broken Circle," Copyright © 1992

Cuentos hispanos de los Estados Unidos / edited by Julián Olivares.
p. cm.
ISBN 1-55885-045-7
1. Short stories, Hispanic American (Spanish) 2. Hispanic American fiction (Spanish)—20th century. I. Olivares, Julián, 1941– .
PQ7078.C84 1992 92-21056

CIP

The paper used in this publication meets the requirements of the American National Standard for Permanence of Paper for Printed Library Materials Z39.48-1984. ∞

Second Printing, 1994
Printed in the United States of America

Para mis padres:

Julián Olivares, Sr.
Benicia Carrillo Olivares

Contents

Cuentos Hispanos
de los Estados Unidos

Introducción

Esta introducción se dirige a los estudiantes para quienes ha sido preparada especialmente la presente antología: estudiantes en cursos de español para hispanohablantes, estudiantes del idioma a nivel intermedio-avanzado que quieran conocer la vida del hispano norteamericano, y aquéllos que se inician en el estudio de la literatura hispana de los Estados Unidos. Al primer grupo la antología quiere proporcionarles[1] lecturas cuyos personajes, experiencias y lenguaje les serán familiares. La mayoría de estos cuentos han sido escritos por latinos nacidos o criados en nuestro país. Gracias a este terreno común, los lectores hispanohablantes podrán entablar[2] una comunicación directa, tanto afectiva[3] como intelectual, con los escritores y narradores de los cuentos. Al segundo grupo nuestra antología le ofrece relatos sobre experiencias de vida que no suelen[4] representarse en las lecturas de los textos corrientes de idioma y cultura. Y ambos grupos encontrarán en la antología nuevas perspectivas sobre la vida y la experienca de hispanos emigrantes y exiliados. Tales experiencias pertenecen al acervo[5] cultural hispano, y así forman parte del gran mosaico de la vida hispana de los Estados Unidos.

Para los que inician sus estudios de literatura hispano-norteamericana, igual que para los que estudian el idioma, estas lecturas ayudan a satisfacer una gran necesidad: la de proveer[6] en un sólo texto suficiente materia para el aprecio, comentario y análisis de la producción cuentística latina. Los cuentos no están ordenados según la nacionalidad ancestral de sus autores, sino dispuestos[7] en una trayectoria de creciente[8] complejidad, sea[9] de lenguaje, de estilo o de temática. Así los cuentos van del realismo a lo fantástico, de temas cotidianos[10] a temas mitológicos, de cuestiones a nivel del texto a cuestiones de metanarrativa e intertextualidad (véase abajo), de literatura comprometida[11] a literatura con decidido énfasis estético.[12] Cada cuento lleva un glosario al margen que explica algunas palabras que tal vez todavía no formen parte de su repertorio lingüístico; y después de cada lectura, encontrarán una serie de preguntas y temas de comentario y composición que sirven para guiar y facilitar

[1]ofrecerles
[2]iniciar
[3]al nivel emotivo
[4]acostumbran
[5]tesoro
[6]*providing*
[7]arreglados
[8]*increasing*
[9]*be it*
[10]comunes
[11]con fines socio-políticos
[12]artístico

la comprensión.

Los autores representados en nuestra antología viven en los Estados Unidos. En orden alfabético son: Andrés Berger, colombiano, Oregon; Juan Armando Epple, chileno, Oregon; Roberta Fernández, chicana, Texas; Roberto Fernández, cubano, Florida; Luis F. González-Cruz, cubano, Pennsylvania; Rolando Hinojosa, chicano, Texas; Ángela McEwan-Alvarado, chicana, California; Elías Miguel Muñoz, cubano, California; Pablo La Rosa, cubano, Kansas; Tomás Rivera, chicano, Texas y California; Rosaura Sánchez, chicana, Texas y California; Sabine R. Ulibarrí, chicano y nuevomexicano; Rima de Vallbona, costarricense, Texas; Lydia Vélez-Román, puertorriqueña, California; Alfredo Villanueva-Collado, puertorriqueño, New York. Con el fin de establecer una relación amena[13] entre lector y escritor, he pedido a cada escritor que les hable directamente de su vida, comentando su obra[14] en particular y la de sus contemporáneos en general; es decir, que comente la importancia de la literatura hispana de los Estados Unidos. Esto les ayudará a contextualizar cada cuento en las circunstancias de su producción y contenido y también facilitará la aproximación al comentario y análisis. En algunos casos, esto no ha sido posible; desde luego, en el de Tomás Rivera, fallecido en 1984.

El cuento

A diferencia de la novela —de mayor extensión y complejidad, y de mayor desarrollo de trama, personajes y temas—, la nota característica del cuento es su enfoque. Por su brevedad, el cuento prescinde de[15] descripciones y detalles no esenciales, para concentrarse en un problema, una situación, una crisis, que influye de una manera decisiva en la vida del personaje. En contraste con la novela cuyo fin a menudo[16] es un anticlímax, o por lo menos añade poco a la determinación del tema o la trama, la conclusión de un cuento suele producir un impacto inmediato, frecuentemente en forma de sorpresa. Efectivamente, en su estructuración, diríamos que el cuento se orienta hacia el final.[17]

El primer paso a iniciar el comentario de un cuento es la determinación del punto de vista;[18] es decir, ¿quién es el narrador del cuento? El punto de vista puede ser de la primera persona, un *yo* que narra la acción. Con frecuencia, este *yo* es el protagonista, el personaje principal, del cuento. Así lo notamos en la exposición de "Las salamandras" de Tomás Rivera: "Lo que más recuerdo

[13]agradable
[14]los escritos
[15]omite
[16]con frecuencia
[17]*end-oriented*
[18]*point-of-view*

de aquella noche es lo oscuro de la noche, el lodo[19] y lo resbaloso[20] de las salamandras. Pero tengo que empezar desde el principio para que puedan comprender todo esto que sentí ... ". A diferencia del punto de vista de primera persona protagonista, el punto de vista puede ser de primera persona testigo. En este tipo de narración, un personaje —secundario o externo— nos cuenta sobre el protagonista. Un ejemplo de este punto de vista es el del joven narrador de "El Afilador", de Andrés Berger: "Manejaba un triciclo de ruedas enormes que tenía montado un parasol amarillo encima de una gran caja verde llena de herramientas para afilar cuchillos y tijeras ... Lo conocíamos por el apodo de El Afilador".

El punto de vista más común es el del narrador de tercera persona, el narrador omnisciente que, por lo general, sabe todo y que nos revela los pensamientos de los personajes. Al hacer esto, el narrador suele emplear el estilo indirecto, presentando, a manera de resumen, los pensamientos. Así lo hace el narrador omnisciente de "Lázaro volando", de Luis F. González-Cruz: "Edelmira no podía dormirse. Oyó el reloj de la sala dar las dos, luego las tres. Aunque tardaría varias horas en amanecer,[21] decidió levantarse sin hacer ruido, para no despertar a Marcial ... " Este narrador también puede presentarnos exactamente las palabras que el personaje se dice en silencio a sí mismo en sus pensamientos. Así notamos en el cuento "Dos caras", de Sabine Ulibarrí, el estilo indirecto en combinación con el monólogo interior, señalado éste entre comillas:

> Empiezan a surgir problemas. Un hombre pone al otro en sombra. No siempre se sabe cuál es cuál. La gente que sabe de esas cosas, sabe que es Beltrán el genio detrás del éxito. Ambrosio también lo sabe. A veces cuando está solo, y aun a veces cuando recibe los aplausos de los demás, allí dentro hay una voz que le dice, "Si no fuera por Beltrán, tú no valdrías nada". Esto le muerde, le carcome.[22]

En la mente de Ambrosio es su conciencia que la habla.

En la narrativa moderna encontramos una tendencia hacia el narrador omnisciente limitado; es decir, que el narrador no divulga[23] toda la información que, por razón de su omniscencia, bien pudiera relatarnos. Esto sucede frecuentemente cuando el narrador prefiere ceder[24] buena parte de la narración a los personajes por medio de los monólogos interiores de éstos, principalmente los del protagonista. Así sucede en el cuento de Rosaura Sánchez, "Entró y

[19]*mud*
[20]*slipperiness*
[21]*hours till dawn*
[22]*gnaws at him*
[23]revela
[24]*relinquish*

se sentó". También hay una tendencia a utilizar múltiples narradores, mayormente de primera persona. Esta técnica la emplea la misma escritora en "Tres generaciones" en los monólogos interiores de tres mujeres, e igualmente la utiliza Juan Armando Epple en su "Garage Sale". El problema aquí es identificar quién habla, puesto que el personaje no tiene para qué[25] nombrarse a sí mismo.

Antes de confiar en estos narradores, hay que tener muy en cuenta que el narrador no está obligado a decir la verdad. A veces sólo nos da su versión de la realidad. Un narrador imparcial que nos cuenta la verdad es un narrador *fidedigno*.[26] El que no lo hace es un narrador no fidedigno, o no digno de confianza. Este tipo de narrador suele ser el de primera persona, porque este *yo* sólo nos da *su* punto de vista. De ahí que en el análisis de la narrativa haya que determinar el punto de vista y su relación con el texto. Un ejemplo de la problemática de la subjetividad es el de la narradora que surge al final del cuento de Roberta Fernández, "Zulema".

Un efecto frecuente de los puntos de vista narrativos que acabamos de comentar es la ironía. En el ejemplo de "Entró y se sentó", el efecto de ceder gran parte de la narración al protagonista es hacer que él se nos revele para que nosotros lo juzguemos en base a sus propios pensamientos. Se establece así una ironía, puesto que la persona que él mismo afirma ser no es necesariamente la que nosotros los lectores percibimos.

Toda narrativa ficiticia tiene tres componentes: la historia, el tema y el discurso. La historia, o fábula, es el argumento de la obra constituido a su vez[27] por: 1) la exposición; 2) el desarrollo;[28] 3) el clímax o punto culminante; y 4) el desenlace.[29] Todos estos elementos forman la trama[30] de la obra. La exposición plantea el asunto,[31] introduce al protagonista u otros personajes, describe el ambiente, y a veces concretiza el tiempo y el lugar. Así en el primer párrafo de "Zoo Island" de Tomás Rivera, el narrador omnisciente introduce al protagonista José, adolescente de quince años, quien acaba de soñar con hacer un censo[32] y fundar un pueblo. Con esto se plantea el asunto. Poco después nos enteramos de que José y su familia son campesinos migrantes[33] que trabajan en Iowa. El desarrollo consiste en la configuración[34] o progreso del asunto y las acciones de los personajes. El desarrollo incluye además el

[25]*has no reason to*
[26]*reliable*
[27]*in turn*
[28]*development*
[29]resolución
[30]*plot*
[31]*subject*
[32]*take a census*
[33]*migrant farmworkers*
[34]formación

suspenso o la tensión dramática, constituido a su vez por puntos decisivos o crisis, decisiones y acontecimientos[35] que van determinando las consecuencias de las acciones. En "Naranjas" de Ángela McEwan-Alvarado, el narrador de primera persona, desde la perspectiva del adulto, revela en la exposición las memorias de su niñez. En el desarrollo, el narrador nos cuenta el orgullo[36] que sentía al trabajar en los naranjales[37] al lado de su padre, ya que lo hacía sentirse hombre. El punto decisivo surge cuando el dueño vende los naranjales para la construcción de viviendas,[38] de manera que la familia se encuentra sin empleo. La decisión que hace el padre determina el destino del narrador. En este cuento las naranjas que el narrador, como adulto, ve en el supermercado se asocian con su niñez, y así tienen valor simbólico.

El clímax o punto culminante es el momento de máxima tensión y consecuencia de los puntos decisivos. En el cuento de Roberto Fernández, "Raining Backwards", la abuela de Keith, el narrador, siente la cercanía[39] de la muerte que le despierta el deseo de volver a Cuba para ser enterrada al lado de su hermana. Para lograr esto, le pide a Keith que le construya un barco. El clímax ocurre cuando se lanzan al golfo, Keith tirando[40] con una lancha con motor la embarcación de la abuela. Al llegar a la corriente, Keith corta la soga[41] para que la corriente lleve a la abuela a su querida patria. En este cuento el clímax nos lleva a un desenlace tragicómico e irónico.

El desenlace presenta las consecuencias del clímax y la resolución o no resolución del asunto. En el caso de su resolución tenemos un desenlace cerrado. En el cuento "Dos caras", el asunto del conflicto entre el protagonista Beltrán y el antagonista Ambrosio llega a su punto culminante con la victoria de aquél, con la consecuencia o desenlace de que su enemigo muera. Así el argumento del cuento llega a una resolución. En el caso de un cuento cuyo asunto no se resuelve, tenemos un final abierto, procedimiento que ofrece varias interpretaciones que el lector se ve obligado a considerar, teniendo en cuenta las claves[42] y elementos estructurales que apuntan a una resolución factible.[43] "Entró y se sentó" trata de un profesor chicano que se niega a ayudar a los estudiantes chicanos en su protesta y huelga[44] de protesta contra la administración univer-

[35]eventos
[36]*pride*
[37]*orange groves*
[38]casas
[39]*nearness*
[40]*pulling*
[41]*rope*
[42]clues
[43]posible
[44]*strike*

sitaria. Mediante unos retrocesos[45] provocados por el motivo de la tormenta, el protagonista recuerda las privaciones[46] de su adolescencia, especialmente las que eran resultado de la discriminación. Llega a una decisión, el punto culminante; luego en el desenlace el narrador nos lo presenta inmerso en otro retroceso: "Miró por la ventana y vio a su papá empapado[47] de agua y lleno de grasa". Este desenlace abierto apunta a otra posible decisión, y le toca al lector especular cuál será.

El tema es la idea central de la obra, el mensaje principal que el escritor quiere comunicar. El tema puede divulgarse de una manera explícita, directamente; o expresarse implícitamente, de manera indirecta. En "Dos caras" el narrador omnisciente declara el tema al final; de esta manera se entiende que el cuento ha sido una parábola[48] con un fin moralizante. La declaración del tema corresponde a este tipo de narrativa, y así se vincula[49] con una tradición antigua. En otros cuentos el lector tiene que extraer[50] el tema a partir del discurso y la estructura. Todos los componentes del cuento apuntan a un signficado que el lector ha de descubrir. Podría decirse que la acción del cuento es la dramatización de su tema.

El discurso narrativo es esencialmente el tipo de lenguaje que el escritor utiliza, y es el elemento más importante de su estilo. El discurso puede ser sencillo o complicado, literal o figurado. El discurso empleado por Tomás Rivera y Rolando Hinojosa logra captar el habla popular de la clase obrera.[51] La dimensión artística consiste en la manera como, por medio de esta captación lingüística, se comunica una representación vivaz de este pueblo, sus vidas, experiencias, costumbres y modos de pensar. La sencillez sólo es aparente, ya que se percibe a través del discurso una fina ironía y una complejidad ideológica. Pongamos como ejemplo un pasaje de "Las salamandras" donde el espacio geográfico, cultural y sicológico de los personajes se logra plasmar[52] magistralmente debido en gran parte a la atención minuciosa que Rivera pone en la representación de su habla:

> En la madrugada desperté y todos estaban dormidos y podía verles los cuerpos y las caras a mi *'apá*, a mi *'amá* y a mis hermanos, y no hacían ruido. Eran caras y cuerpos de cera. Me recordaron a la cara de *'buelito* el día que lo sepultamos. Pero no me entró miedo como cuando lo encontré

[45]*flashbacks*
[46]*deprivations*
[47]*soaked*
[48]narración que contiene una enseñanza
[49]se relaciona
[50]sacar
[51]*working class*
[52]*give shape to*

> muerto a él en la *troca.* Yo creo porque sabía que estaban vivos. Y por fin amaneció completamente.

En este pasaje donde el narrador adolescente va experimentando una crisis de alienación, la aféresis (pérdida de la primera letra o sílaba) de "(p)apá", "(m)amá" y "(a)buelito" no sólo nos identifica al narrador como adolescente sino que también nos lo contextualiza dentro de una sociedad rural de clase trabajadora, ya que esta característica lingüística es común al habla de campesinos. Con este realismo lingüístico, Rivera pone de manifiesto la inocencia del narrador para así recalcar[53] una crisis sicológica causada por la indiferencia y hasta el odio de la sociedad anglosajona. El préstamo[54] inglés de la palabra "troca" (camión/camioneta) nos indica el ambiente bicultural del protagonista y su familia, en el cual está sujeto a una tensión de asimilación-rechazo.[55] Efectivamente, el discurso de "Las salamandras" apunta a dos niveles de lectura. El primero es el nivel narrativo que relata la peripecia de[56] una familia en su búsqueda de trabajo. El segundo nivel, sugerido por el simbolismo y el ambiente bíblico, es la alegoría de un pueblo desposeído (el abuelo muerto en la "troca"), desposesión experimentada[57] en un sentido absoluto y metafísico. Aquí el pueblo se presente como paria[58] en busca de su tierra.

Por otra parte tenemos el discurso figurado caracterizado por un lenguaje denso y el empleo de imágenes. Con este discurso diríamos que el escritor está más consciente de la dimensión estética de su estilo o que ha escogido este medio expresivo para comunicar el asunto y tema de su cuento. "La tejedora de palabras" de Rima Vallbona exige[59] un conocimiento de los héroes mitológicos clásicos para apreciar la manera en que utiliza alusiones y referencias y establece un paralelo entre la mitología y la manera en que la protagonista, una profesora de literatura clásica, hechiza[60] a su alumno. Las fuentes[61] mitológicas además sirven para demostrar la manera como éstas pueden aplicarse a la vida moderna. A través del relato, el narrador omnisciente compara las palabras hechizadores de la profesora a una red[62] que cautiva[63] a su víctima: "A Rodrigo no le cabía duda de que ella era una hábil manipuladora de palabras, palabras

[53]enfatizar
[54]*borrowing*
[55]*rejection*
[56]lo que le ocurre a
[57]*experienced*
[58]*outcast*
[59]*requires*
[60]*bewitches*
[61]*sources*
[62]*net*
[63]*captures*

que iba tejiendo a manera de una tupida[64] red en la que él se iba sintiendo irremisiblemente[65] atrapado . . . " Así se crea una metáfora, una red de palabras, que, igual a la de Circe o la de la Sirena, atrae a la víctima hacia su destrucción. Lo mismo que en "Las salamandras", la escritora crea un cuento en dos niveles, en donde el primero, la hechecería y seducción del joven —la red—, sirve de segunda metáfora para expresar la manera en que una obra literaria cabalmente lograda puede embelesar[66] y seducir al lector.

No son muchos los temas de la literatura. Son, por ejemplo, el amor, la muerte, el autoconocimiento, la amistad, la venganza, etc. En nuestros tiempos encontramos otros como la alienación, el caos, el absurdo. Un tema predilecto de hoy es la literatura; la literatura engendra[67] otra literatura. Entre los escritores contemporáneos hay aquéllos en cuya obra aparece como tema, sub-tema o asunto la literatura o la cuestión de la creatividad literaria. Esto se manifiesta mediante la duplicación interior, la intertextualidad y la metanarrativa.

Se entiende como duplicación interior el incluir en una obra otra obra. A manera de ilustración, pongamos el caso de una película en la cual se está haciendo otra película. Para exponer el concepto en forma de símil, es como una caja china que contiene adentro otra caja, que a su vez contiene otra, etc. El cuento de Roberta Fernández, "Zulema", contiene una duplicación interior que se hace patente[68] cuando en el cuento la narradora Zulema y su tía Mariana leen y comentan la novela *Pedro Páramo* de Juan Rulfo. Esta duplicación interior tiene una función orgánica: así como la novela trata de un joven en busca de su padre, el cuento trata del esfuerzo de Zulema de encontrar a su madre.

La intertextualidad es una forma de duplicación interior pero, en vez de colocar una obra dentro de otra, el texto alude a otro texto o textos, generalmente implícitos, con los cuales el texto que se lee "dialoga". Esta referencia o diálogo se manifiesta en la manera en que un texto recoge el tema, asuntos, estilo, ideología de otros; y los imita, invierte o subvierte para responder a otras circunstancias que no se consideraron o no existieron en la creación de los primeros textos. La metanarrativa es, esencialmente, el acto autorreferencial[69] dirigido a la escritura. Con esto el escritor refiere, comenta, el oficio[70] de escribir. Se cuestiona el proceso mismo de la creación literaria, específicamente el procedimiento del escritor particular.

La intertextualidad y la metanarrativa se dan admirablemente en el último

[64]densa
[65]*irrevocably*
[66]suspender
[67]origina
[68]obvio
[69]*self-referential*
[70]*craft*

cuento de nuestra colección, "Carta de Julio" de Elías Miguel Muñoz. Su tema es el escribir un relato, específicamente uno que la editorial[71] le ha encargado al escritor/narrador cubano. El relato, caso de duplicación interior, se llamará *Quinto sol*. El problema radica[72] en que la trama que propone la editorial es la misma que el escritor argentino Julio Cortázar desarrolla superlativamente en su cuento "La noche boca arriba". ¿Cómo puede el narrador escribir un relato que pueda compararse o, menos aún, superar al del famoso Cortázar? El escritor/narrador (y lector de Cortázar) refiere el aprieto[73] —*the anxiety of influence*[*]— a su lector, proceso metanarrativo en donde el acto implícito de la intertexualidad se refiere al nivel del argumento, o sea, se convierte en materia ficticia; y de ahí se hace explícito el proceso de la intertexualidad. Además, no sólo dialoga su texto con el del escritor argentino, sino que los autores dialogan, puesto que se escriben. De esta forma el escritor Muñoz crea literatura de la literatura a la vez que rinde homenaje[74] a un escritor predilecto fallecido.

He aquí algunas de las herramientas[75] literarias que ustedes pueden usar para desarmar y volver a armar los cuentos. Y ahora, manos a la obra.[76]

Julián Olivares

[71]*publisher*
[72]se origina
[73]dilema
[*]Título del libro del crítico Harold Bloom.
[74]*pays homage*
[75]*tools*
[76]*let's get on with it*

Ángela McEwan-Alvarado

Nací en Los Angeles, pero he vivido en muchas partes de los Estados Unidos. Asistí a cursos de verano en la Universidad Autónoma de Guadalajara. Después me casé en la Ciudad de México y estudié en la Universidad Iberoamericana. Cuando fuimos a Managua, Nicaragua, trabajé como secretaria bilingüe del presidente de una compañía productora de harina, subsidiaria de General Mills. Al regresar a los Estados Unidos terminé la licenciatura◇ en Mary Hardin-Baylor College en Texas y comencé la maestría en la Universidad de Texas en Austin, terminando mis estudios en la Universidad de California en Irvine. Fui editora bilingüe de materiales educativos y asistente de información pública antes de trabajar como intérprete de español en los tribunales◇ estatales y federales de Los Angeles. Además, hago traducciones legales y de literatura.

B.A.

las cortes

Mi cuento surgió cuando fui a una conferencia de escritores en Santa Barbara. Me sentía deslumbrada.◇ Tuve la suerte de sentarme a la misma mesa que James Michener y Ray Bradbury, y, a pesar que la comida era apetitosa, casi no la probé por estar tratando de captar toda la conversación. Al día siguiente hicimos un ejercicio para el taller◇ de Ray Bradbury. (Pueden leer sus sugerencias en los ensayos "The Joy of Writing" y "Zen in the Art of Writing" en el libro *Zen in the Art of Writing*) El ejercicio fue: relajarse, vaciando la mente completamente, como un papel en blanco, dejar entrar cualquier imagen y escribir sobre ello *sin* pensar, analizar o censurar. El muchachito de mi cuento "Naranjas" surgió de la nada. Lo vi claramente y él comenzó a contarme su historia. Claro, después hubo que pulir el cuento y agregar detalles, pero mi subconsciente hizo el trabajo creativo.

dazzled

workshop

En el Museo Bowers de Santa Ana yo había visto fotos de los que trabajaban cosechando naranjas —los hombres las cortaban y las mujeres las empacaban. Una foto que me quedó grabada en la mente era de un muchachito posando orgullosamente con los hombres, con la bolsa de lona que había de llevarse, llena de naranjas, al hombro: un niño que hacía por necesidad el trabajo de un hombre, pero con gusto. Lo de las cajas de madera con sus dibujos viene de mis primeras memorias. ¡Qué bien nos servían de muebles! La Virgen de Zapopán fue un recuerdo de mi estadía en Guadalajara. Al terminar de escribir el cuento, todavía le faltaba algo, entonces se lo mostré a un escritor que había trabajado en el campo y aproveché sus sugerencias. Al quedar satisfecha con mi trabajo, lo mandé a la *Revista Chicano-Riqueña* (que ahora se llama *The Americas Review*) donde se publicó por primera vez.

Así es que para comenzar a escribir hay que relajarse y permitir que el subconsciente funcione sin interferencias. También se ve cómo diferentes detalles se pueden entrelazar para crear el cuento. Claro, para poder dar forma a lo que sale del subconsciente, hay que estudiar, practicar y leer mucho. Los libros son buenos amigos, listos a toda hora para acompañarnos o transportarnos a todas partes. Les deseo muchos amigos-libros y mucho éxito al escribir sus propias historias.

Naranjas

Desde que me acuerdo, las cajas de naranjas eran parte de mi vida. Mi papá trabajaba cortando naranjas y mi mamá tenía un empleo en la empacadora, donde esos globos dorados rodaban sobre bandas para ser colocados en cajas de madera. En casa, esas mismas cajas burdas◇ nos servían de cómoda, bancos y hasta lavamanos, sosteniendo una palangana◇ y un cántaro◇ de esmalte descascarado.◇ Una caja con cortina se usaba para guardar las ollas.

toscas
basin / pitcher
chipped enamel

Cada caja tenía su etiqueta con dibujos distintos. Esas etiquetas eran casi los únicos adornos que había en la habitación pequeña que nos servía de sala, dormitorio y cocina. Me gustaba trazar con el dedo los diseños coloridos —tantos diseños— me acuerdo que varios eran de flores —azahares◇, por supuesto— y amapolas y orquídeas, pero también había un gato negro y una caravela.◇ El único inconveniente eran las astillas. De vez en cuando se me metía una en la mano. Pero como dicen, "A caballo regalado, no se le miran los dientes".

flor del naranjo
barco de vela

Mis papás llegaron de México a California siguiendo su propio sueño de El Dorado. Pero lo único dorado que encontramos eran las naranjas colgadas entre abanicos de hojas temblorosas en hectáreas y hectáreas de árboles verdes y perfumados. Ganábamos apenas lo suficiente para ajustar, y cuando yo nací el dinero era más escaso aún, pero lograron seguir comiendo y yo pude ir a la escuela. Iba descalzo, con una camisa remendada y un pantalón recortado de uno viejo de mi papá. El sol había acentuado el color de mi piel y los otros muchachos se reían de mí. Quería dejar de asistir, pero mi mamá me decía —Estudia, hijo, para que consigas un buen empleo, y no tengas que trabajar tan duro como tus papás— . Por eso, iba todos los días a luchar con el sueño y el aburrimiento mientras la maestra seguía su zumbido monótono.

En los veranos acompañaba a mi papá a trabajar en los naranjales. Eso me parecía más interesante que ir a la escuela. Ganaba quince centavos por cada caja que llenaba. Iba con una enorme bolsa de lona colgada de una banda ancha para tener las manos libres, y subía por una escalerilla angosta y tan alta que podía imaginarme pájaro. Todos usábamos sombreros de paja

From *Revista Chicano-Riqueña* 10.1–2 (1982): 238–40.

de ala ancha para protegernos del sol, y llevábamos un pañuelo para limpiar el sudor que salía como rocío salado en la frente. Al cortar las naranjas se llenaba el aire del olor punzante del zumo,◊ porque había que cortarlas justo a la fruta sin dejar tallo. jugo
Una vez nos tomaron una foto al lado de las naranjas recogidas. Eso fue un gran evento para mí. Me puse al lado de mi papá, inflándome los pulmones y echando los hombros para atrás, con la esperanza de aparecer tan recio◊ como él, y di una sonrisa fuerte
tiesa◊ a la cámara. Al regresar del trabajo, mi papá solía sen- rígida
tarme sobre sus hombros, y así caminaba a la casa riéndose y cantando.

Mi mamá era delicada. Llegaba a casa de la empacadora, cansada y pálida, a preparar las tortillas y recalentar los frijoles; y todas las noches, recogiéndose en un abrigo de fe, rezaba el rosario ante un cuadro de la Virgen de Zapopán.

Yo tenía ocho años cuando nació mi hermana Ermenegilda. Pero ella sólo vivió año y medio. Dicen que se enfermó por una leche mala que le dieron cuando le quitaron el pecho. Yo no sé, pero me acuerdo que estuvo enferma un día nada más, y al día siguiente se murió.

Nuestras vidas hubieran seguido de la misma forma de siempre, pero vino un golpe inesperado. El dueño de la compañía vendió parte de los terrenos para un reparto de casas, y por eso pensaba despedir a varios empleados. Todas las familias que habíamos vivido de las naranjas sufríamos, pero no había remedio. Mi mamá rezaba más y se puso más pálida, y mi papá dejó de cantar. Caminaba cabizbajo y no me subía a los hombros.

—Ay, si fuera carpintero podría conseguir trabajo en la construcción de esas casas— decía. Al fin se decidió ir a Los Angeles donde tenía un primo, para ver si conseguía trabajo. Mi mamá sabía coser y tal vez ella podría trabajar en una fábrica. Como no había dinero para comprarle un pasaje en el tren, mi papá decidió meterse a escondidas en el tren de la madrugada. Una vez en Los Angeles, seguramente conseguiría un empleo bien pagado. Entonces nos mandaría el pasaje para trasladarnos.

La mañana que se fue hubo mucha neblina. Nos dijo que no fuéramos a despedirle al tren para no atraer la atención. Metió un pedazo de pan en la camisa y se puso un gorro. Después de besarnos a mi mamá y a mí, se fue caminando rápidamente y desapareció en la neblina.

Mi mamá y yo nos quedamos sentados juntos en la oscuridad, temblando de frío y de los nervios, y tensos por el esfuerzo de escuchar el primer silbido del tren. Cuando al fin oímos que el tren salía, mi mamá dijo: —Bueno, ya se fue. Que vaya con Dios— .

me preparé

No pudimos volver a dormir. Por primera vez me alisté◊ temprano para ir a la escuela.

Como a las diez de la mañana me llamaron para que fuera a mi casa. Estaba agradecido por la oportunidad de salir de la clase, pero tenía una sensación rara en el estómago y me bañaba un sudor helado mientras corría. Cuando llegué jadeante estaban varias vecinas en la casa y mi mamá lloraba sin cesar.

—Se mató, se mató— gritaba entre sollozos. Me arrimé a ella mientras el cuarto y las caras de la gente daban vueltas alrededor de mí. Ella me agarró como un náufrago a una madera, pero siguió llorando.

Decián que

Allí estaba el cuerpo quebrado de mi papá. Tenía la cara morada y coágulos de sangre en el pelo. No podía creer que ese hombre tan fuerte y alegre estuviera muerto. Por cuenta◊ había tratado de cruzar de un vagón a otro por los techos y a causa de la neblina no pudo ver bien el paraje. O tal vez por la humedad se deslizó. La cosa es que se cayó poco después de haberse subido. Un vecino que iba al trabajo lo encontró al lado de la vía, ya muerto.

Los que habían trabajado con él en los naranjales hicieron una colecta, y con los pocos centavos que podían dar reunieron lo suficiente para pagarnos el pasaje en el tren. Después del entierro, mi mamá empacó en dos bultos los escasos bienes que teníamos y fuimos a Los Angeles. Fue un cambio decisivo en nuestras vidas, más aún, porque íbamos solos, sin mi papá. Mientras el tren ganaba velocidad, soplé un adiós final a los naranjos.

El primo de mi papá nos ayudó y mi mamá consiguió trabajo cosiendo en una fábrica de overoles. Yo empecé a vender periódicos después de la escuela. *Hubiera dejado de ir del todo* a la escuela para poder trabajar más horas, pero mi mamá insistió en que terminara la secundaria.

Eso pasó hace muchos años. Los naranjales de mi niñez han desaparecido. En el lugar donde alzaban sus ramas perfumadas hay casas, calles, tiendas y el constante vaivén de la ciudad. Mi mamá se jubiló con una pensión pequeña, y yo trabajo en una oficina del estado. Ya tengo familia y gano lo suficiente para mantenerla. Tenemos muebles en vez de cajas, y mi mamá tiene una mecedora donde sentarse a descansar. Ya ni existen aquellas cajas de madera, y las etiquetas que las adornaban se coleccionan ahora como una novedad.

Pero cuando veo las pirámides de naranjas en el mercado, hay veces que veo esas cajas de antaño◊ y detrás de ellas está mi papá, sudado y sonriendo, estirándome los brazos para subirme a sus hombros.

◊ antaño: mucho tiempo atrás

Preguntas:

1. ¿Quién es el narrador? ¿Desde qué perspectiva narra?
2. ¿Por qué eran parte de su vida las cajas de naranjas?
3. ¿De dónde eran sus padres y cuál era su sueño?
4. ¿Qué le decía su madre cuando pensaba dejar de asistir a la escuela?
5. ¿Cómo pasaba los veranos? ¿Cómo regresaba del trabajo?
6. ¿Qué acontecimiento cambió la vida de la familia?
7. ¿Qué le sucedió a su padre cuando subió a escondidas el tren a Los Angeles?
8. ¿Adónde fueron el niño y su madre?
9. ¿Qué trabajo consiguió su madre, y qué hacía él después del trabajo?
10. Describa la situación actual◊ del narrador.
11. ¿Qué imagen suscitan ahora las pirámides de naranjas en el mercado?

◊ actual: presente

Para comentar:

1. La ironía de "El Dorado".
2. La metáfora "abrigo de fe".
3. El presentimiento provocado por la neblina.
4. La sensación del pasado evocado por las naranjas.
5. La influencia de la madre con respecto a la educación.

Temas de composición:

1. Un elemento importante de su niñez.
2. Un suceso determinante de su vida.
3. La razón por la cual desea educarse.

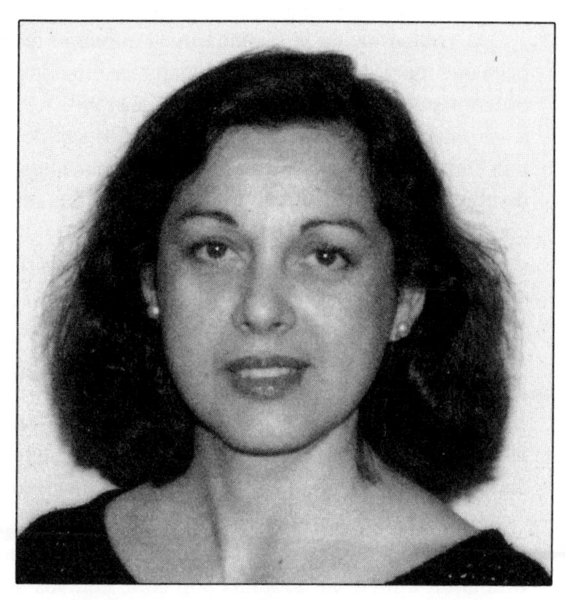

Lydia Vélez-Román

Nací y me eduqué en Puerto Rico. Estaba en el séptimo grado, y para acallar el tedio perenne◇ del verano mis primeros escritos danzaron en un cuaderno al cual le habían sobrado bastantes páginas en blanco. Allí escribí algo que titulé "Los ojos, ventanas del alma". Seguramente que era la pura imitación de una columna melosa◇ del periódico *El Mundo* que se titulaba "Gotas de Rocío".◇ Hoy no hay hastíos,◇ pero las palabras danzan insistentes, persuasivas.

constant tedium · *saccharine* · *dewdrops* / tedios

Al graduarme de la secundaria, el gobierno me otorgó una beca que me permitió asistir a la mejor institución educativa en ese momento. Pero no pude terminar el grado. Abrumada◇ por los limitaciones económicas, a los 22 años salí de mi país con una maleta vieja. Adentro guardaba lo único valioso: una cajita de cigarros Muriel llena de fotografías y cartas rosadas atadas con una cinta; también traía las obras completas del poeta José de Diego* y un par de cuadernos. No tenía más que $30 en la cartera.

overcome

El año de 1972 me sorprendió en las calles del Bronx con mi hija Ilia entre los brazos y un divorcio que se hizo inminente. Como a tantas otras mujeres, la incertidumbre◇ y la necesidad me obligaron a aceptar los servicios de Bienestar Público.◇ Esto lo recibí como una vergüenza hiriente,◇ y lo mantuve en secreto de mi familia en Puerto Rico. Lo anoté en los cuadernos.

uncertainty · *Public Welfare* · *piercing*

Sin embargo, mi afán◇ por la independencia económica y el apego inconmesurable◇ al conocimiento del mundo me estimularon a ingresar de inmediato en los cursos nocturnos de la universidad. Diez años después, casi como un sueño, había terminado mi licenciatura, la maestría y el doctorado en literatura. Fue, es cierto, un empeño◇ de lucha contra la escasez◇ y el ambiente duro de Nueva York. Pero hoy día hay por ahí una pequeña lista de publicaciones, placas, honores, becas, etc. No se equivoquen, para mí el premio más luminoso es mirar atrás y saber que, debido a decisiones sabias,◇ en este momento ustedes son mis lectores.

zeal · afición inmensa · *effort* / pobreza · *wise*

La maleta ya no existe. Pero de la memoria y del presente abro cuadernos que ilumina cada mañana hacia un entusiasmo nuevo. Hacia una caja nueva.

Con tres grandes grupos de hispanos-parlantes en los Estados Unidos: mexicanos, puertorriqueños, cubanos —y cientos

*Puertorriqueno (1867–1918), poeta y político.

de miles procedentes de otras regiones—, la enseñanza de la lengua y literatura en español acá es una obligación que no se debe cuestionar. Porque estas historias, estos espacios hogareños,◊ estos fragmentos de vida, dibujan◊ el ser social que conforma,◊ en verdad, nuestra cuerpo y nuestra personalidad.

íntimos
sketch / *harmonizes*

Respecto a estos personajes y a estas anécdotas están marcados grandes signos de interrogación. Se nos pregunta por qué llegamos cantando o llorando tan alto, por qué amamos con frenesí◊ o nos violentamos sin medida, por qué tanta generosidad, tanta nostalgia, tanto desvelo◊ por sobrevivir.

pasión
excitación

Pienso que la literatura en español intenta responder a estas insistentes preguntas en el mismo idioma en que se genera ese aparente elemento equis que nos hace diferentes y hace comprender nuestro espacio vital. Después de todo, no olvidemos que un escritor o escritora responsable no se aleja nunca de lo que le anima a escribir: contribuir, aunque sea con un granito de arena, a la armonía de los espacios geográficos del mundo. Si en el área de concatenación◊ que ineludiblemente◊ ocurre entre el escritor y el lector germina este grantio, todos habremos cumplido nuestra misíon más honorable.

conexión / *inevitably*

Ni una sola palabra en este cuento es falsa. Se inició un día inesperado en que recordaba la tarde en que mi maestra de segundo grado, Adoración Cabrera (escribo su nombre por si acaso lee esto se comunique conmigo) dio un gran reglazo◊ en la mesa para acallar el alborto◊ de la clase. Al parecer, yo estaría ensimismada◊ pensando quién sabe en qué musarañas◊ y desperté violentamente, asustada. Comencé a llorar sin consuelo. Mi maestra, compadecida◊ y asombrada, comenzó a abanicarme con un cuaderno y a pedir perdón. Desde entonces yo dejé de ser un nombre más en su lista. El último día de clases lloré a mares◊ al despedirme de ella. Este recuerdo conquistó otros que hilaron◊ las historias de mis días escolares. Hoy forman parte de una colección que titulo *Dioses, animalitos y maestros*. Todo el mundo ha vivido historias como éstas; escríbalas.

golpe con una regla / gritería
absorbed in thought / pensar en las musarañas: *daydreaming* /
sympathetic /
con abundancia /
strung together

Dioses, animalitos y maestros

Al cumplir seis años, mamá pensó que yo era tan chiquita, delgada y débil que era necesario retenerme◇ en la casa algún tiempo más de lo requerido antes de matricularme◇ en la escuela. El primer año tuve muy mala suerte. Mamá me matriculó tarde, y en lugar de asistir a la escuela Emeterio Betances,* tuve que ir a la José de Diego porque en la primera no había cupo.◇ De modo que, por un año, tanto mis hermanos como mis amigos Sara y Dionisio, asistieron a una escuela y yo a otra. Poco faltó para que mamá me retuviera otra vez en la casa, pero no tuvo más remedio que aceptar la situación al ver el frenesí de mis llantos◇ y pataleos. No descansé hasta asegurarme de que ahora sí aprendería a leer los libros que Dionisio me había mostrado durante el verano cuando jugábamos a los maestros.

to keep me · *registering me* · lugar · *weeping*

El primer día de clases, tía Luz, que todavía era una adolescente, también me acompañó a la escuela. Era una larga caminata de cuatro millas. En el camino nos enfrentamos con un viejito medio encorvado◇ y yo me agarré a la falda de mamá atemorizada. Tía Luz se burló de mí:

—Nena, si es solamente◇ un viejito, ¿por qué le tienes miedo?

doblado · *why he's only*

—Papá dice que los viejitos se vuelven fantasmas—, contesté.

—Tu padre no sabe lo que dice. Heredó la locura de tu bisabuelo Tomás y de todos los Serranos—, dijo mamá con voz alborotada.

Pero a pesar de los miedos, el primer día de clases yo estaba más que lista para comenzar, no sólo lista sino también con la alegría realenga◇ por todo el cuerpo. El salón de clase del primer grado tenía un balcón enorme y pensé que a la mañana siguiente, cuando tuviera que ir sola, no tendría dificultad en encontrarlo.

suelta

Falso. El salón de octavo grado y el de noveno y todos los demás exhibían con destemplanza◇ un balcón enorme. No pude orientarme y llegué diez minutos tarde a mi clase.

confusión

—Me perdí—, interrumpí.

La maestra me miró asombrada al verme entrar tan tarde

*Ramón Emeterio Betances (1827–98): puertorriqueño, abolicionista, novelista y educador.

con la cabeza baja y seis papeles estrujados◇ en la mano. Era la tarea del día anterior: —Dibuje seis objetos que comiencen con la letra 'A'—. Ella pensó que me había perdido en algún punto de las cuartro millas y se compadeció. Inmediatamente me sentó en el escritorio y comenzó a abanicarme con la libreta de pasar lista, agitándola con rapidez para arriba y para abajo frente a mi nariz.

apretados

Ese día pinté una casita con cinco tulipanes al frente: dos azules a la derecha y tres rojos a la izquierda. Del techo de la casa sobresalía una chimenea humeante, aparato que seguramente había visto en alguna foto. A mano izquierda pinté dos nubes regorditas, tal como me había enseñado mi hermano Ernesto. A la derecha recargué◇ el espacio con árboles: dos muy grandes que alcanzaban a tocar la chimenea, y uno más alto aún que terminaba montado en una de las nubes. Debajo de éste, traté de dibujar un gato pero no me salió bien, y después de consultar con la maestra lo convertí en un perro. Satisfecha de las figuras que resplandecían por todas partes, dibujé millares de crucesitas verdes simulando césped.◇ La maestra seleccionó mi dibujo para adornar la pared a mano derecha de la pizarra, y allí estuvo hasta que en la primera reunión de padres se lo regalé a mamá.

llené

grass

Mis clases comenzaban en la segunda ronda◇ de enseñanza, o sea, a las doce y media de la tarde. Sin embargo, mi entusiasmo por la escuela era tal que siempre lograba◇ inventar una excusa razonable para que mamá me permitiera llegar con la primera tanda◇ de estudiantes a las siete y media de la mañana. Las cocineras se percataron◇ muy pronto de que había una niña deambulando◇ por el patio y no tardé en pasar las mañanas mondando◇ ajos y llenando ollas en la cocina del comedor escolar. Mi maestra también se dio cuenta de mi extraordinaria puntualidad y encontró un mejor oficio para mí; me propuso que le cuidara a su nene.

round

managed to

shift

se dieron cuenta / andando

pelando

—Al final del año te compraré un regalo—, dijo doña Ramonita con mirada dulce y sonriente. Lo del regalo no me atraía tanto. Sin embargo, ocupar mis mañanas de alguna manera me llenó de júbilo. Acepté la oferta sin vacilar.

Por fuera, la casa de la maestra me parecía un palacio. A diferencia de la nuestra que era de madera, ésta era de concreto. Tan pronto doña Ramonita me dejó sola comencé a explorar pasillos y dormitorios; toqué todo con sumo cuidado y dejé las cosas tal como estaban. Después de un rato quedé convencida de que allí no había nada que realmente atrajera mi atención. Encima de una mesa pequeña dos bombones amarillo-resplandecientes me invitaban a la locura de robar. No vacilé en hacerlos desaparecer en mi boca.

No lograría descubrir más golosinas porque, tan pronto abuela Pura se enteró de mi nueva empresa, reaccionó de mal genio y fue inmediatamente a la casa de la maestra: —Mi nieta es muy pequeña para cuidar niños, señora. Yo creo que lo que usted necesita es una sirvienta. Por ahí deben de haber muchas mujeres necesitadas en busca de empleo. Pregunte y verá.

babysitter Ni qué decir, mis días de niñera◊ terminaron al instante. De ahí en adelante la maestra me dio permiso para quedarme en su salón toda la mañana. Naturalmente, muy pronto encontró tareas para mí. A primera hora la ayudaba a limpiar los borradores. Los metía uno a uno en una lata con agua, una de aquellas latas que había visto antes en la estación de leche llenas de mantequilla. Después limpiaba la pizarra, siempre moviendo el borrador mojado de derecha a izquierda en líneas paralelas. montón Luego recogía el reguero◊ de libros que dejaban los niños en la gran mesa verde del salón.

Finalmente, acomodaba en el canal de la pizarra los gatos, perros, caballos, cerditos, gallinas, pollitos, conejos y toda suerte de animales salvados por el arca de Noé. Doña Ramonita había cortado las imágenes en cartón día tras día para que dijéramos en inglés —¡*Horse*!— cuando doña Ramonita señalaba los animales con una regla que a veces también servía para tostarnos las manos.

El coro vibrante de la clase de primer grado repitió las mismas palabras en inglés por todo el año. Doña Ramonita nunca cambió los animalitos del pizarrón. Cuando algún estudiante confundía *cow* con *horse* la maestra daba un gigantesco manotazo en la mesa recién pintada de marrón que le servía de *erect* escritorio, se levantaba con sus enromes pechos erguidos◊ y *too familiar* apuntaba con la regla el animal de marras◊ repitiendo sin cesar —¡*horse*, *horse*!—. Aquellas palabras en inglés, aisladas de todo contexto se perdían en el aire, se evaporaban por encima de cologne nuestras cabezas como se evaporaba la colonia◊ *Maja* de mamá detrás de las orejas. Al regresar a nuestras casas la vaca seguía siendo vaca y el caballo, caballo.

Una tarde regresé de la escuela con la libreta de escritura doblada debajo del brazo. Mamá me regañó serveramente:

—Las niñas no cargan sus libros así, esas son cosas de macho. Su libreta tiene que estar planchada y nítida—, dijo en voz más alta que de costumbre. Me avergoncé mucho. No era ordenada, limpia, ni elegante como las demás. No me atreví a protestar.

Aprendi a leer el libro azul de lectura, *Ana y Pepe*, y en muy poco tiempo podía recitarlo. —Ana. Pepe. Ana y Pepe. Ana y Pepe juegan. Ana y Pepe juegan mucho. La bola. Ésta es la bola de Ana y Pepe. Ana y Pepe se divierten—. No escapó a mi curiosidad la perenne limpieza de los niñitos; aunque a veces la bola rodaba hacia un charquito azul, la ropa nunca se manchaba.

Poder leer me trajo un regocijo deslumbrante.◊ Leía con avidez de dinosaurio todas las palabras que la maestra tenía escritas con letras rojas pegadas en las paredes: ventana, libro, puerta, borrador, tiza, mesa.

dazzling glee

Con igual desafuero◊ mis ojos se movían frente a los nombres que aparecían en las latas del colmado◊ frente a la escuela: manteca El cerdito, galletas La Sultana, jugo de pera Libbys, chocolate Cortés.

exceso
tienda

Comprar un lapíz me tomaba horas, pues antes me detenía en la tienda de doña Neri a leer los nombres de cuanto artículo saltaba ante mi vista glotona: Cutex, Brillantina Alka, Ponds, Maja, Pluma Parker.

De igual manera mis viajes al pueblo se convirtieron en un verdadero reto.◊ A través de la ventanilla del carro, me empeñaba en◊ leer todos los letreros que iban desfilando◊ con rapidez frente a mis ojos. Ahora esperaba con entusismo estos viajes que antes, por el contrario, me causaban mareos◊ y vómitos. Al llegar al pueblo todo estaba nombrado como en algunos escritos famosos: Mueblería Jiménez, Ferretería Andújar, Agencia de pasajes Medina, Oficina de Correos USA, Casa parroquial-San Rafael, Tienda Pepín Vale, Dr. Ríos Pagán, Farmacia Saavedra.

challenge
insistía en /
marching
náuseas

En todos estos lugares mamá se paraba a saludar —Un momentito nada más—, o a regatear.◊ Eso del regateo me avergonzaba porque ella insistía en pagar cinco o seis dólares menos del precio fijado:

haggle

—No pero es que no puedo. Le doy ocho—, decía ella con la mayor tranquilidad.

—Llévheselo por nueve, doña Julia—.

Aunque mamá siempre lograba pagar menos, de todas maneras

llegaba protestando a la casa porque —Todo está por los quintos cielos—.◊ Mientras ella regateaba yo revolcaba con fruición◊ las palabras en mi boca. Ahora las letras tenían sabor, color, eran objetos con forma y vida. Ahora podía hablar con las figuras de las palabras. Comencé a devorar todo papel, periódico, revista y libro que caía en mis manos.

sky high / delightfully swirled

Con el mismo ímpetu aprendí el librito del catecismo muy poco tiempo después. Fue a través de la lectura que me inicié en los ritos del catolicismo. El día que hice la primera comunión, más tarde que los demás niños del barrio debido al ateísmo◊ natural de papá, me torturaba el miedo a olvidarme de los diez mandamientos. Pocos días antes, Federico, el primo más católico, me había traído un catecismo que tiró en mis manos: —Te lo aprendes de cabo a rabo◊ para el domingo, te voy a llevar a confesar.

atheism

head-to-tail

Me lo aprendí. Pero, ¿qué iba a confesarle al padre Acevedo? Me avergonzaba la idea de no tener pecados, de no tener nada que decir, me quedaría silenciosa como mamá quería que estuviera cuando había visita en la casa, y eso no es lo que quiere padre Acevedo, pensaba. Tengo que confesarle mis pecados.

—Mamá, dime, ¿qué son los pecados?

—Pues hija, primero, tú no vas a misa todos los domingos; segundo, te peleas con tus hermanos de vez en cuando; y tercero, a veces no eres obediente.

Quedé maravillada, ya tenía tres pecados y estaba segura que de ahí al domingo podía inventarme otro más. El domingo me sorprendió despabilada◊ y ojerosa◊ a causa de las pocas horas de sueño. Repetí los diez mandamientos exactamente como estaban escritos en el catecismo, en el mismo orden, hasta el cansancio.

wide awake / hollow-eyed

—'Amar al prójimo como a ti mismo'. Tengo que preguntarle a mamá qué quiere decir prójimo— pensé azorada en la mañana.

—Mamá, no entiendo la palabra 'prójimo'.

—Quiere decir vecinos, amigos, todo el mundo; no te preocupes porque tu amas hasta a los perros.

¡Qué desilusión! No pude pasar de tres pecados.

Como solía ocurrir con cada gran evento, la familia entera me acompañó a la iglesia. Dionisio se empeñó en salir más temprano que los demás con la intención de reservarme un lugar al lado de las puertas laterales por donde entraba un poco más de aire. Brunilda, mi prima, cortó un ramo de crisantemos blancos del jardín de la madrina, —Para que lo ofrezcas a la Virgen María. Ese domingo Sara se levantó más temprano que de costumbre y se aparecío en la casa con un paquete de dulces de coco envueltos en papel de celofán, —Porque cuando termines de comulgar vas a estar muerta de hambre—. Abuelo Narciso opinó igual y me regaló un dólar, —Para que compres cualquier cosita a la salida de la iglesia—. Papá fue el único que no me acompañó. En la mañana dijo, —Todavía tienes cera en el ombligo y debes limpiarlo antes de confesar—. Al punto se echó a reir y se puso a peinarme con la paciencia de siempre. En cambio, Federico llegó alborozado◊ justo a la hora convenida y me examinó por última vez. Recordé todo al dedillo.◊

alegre

to the last detail

Ese domingo mamá me vistió con la ropa más linda, las medias de algodón más blancas y un vestido con margaritas◊ en la falda. Al llegar a la iglesia, mis hermanos caminaron a mi lado y yo me sentí protegida por los soldados americanos de tío Alberto.

daisies

Recordé los diez mandamientos sin problemas, pero confesé mis pecados temblando de pies a cabeza. Lo más angustioso fue la hostia. Dejé que el "cuerpo sagrado de Cristo" se deshiciera en mi boca; era una lentitud de siglos. No me atreví a mover ni la lengua para no maltratar "el cuerpo sagrado de Cristo". Cuando Cristo se disolvió totalmente, no osaba a◊ tragármelo. —¡Qué horrendo, qué falta de respeto, dejar resbalar a Cristo por mi garganta pecadora!—, pensaba. Finalmente el charco se me hizo insoportable y me liberé del "cuerpo sagrado" de un sopetón voraz.◊

dare to

voracious instant

Las confesiones subsiguientes no fueron tan torturantes porque aprendí a tragarme a Cristo antes de que se volviera un mar. De ahí en adelante las amigas de Federico pasaron a ser personajes interesantes en mis días domingueros. Me gustaba contar los puntitos, los botones y las flores de sus vestidos mientras conversaban de cosas grandes en el banco frente a la iglesia. En cambio, me entristecía mucho cuando alguna anunciaba el viaje: —El mes que viene me voy a Nueva York con mi hermana.

Desaparecían como por arte de magia por un túnel que yo imaginaba se los llevaba a todos a Nueva York.

Federico dejó de invitarme a misa el domingo que accidentalmente abrí la puerta del carro público◊ que nos traía de regreso. Hubiera salido disparada si no me sostiene por un bra-

taxi compartido con tarifa fija para cada pasajero

zo rápidamente. Llegó pálido y le contó a mamá el incidente como si yo hubiera querido suicidarme. Así acabaron mis días de feligrés◊ fiel; tan abruptamente como empezaron.

parishioner

También dejé de ir a las clases de religión desde el día que mi maestra nos habló de los Aztecas, y de Quetzalcoatl, dios del viento y del conocimiento. Aquella tarde regresé muy perturbada a la casa. ¿Por qué mi dios es tan poderoso y puede ver todas las cosas malas que hago?, pensaba, mientras que Quetzalcoatl es benévolo y sabio. ¿Por qué mi dios castigó a Eva por ser curiosa y aspirar a la sabiduría de la manzana? (Así me lo había explicado papá). Estaba decidido, Quetzalcoatl sería mi dios. No más rezos a ese otro dios que ni siquiera tenía nombre. Y un día contemplado por Quetzalcoatl y otros dioses, animalitos y maestros, un día que aún tiembla en el recuerdo, yo también me fui camino de aquel túnel.

Preguntas:

recuerda

1. ¿Quién es la narradora del cuento? ¿Qué rememora?◊
2. ¿Por qué su madre la matricula tarde en la escuela?
3. ¿Qué hace la niña cuando su madre vuelve a retenerla en casa?
4. ¿Quién la acompaña a la escuela y cómo llegan?
5. ¿Por qué llega tarde la niña cuando, al día siguiente, va sola a la escuela?
6. ¿Qué piensa la niña de la escuela?
7. ¿A qué hora comienzan las clases de la niña? ¿Por qué va temprano? ¿A qué la ponen a hacer las cocineras?
8. ¿Qué hace su abuela cuando se entera◊ que está cuidando el nene de la maestra? ¿De qué otra manera ayuda a la maestra?

   se da cuenta

9. ¿Para qué sirven los animales de cartón? ¿Por qué no es eficaz◊ esa enseñanza?

   efficient

10. ¿Cuál es la actividad favorita de la niña? ¿Qué son para ella las letras y palabras?
11. ¿A cuál iniciación le conduce su afán de la lectura?
12. ¿Qué le avergüenza? Según su madre, ¿por qué no necesita preocuparse la niña?

13. ¿Por qué no la acompaña su padre a su primera comunión?
14. ¿Por qué no se atreve a tragarse la hostia? Por fin, ¿qué hace?
15. ¿Por qué se entristece cuando oye a los mayores hablar de "el viaje"? ¿Qué imagina?
16. ¿Por qué deja de asistir a las clases de religión? ¿Por qué prefiere a Quetzalcoatl?
17. Pasado el tiempo, ¿qué decide la narradora?

Para comentar:

1. ¿Cuál será el tema del cuento?
2. ¿Por qué temblaría la narradora al emprender◊ su viaje a Nueva York? **comenzar**
3. Cree usted que hay un feminismo latente◊ en la niña? Explique su respuesta. **por nacer**

Temas de composición:

1. Utilizando el tiempo presente para dramatizar la experiencia, describa su primer día de escuela; si no lo recuerda, imagínelo.
2. Escriba un breve cuento, en el tiempo presente, en que un niño o niña llega, tal vez ingenuamente,◊ a la conciencia del mal y del bien. ***naively***
3. Escriba sobre las lecturas que hacía en los primeros años de la escuela primaria. ¿Cuáles fueron y cómo le influyeron?

Rosaura Sánchez

Nací en San Angelo, Texas, hace ya muchos años, en una ciudad pequeña, con nogales y ríos (en realidad es el mismo río que se bifurca), pero a la vez bastante árida, con vientos arenosos que vienen del desierto un poco más hacia el oeste y que llegan a oscurecer el día. Es una zona de tornados que zarandean◊ y dejan las calles regadas de palitos que fueron casas. San Angel, como le decimos, está como a 160 millas al norte de la frontera mexicana, pero yo sólo viajé a la frontera cuando ya era grande.

sacuden

Nací en el barrio mexicano que queda en la parte sur de San Angelo, de padres obreros, y crecí al lado de mis dos hermanos y una hermana menor rodeada de la familia de mi madre que vive en la misma ciudad. El hecho de ser de familia obrera donde nunca faltó el diálogo y de haberme criado hablando español y en Texas donde el racismo se palpa◊ en el mismo aire que se respira es lo que mejor describe mi formación inicial. Después, vinieron los estudios universitarios, los viajes, la mudanza a California y, afortunadamente, las lecturas, no sólo de literatura sino de historia y de teoría. Fue entonces que realmente aprendí a leer.

se toca

La literatura nos ofrece una reconstrucción de la realidad, no la refleja, pero sí da a conocer la manera en que nos representamos la realidad que vivimos, lo que no es lo mismo, claro, que la realidad misma. Sin embargo, por lo general, sólo se publican las reconstrucciones que hacen los otros del mundo en el que vivimos. Pero las nuestras, las de los chicanos y otros latinos, con todas nuestras contradicciones, también deben hacerse espacio en la página impresa y leerse. Es muy posible, históricamente hablando, que un cuento, a la larga, valga más que un buen artículo porque tiene más difusión y puede tener más impacto, pero desgraciadamente el trabajo académico exige el artículo y no el cuento.

Escribo en español porque es mi lengua nativa y porque creo que políticamente es importante escribir en español. Somos un pueblo que va creciendo rápidamente, especialmente en California, y es muy posible que llegue el día en que exista una zona hispanohablante en este estado, si no independiente, por lo menos autónoma. Escribo pues para los que formarán ese futuro.

Entró y se sentó

Entró y se sentó frente al enorme escritorio que le esperaba lleno de papeles y cartas. Estaba furioso. Los estudiantes se habían portado como unos ingratos.

—Bola de infelices,◊ venir a gritarme a mí en mis narices que soy un 'Poverty Pimp'. Bola de desgraciados.◊ Como si no lo hiciera uno todo por ellos, por la raza,◊ pues.

miserables
S.O.Bs.
los chicanos

Llamó a Mary Lou, la secretaria, y le pidió que le trajera café y un pan dulce de canela.

—Y luego tienen el descaro◊ de insultarme porque no me casé con una mejicana. Son bien cerrados, unos racistas de primera. Lo que pasa es que no se dan cuenta que yo acepté este puesto para ayudarlos, para animarlos a que continuaran su educación.

nerve

En ese momento sonó el teléfono. Era el Sr. White, el director universitario del departamento de educación. No, no habría más problemas. El mismo hablaría con el principal Jones para resolver el problema. Era cosa de un mal entendido que pronto se resolvería.

Mary Lou llegó con el café cuando terminó de hablar. Después de un sorbo de café, se puso a hacer el informe de gastos para el mes. Gasolina. Gastos de comida con visitantes importantes. Vuelo a Los Ángeles para la reunión de educadores en pro de la educación bilingüe. Motel.

—Para ellos yo sólo estoy aquí porque el sueldo es bueno. Si bien es verdad que pagan bien y que las oportunidades son muchas, también es verdad que los dolores de cabeza son diarios. Yo podría haberme dedicado a mi trabajo universitario y no haberme acordado de mi gente.

Se le permitían 22 dólares de gastos diarios y como había estado 5 días podía pedir 110 dólares. A eso se agregaban los gastos de taxi. Ahora querían que los apoyara en su huelga estudiantil. Pero eso ya era demasiado. Lo estaban comprometiendo.

—Si supieran esos muchachos lo que he tenido que sudar yo para llegar aquí. Con esa gritería de que hay que cambiar el sistema no llegamos a ninguna parte. No se dan cuenta que lo que hay que hacer es estudiar para que el día de mañana puedan

From *Revista Chicano-Riqueña* 10.1–2 (1982): 261–63.

ser útiles a la sociedad.

De repente se apagaron las luces. Afuera comenzaba a tronar y la lluvia caía en torrentes. Volteó en su silla rodante y se acercó a la ventana. Primero vio los edificios grises universitarios que se asemejaban a los recintos de una prisión. Se oscureció más y más hasta que vio la troca◇ perdida en la lluvia.

camioneta

—Con este aguacero tendremos que parar un rato, hijo. Llegando a la orilla del surco,◇ nos metemos debajo de la troca hasta que escampe◇ un poco.

furrow

deje de llover

Pesó el algodón pero no vació el costal arriba porque con la lluvia le estaba dando frío.

—Mira hijo, si te vas a la escuela no sé cómo le vamos a hacer. Con lo que ganas de *busboy* y lo que hacemos los sábados pizcando,◇ nos ayudamos bastante. Ya sabes que en mi trabajo no me pagan gran cosa.

recogiendo

Sabía lo que era trabajar duro, de sol a sol, sudando la gorda.◇ Entonces que no me vengan a mí con cuentos, señores. ¿Qué se han creído esos babosos?◇ Después de tanto trabajo, tener que lidiar con estos huevones.◇ Porque lo que pasa es que no quieren ponerse a trabajar, a estudiar como los meros hombres.

la gota gorda: trabajando duro / idiotas / perezosos

—Mire, apá, le mandaré parte de mi préstamo federal cada mes. Verá que no me he de desobligar y ya estando en Austin,◇ buscaré allá otro trabajito para poder ayudarles.

la Universidad

Éramos pocos los que estudiábamos entonces. Estos que tienen la chiche◇ del gobierno no saben lo que es canela.◇ Sólo sirven para quejarse de que no les den más.

teta / la vida dura

—Yo ya estoy muy viejo, hijo. Cuida a tu mami y a tus hermanos.

Seguía lloviendo y la electricidad no volvía. Afuera relampagueó.

El carro se les había parado en la esquina. El semáforo◇ ya se había puesto verde pero el carro no arrancaba. Su papá salió, levantó el capacete◇ y quitó el filtro. Mientras su papá ponía y quitaba la mano del carburador, él pisaba el acelerador. Atrás los autos pitaban y pitaban. Por la izquierda y la derecha se deslizaban los *Cadillacs* y los *Oldsmobiles* de los rancheros airados◇ con el estorbo en plena calle Chadbourne. Su papá estaba empapado por la lluvia cuando por fin arrancó el carro. Ese día los había maldecido a todos, a todos los gringos de la tierra que los hacían arrastrar los costales de algodón por los surcos mientras los zapatos se les hundían en la tierra arada, a los grin-

traffic light

hood

enojados

gos que les pagaban tan poco que sólo podían comprar aquellas garraletas◊ que nunca arrancaban. Años después se había casado con una gringa. Y ahora después de tanto afán, querían que se rifara el pellejo.◊ Qu'esque◊ por la causa. Como si fuera tan fácil cambiar el sistema. No señores, que no contaran con él. Volvió la electricidad y se puso a ver la correspondencia.

coches viejos

arriesgara la carrera / Que es que

—Gracias a Dios que tengo mi oficina aquí en la Universidad, en el sexto piso de esta monstruosidad donde no tengo que ver a nadie. No más le digo a la secretaria que diga que no estoy, así puedo dedicarme al papeleo que siempre hay que atender. Estos estudiantes del Cuerpo de Maestros◊ van a tener que sujetarse a las reglas o si no, pa fuera.◊ Tiene uno que ponerse duro, porque si no, se lo lleva la chingada.◊ Alguna vez les contaré mi vida a esta gente ... A ver ... Bueno mañana no será. Tengo que ir a Washington a la reunión nacional de programas federales de educación para las minorías y luego ... a ver ... tengo que ir a San Antonio como consultante del programa bilingüe. Vale más llamar a Mary Lou para ver si me consiguió ya el pasaje de avión para mañana. Mary Lou ... ah, si mmmhhhmmm, en el Hilton, del 8 al 10 de noviembre. Muy bien. Y ¿qué sabes del vuelo? ... ¿Por *Continental* o *American*? ...

Teacher Corps

para afuera

get screwed

Miró por la ventana y vio a su papá empapado de agua y lleno de grasa.

Preguntas:

1. ¿Quién entró y se sentó, y por qué está enojado?
2. Según el protagonista, ¿por qué enseña?
3. ¿Qué quieren los estudiantes que apoye el profesor? ¿Por qué no lo hace?
4. ¿Qué recuerdos suscitan los truenos y la lluvia?
5. ¿Qué trabajo hacían él y su familia? ¿Por qué no quería su padre que siguiera su educación?
6. ¿Qué hizo para poder seguir estudiando?
7. En su opinión, ¿qué decisión tomará el protagonista al final del cuento? Explique su respuesta.

Para comentar:

1. El éxito profesional del protagonista con respecto a su origen humilde.
2. La función estructural de los retrocesos.
3. ¿Qué opina Ud. acerca de la decisión del protagonista, cuando joven, de dejar a su familia para seguir sus estudios universitarios?

Temas de composición:

1. La universidad y la educación de las minorías.
2. ¿Todavía existe la discriminación? ¿De qué manera se manifiesta?
3. Hoy día hay una intensa polémica° acerca de la educación bilingüe. Hay unos que la apoyan y otros que opinan, entre otras razones, que es un obstáculo a la asimilación y que no es necesaria. ¿Qué opina Ud.?

controversia

Tres generaciones

Esta tarde cuando llegué estaba de rodillas ante unos geranios y unas gardenias y refunfuñaba◊ por lo que yo llamo "el tomate imperialista" que siempre se anda queriendo apoderar de todo el terreno. Se han puesto demasiado grandes las plantas y como que quieren tomarse el jardín.

murmuraba

—¿Y por qué no las cortas?

—Voy a dejar que maduren los tomates y después adiós plantas. No volveré a sembrarlas. ¿No ves como lo invaden todo? Mejor pongo unos chiles allí, aunque no hay mucho campo. ¡Ay, no es como el solar que teníamos allá en Texas!

Las plantas han adquirido personalidad para ella. Al limonero le pide disculpas por haber dejado que la madreselva◊ largara sus raíces por donde no debía. El pobre limonero enano que yo planté antes de que ella se viniera a vivir con nosotras no ha muerto pero tampoco crece, ya que las raíces de la madreselva que ella plantó se han acaparado◊ del poco terreno que había para ese lado del patiecito. Otra planta imperialista, pero ésta por la superficie subyacente, por donde no se ve ni se sospecha. La planta de tomate, en cambio, lo hace a los cuatro vientos y es obvio que sus ramas se extienden por todos lados, pero la madreselva se mantiene acurrucada contra la cerca, como si nada. Es como la diferencia entre la dependencia y el colonialismo, le digo, pero no acaba de entenderme. Mi madre sigue sacando las hierbas malas y regando, mientras piensa en podar◊ la bugambilia, para que no le quite el sol al malvavisco◊ que está a sus pies. Y yo no sé por qué le salgo con esas frases absurdas, como si me quisiera hacer la interesante, porque, después de todo, la terminología fue lo único que me quedó de aquellas clases universitarias de estudios del tercer mundo. Y pensar que en un tiempo creí que podría ser mi especialidad, pero al final me fui por lo más seguro, y estudié comercio. Pero ella, ahora que está sola, parecería haber estudiado jardinería. Se la pasa trasplantando, podando, regando y conversando con las plantas porque yo y mi hija casi nunca estamos en casa más que para dormir. Y no es que no quiera yo también ponerme a trabajar en el jardín, sino que el trabajo, las reuniones, los viajes fuera de la ciudad me tienen siempre ocupada, siempre

honeysuckle

monopolizado

prune / marshmallow

From *The Americas Review* 20.1 (Spring 1992): 5–11

corriendo. Como ahora mismo.

Quería mostrarle lo bien que va la hortensia pero ya se metió. Seguro que estará allí con la computadora hasta las altas horas de la noche; a veces ni quiere bajar a cenar. Y la Mari, perdida anda esa muchacha. Ya traté de decirle a Hilda que algo anda mal, pero ni caso me hace. Cosa de adolescentes, me dice, ya se le va a pasar. La Mari se encierra en su cuarto y cuando sale tiene los ojillos todos rojos como que ha estado fumando o tomando alguna cosa de ésas, de esas mugres que hoy consiguen fácilmente los chavalillos. ¡Ay, cómo me hace falta aquel hombre! El sabría cómo hablarle a su nieta, creo, pero a mí ni caso me hace. Por eso me la paso aquí afuera con mis flores y mis arbolitos. Y a veces doña Chonita se viene a platicarme alguna cosa y nos tomamos un poco de limonada mientras le muestro las matas, y así se me pasa el tiempo. Voy a tener que comprar un poco de alimento para las plantas porque esta mano de león,◊ por ejemplo, no quiere prender. Recuerdo las que sembraba mi mamá en el solar hace ya tantos años. No eran estas miniaturas raquíticas. Esas sí que eran flores. Jardín más chulo no había en todo el barrio.

celosia

Tan pronto como me cambie, me pongo a la computadora. Pobre de mi mamá, me da no sé qué dejarla sola allá abajo, pero por lo menos se distrae con el jardín; a veces se va con alguna de sus amigas de la iglesia al cine o de compras. Pero más sola que yo no puede estar porque desde que me dejó Ricardo . . . aunque de eso ya hace tanto tiempo que hasta ridículo me parece recordarlo. Tampoco puedo quejarme, porque mejor nunca estuve. Me mantengo ocupada y tengo mis amigos y mis amigas en el trabajo. Y a veces salgo con Alfredo y cuando podemos, nos vamos de paseo. Pero ninguno de los dos quiere volverse a meter en problemas. El divorcio como que le deja a uno un mal sabor en la boca. Así estamos mejor, nos divertimos, nos vamos de viaje los fines de semana cuando hay tiempo y cuando no, cada uno a su trabajo y a sus obligaciones, y hasta la próxima, sin compromiso, sin recriminaciones, cada uno libre de hacer lo que se le antoje.◊ Por lo menos es lo que me digo y lo que contesto cuando me preguntan que por qué no me he vuelto a casar. Porque con Ricardo fui muy celosa, aunque tal vez todo eso fue un error desde el principio. Si no hubiera salido encinta,

le dé la gana

no nos habríamos casado, seguro. Pero ¿qué otra opción tenía yo? Porque el sólo pensar en lo de Antonia y en el trauma que fue todo aquello me daba escalofrío. Los tiempos cómo cambian y no cambian, porque el tema sigue candente,◊ y hasta quieren recortar los fondos para esas clínicas, pero en aquel entonces todo era prohibido, no había clínicas para el aborto, y a menos que una tuviera plata para irse al otro lado, para hacérselo allá, tenía que acudir a alguna curandera para que le diera un remedio o a lo que acudió Antonia cuando supo que el marido andaba con la vecina. Desde entonces no tolero ver los ganchos de alambre para la ropa. Todos son de plástico. No, no pude hacerlo. Pero si hubiera sido más fuerte, más inteligente, me las hubiera arreglado sola, aunque en casa me hubieran desconocido por el escándalo. Y por eso, nos casamos porque tuvimos que. Pero nunca estuvimos bien. Al año ya estábamos divorciados y así se ha criado Mari, sin padre, sin la ayuda económica que nos vendría bien si Ricardo se portara como debería. Pero pronto se volvió a casar con la gringa ésa y ya después no me aventó ni con un centavo. Por eso tuve que trabajar y dejar a la niña aquí y allá, buscando siempre quien me la cuidara hasta que ya pude ponerla en una guardería infantil. Ahora también está mi mamá. Cuando quedó viuda, me la traje acá, porque después de tanto año de trabajar en la costura de blue jeans, ¿qué le mandan? ¡Unos trescientos dólares por mes del seguro social! Ni para comer le alcanza; por eso me la traje a Santa Ana donde no le ha de faltar techo ni comida. Esta impresora es bastante lenta, no como la de la oficina, pero imprime más o menos bien. Voy a tener que comprarme una nueva, de laser; así no tengo que llegar como loca por la mañana haciendo copia de todo antes de la primera reunión a las 8:30; no sé por qué me las ponen tan temprano. Uuy, cómo se pasa el tiempo. Creí que eran las 7:30 y ya van a ser las nueve. Al rato bajo a comer algo. ¡Ay, esa Mari, aún no ha llegado de la escuela! ¡Estas no son horas!◊ ¿Dónde se habrá metido? Voy a tener que hablar con ella cuando llegue. Una chica de 13 años no tiene por qué andar afuera tan tarde. Se le hace fácil todo.

¡Ay, lo que me espera! Tengo que apurarme porque si no, mi mamá se va a poner sospechosa. Pero si está ocupada ni se ha de enterar. Pero cómo iba a venirme cuando todos estaban mirándome, viendo si le entraba duro o no.◊ O soy de la clica◊

ardiente

. . . de andar afuera

lo hacía / *clique*, (ang.)

o no soy; por eso por fin probé la nueva combinación. Es como volar. What a blast! Pero después, qué bajón. Por eso no podía venirme, hasta que se me pasara un poco. Cuando sepa mi mamá que hoy no fui a la escuela, se va a poner furiosa, pero y qué. Que se enoje nomás. Ya realmente no me importa nada, nada más que volver a fumar la combinación. No sé cómo pudo conseguirla Daniel. Generalmente sólo trae marihuana o "crack" pero hoy de veras se aventó.◊ Su papi debe ser muy bueno porque cada semana le afloja la lana◊ para que se divierta. Para que no lo moleste dice Danny, pero no sé por qué se queja porque con lo que le da su papá, pues siempre tiene con qué hacer sus compras. Sabe exactamente dónde venden lo que quiere. Yo he ido varias veces con él y es casi como "drive-in service" porque nomás para el carro en medio de la calle y siempre corre algún chico con el paquetito, pagamos y vámonos. Después nos vamos a su casa o a la de Jenny. Uy, ya van a ser las nueve; creí que eran las siete, como ya se hace noche bien temprano. Ojalá que la abuela no me haga preguntas como siempre; le gusta fastidiarme nomás. Allí está siempre esperándome y mirándome con esos ojos. No sé por qué no se va a ver televisión o lo que sea, y deja de meterse en lo mío.

lo hizo bien

dinero

¡Ay, esta niña que no llega! Allá en mis tiempos todo era muy difícil. Mi papá ni nos dejaba salir a ninguna parte. Por eso ni primaria terminamos las mujeres. Eran los tiempos de los trabajos en la labor, en la pizca de algodón o la cosecha de betabel.◊ Nuestros viajes eran de un rancho al otro hasta que volvíamos a San Angel para la Navidad. A veces teníamos que pararnos en los caminos para dormir y calentar algo para comer. Ya después en el rancho, a mí, como era la mayor, me tocaba todo. Tenía que levantarme a las cinco y media para hacer el desayuno y el lonche para mediodía. A veces le digo a la Mari que no sabe lo que es fregarse,◊ que antes no teníamos baño dentro de la casa, que teníamos que pasar al excusado que estaba cerca del callejón y se ríe, diciendo que eso es horrible y que ella nunca aguantaría tal cosa. Ni lo cree ni le importa. No conoce la pobreza ni quiere saber que todavía hay pobreza por el mundo. Los jóvenes de hoy no saben nada, ni se enteran de nada, ni piensan en nada más que andar de parranda◊ y tal vez cosas peores. Piensan que son cuentos de hadas.◊ A ver qué le caliento a Hilda, si no le hago algo, se la pasa con puro

sugar beets

tener dificultades

fiesta

fairy tales

sánwiche de pavo. ¡Cómo cambian los tiempos! En los míos, a mí me tocaba hacer las tortillas, la lavada, la planchada, porque generalmente mi mamá estaba encinta y no podía con todo el trabajo. Para mí no hubo escuela ni nada, puro trabajo bruto, como el burro; por eso cuando yo tuve a la Hilda me dije, ésta no va a sufrir como yo; por eso la mandé a la escuela aunque todos me decían que hacía mal en mandarla, que para qué, que me iba a salir mal, que seguro la iba a tener que casar a los 15 años por andar de pajuela.◊ Pero no fue así, estudió su carrera, se graduó y se puso a trabajar. Fue mucho después, cuando ya era una mujer de 25 años, que salió encinta y decidió casarse, porque no quería abortar, no quería que le pasara lo que a Antonia, aunque mi hija podría haber ido a alguna clínica en la frontera, si hubiera querido. Pero luego le tocó la mala suerte y el marido la dejó. Es lo que ella dice, pero a veces hasta creo que sólo se casó para tener la criatura porque siempre ha sido muy independiente la muchacha. Gracias al estudio pudo mantenerse sola, porque nosotros no estábamos en condiciones de ayudarle. ¿Qué habría sido de ella si no hubiera tenido el trabajo? Habría tenido que vivir del Welfare como más de cuatro en el barrio.

llevar una vida sin responsabilidades

A la impresora le tengo que cambiar la cinta. Y la Mari, ¿dónde andará que no llega? Si para las nueve no está, tendré que llamar a alguien. ¿A quién? Tal vez a alguna de sus amigas, no sé si tenemos el número de teléfono del tal Daniel con el que sale a veces. Voy a tener que hablarle seriamente porque no tengo tiempo realmente de andar con estas cosas, especialmente hoy que tengo que terminar de preparar este informe; ya me falta poco y el diagrama ya lo tengo hecho. Me salió bien. Esta nueva computadora es fenomenal, hasta a colores puede sacar los cuadros. Espero convencerlos con estas estadísticas; si deciden asociarse con la compañía, podremos ampliar la producción y así aumentar las ventas para el próximo año, como quiere el jefe. Estos nuevos programas van a revolucionar la industria de las computadoras y nosotros los vamos a producir. Bueno, yo no, claro, sino la compañía. Increíble pensar que ya comienzo a pensar como "company man" o mejor dicho, "woman" — como si no me explotaran bien a bien;◊ me sacan el jugo pero tampoco me pagan mal, por lo menos desde que les armé el gran lío. Ya pensaban que los iba a demandar por discriminación. Y ¿por qué no?, si me tenían allí de asistente

bastante ya

cuando la que hacía todo el trabajo del jefe era yo. Y después de la reunión de mañana, habrá que presentarles el plan a los mero-meros.◇ ¿Me habrán hecho la reservación del cuarto en Nueva York? Bueno todavía hay tiempo; mañana se lo pregunto a Cheryl. Lo que son las cosas. Ahora es cosa de llamar y hacer la reservación y le tienen a una todo listo cuando llega. No saben que la que llega toda vestida con su portafolio y todo es la misma que pizcó algodón y durmió con sus padres en el suelo. Recuerdo que una vez tuvimos que pasar la noche en la orilla del camino, durmiendo en el carro, porque no teníamos con qué pagarnos un cuarto en un motel. Sí, la noche misma que me gradué y salimos tarde, tuvimos que pararnos en las afueras de Austin. Amá◇ quería ir a visitar a la tía de paso, pero cómo íbamos a llegar a medianoche sin avisar. Tampoco podíamos volver a San Angel. Y allí estuvimos toda la noche, incómodos, de mal humor, peleándonos unos con los otros hasta que amaneció y pudimos llegar a San Antonio para ver a la tía, que, a fin de cuentas, nos recibió de mala gana. No, no saben quién les presenta el informe. La que lo sabe soy yo, la que no lo olvida soy yo. No, el sueldo de ahora no borra nada. No borra las miraditas que me dan en las reuniones de Marketing cuando soy yo la que hago la presentación. No borra el ninguneo que siempre padecimos. No borra el que, a pesar de todo el entrenamiento en teneduría de libros, mecanografía y dactilografía◇ en secundaria, no pudiera yo conseguir trabajo después de graduarme más que como operadora de ascensor. Por eso me decidí y me fui a a la universidad, con préstamo del gobierno claro. Como me sabía mal vestida, no iba nunca a ninguna parte; me dedicaba a estudiar. Hasta que en mi primer trabajo después de graduarme de la universidad conocí a Ricardo. Parecía interesado en mí y yo estaba feliz, feliz de la vida, y por eso cuando me comenzó a invitar a salir, acepté, lo acepté todo, pensando que era mi futuro, mi compañero del alma. ¡Qué estúpida fui! A él le interesaba sólo una cosa. Y ya después . . . ni para qué estar pensando en eso.

VIPs

Mamá

bookkeeping, typing and shorthand

—Amá, amá, ven para que me cuentes. Ahora que han salido los muchachos con apá, quiero que me cuentes lo que le pasó a Antonia.

—Mira, hija, cuando Antonia se enteró de que su marido andaba quedando con Elodia, decidió hacer lo que podía para no perder al marido. Ya tenían cuatro niñas y estaba de nuevo encinta. La vecina venía a darle la mano, como estaba viuda recién y no tenía más que hacer, y en una de ésas le voló◇ el marido. Te acuerdas que andaban los tres de aquí para allá y de allá para acá. Pues un día Antonia los agarró juntos en la cocina y Antonia la mandó a volar:◇ a la Elodia; hasta acá oí yo los gritos, donde le decía que se fuera mucho a la tiznada.◇ Después, una mañana, días después, vino corriendo una de las niñas para pedirme que fuera a ver a su mamá, que se estaba desangrando.◇ Corrí a la casa y cuando vi que se estaba vaciando, llamé pronto a la ambulancia. Ya sabes cómo tarda la ambulancia para llegar al barrio. Para cuando llegó, ya estaba pálida, color de cera. Duró sólo unas horas en el hospital y allí murió. ¡Lo que son capaces de hacer las mujeres por no perder a un hombre! Sí, al verse de nuevo embarazada y sin tener a quien acudir, se metió un gancho de la ropa, para que se le viniera. ¡Ah, hija de mi alma, no vayas a hacer nunca una locura semejante! Si alguna vez te ves en tales aprietos, tenlo nomás. Ya encontraríamos cómo cuidarlo. Aunque, sí, tienes razón, tu papá se moriría de vergüenza. Mejor no te metas en tales líos, hija.

quitó

mandó a volar

echó / al carajo

quedando sin sangre

Le pedí que me lo contara cuando vine de San Antonio para el funeral de Antonia. Fue al verla allí en la casa mortuoria que decidí tener el bebé, no importaba lo que pasara. Cuando lo supo Ricardo, se enfadó conmigo y me dijo que él no quería casarse. Le dije que estaba bien, que lo tendría yo sola, pero parece que su mamá le dijo que debía casarse, para darle el apellido a la criatura, y así fue. Hicimos las paces, nos casamos; se vino a vivir a mi departamento◇ y un año después me pidió el divorcio. En mi familia nunca había habido un divorcio. Así que eso también fue doloroso para mi papá, tanto o más que el "sietemesino" que tratamos de hacerle creer. Aunque ... después fui la primera de varias primas que se divorciaron. La nueva generación. Después, cuando me ofrecieron trabajo en California con esta compañía de software para las computadoras, me vine con la niña que ya para entonces tenía cinco años. Aquí me ningunearon lo que quisieron por muchos años hasta que me sentí segura y comencé a exigir lo que hacía años me debían. Cambiaron el personal dirigente y por fin pude lograr el ascenso en Marketing. Con ello vinieron más presiones y tensiones y los viajes constantes. Y la niña ha ido creciendo, casi sin darme cuenta. Allí va llegando. A esa Mari tengo que hablarle; es una desconsiderada, no aprecia lo que hago por ella.

apartment

Por ella y por mí. Porque me he ido llenando la vida de trabajo, de trabajo y a veces de Alfredo. A lo mejor me llama de San Francisco.

—¡Mari! ¡Mari! Ven acá un momento. ¿Dónde has estado?

Por fin llegó la Mari; viene como endrogada. Pero me alegro que esté aquí Hilda, para que la vea, para que se entere, porque cuando yo trato de decirle algo, como que no me escucha, como que no quiere oír lo que no le conviene. Esta vida moderna, ¡quién la entiende! Ya son las nueve. Me haré un taco yo también de las fajitas que le calenté a Hilda y me iré a ver el Canal 34. Aquí ya casi ni se cocina, ¿para qué? Cualquier cosa para hacerse una un taco. Ni modo que cocine para mí sola, porque ni Hilda ni Mari acostumbran cenar aquí. A ver qué dice el horario de televisión. Recuerdo que antes lo único que había eran los programas por radio que agarrábamos de noche de México. Manolín y Chilinski. Palillo. Las novelas, "El derecho de nacer". El programa del Doctor I.Q. No sé cómo le hacíamos; no había alcantarillado,◊ no había pavimentación, no había más que pizca de algodón. Y ahora, todo tan moderno, todo tan grande, pero todos tan desunidos, toda la familia regada por todas partes. Los muchachos en Maryland y en Minnesota y yo en California. Ahora como que ya los hijos y los padres ni se hablan; los vecinos no se visitan. Aquí ni conocemos a los vecinos de al lado siquiera. Sólo a la gente de la iglesia, y eso porque tengo carro y puedo ir hasta la iglesia mexicana los domingos, porque si no, ni eso. Aunque tengo que ir sola, porque aquí ya nadie quiere saber nada de iglesia ni de nada. M'hija creo que hasta se ha hecho atea. Pero por lo menos yo sigo yendo y allí veo a mi gente mexicana. No, si es como le digo a mi comadre Pepa cuando me llama de Texas, la ciudad es muy diferente; aquí constantemente estoy oyendo la sirena de la ambulancia o de la policía. Enfrentito mismo de la iglesia balacearon el otro día, dizque por error, al vecino de doña Chona. Qué cosa de "gangas", de pandillas, de muchachones que no tienen ni adónde ir, ni dónde trabajar, ni más que hacer que andar en la calle sin que los padres tengan idea de dónde andan. Así como nosotras, que no sabemos ni adónde va la Mari, ni con quién, ni qué hace. Me temo que ande con esas mugres, que se inyectan o fuman, y uno aquí como si nada. ¡Como si nada! ¡Y ni modo de meterme! Yo aquí ni papel pinto.◊ ¿Qué se le va a

sewers

no me hacen caso

hacer? No hay más que distraerse un poco, porque yo también tengo mi droga, la tele. Ya es hora de ver "El maleficio". Y después viene "Trampa para un soñador". Sólo en las telenovelas se resuelven todos los problemas, en seis meses o en un año; será porque todas las historias son de ricos y con dinero lo arreglan todo. Pero en la vida real, en la vida de los barrios, en la vida de los que duermen en la calle, las cosas parece que sólo van de mal en peor. Por este camino no sé adónde vamos a llegar.

Preguntas:

1. ¿Cuál es la peculiaridad narrativa de este cuento?
2. ¿Quién es la primera narradora y qué describe?
3. ¿Cuál es su profesión?
4. ¿Quién es la segunda narradora y de qué se preocupa?
5. ¿Por qué dedica mucho tiempo al cultivo del jardín?
6. ¿Por qué se casó Hilda? ¿Cuál es la situación familiar ahora?
7. ¿Quién es la tercera narradora? ¿Qué acaba de hacer?
8. ¿Qué comparación hace la abuela?
9. ¿Por qué hizo que Hilda asistiera a la escuela? ¿Qué opina ella de su hija, Hilda?
10. ¿Qué dice Hilda acerca de su trabajo? ¿Qué recuerdos tiene?
11. ¿Qué le había pasado a Antonia?
12. ¿Por qué decidió Hilda tener el bebé (Mari)?
13. ¿Qué dice la abuela de "esta vida moderna"?
14. Según la abuela, ¿cuál es la diferencia entre las telenovelas y la vida real?

Para comentar:

1. "los ganchos de alambre".
2. "O soy de la *clica* o no soy".
3. ¿Cuál de las tres mujeres lleva la vida más difícil? Explique su opinión.
4. ¿Tiene este cuento una resolución, es decir, tiene un final cerrado o tiene un fin abierto? Explique su respuesta.

5. Comente el título del cuento.

Temas de composición:

1. El aborto: ¿pro o contra?
2. La presión de los pares◊ entre los jóvenes. *peer pressure*
3. En base al cuento y su propia experiencia, ¿es la vida de hoy más difícil que la de antes?

Juan Armando Epple

Hasta 1973, mi vida estuvo vinculada a Valdivia, una ciudad del sur de Chile. Allí obtuve el título de maestro de enseñanza básica en la Escuela Normal, me casé con Alicia, mi compañera de Escuela, me gradué luego como profesor de Castellano en la Universidad Austral,◇ y en 1972 inicié mi carrera académica en esa universidad, como profesor ayudante de teoría literaria.

del sur

Salimos de Chile en 1974, un año después del golpe militar que derrocó◇ al gobierno del presidente Salvador Allende, desarticuló◇ las bases de nuestro país y dispersó a mi generación. Dejamos allá una extensa familia y una historia inconclusa. Pero desde los primeros años en este país fuimos descubriendo otra: la realidad multicultural de esta sociedad, y sobre todo la pujante◇ historia de la colectividad hispana. Mientras yo seguía los estudios de doctorado en Harvard, Alicia entró a trabajar en la escuela "Longfellow", del distrito de Cambridge, en un programa bilingüe para niños puertorriqueños. Ingresó al programa de español de la Universidad de Massachusetts para completar luego el programa de Master en la Universidad de Oregón, donde se desempeña como instructora de la sección de idioma español. Nuestra hija Sandra, entonces de seis años, ingresó a la escuela "Martin Luther King" de Cambridge. Siempre recuerda con afecto y admiración a su primer maestro, Mr. Reed, quien nos solía visitar los fines de semana y nos contaba episodios de la historia del pueblo afroamericano, un pilar muchas veces ignorado de la construcción de esta sociedad.

tumbó
deshizo
vigorosa

Mi labor cultural estuvo vinculada a la revista *Literatura Chilena en el Exilio*, fundada en 1977 y cuyo objetivo inicial fue servir de canal de difusión a la actividad intelectual de los chilenos exiliados a raíz del◇ golpe militar de 1973, propiciando◇ un espacio de re-encuentro y debate para una práctica cultural que se ejercía en condiciones de extrema dispersión. Editada en California por el poeta David Valjalo, recibió el apoyo solidario de destacados◇ escritores latinoamericanos y norteamericanos, contando con el respaldo de un amplio comité internacional presidido por Gabriel García Márquez. En 1980, a partir del número 15, adoptó el nombre de *Literatura Chilena (creación y crítica)*. Esta publicación, que se mantuvo ininterrumpidamente por catorce años, registra en sus páginas una "radiografía" del exilio chileno como proceso cultural: desde los dilemas del desarraigo◇ y la adhesión al país nativo, hasta la búsqueda de nuevos fundamentos creadores en una relación dialogante con

a consecuencia del / creando
importantes
exilio

el mundo hispanounidense.

De acuerdo al censo de 1990, la población hispana de Estados Unidos aumentó en un 53% en la última década, alcanzando a 22.4 millones (sin contar la inmigración ilegal). Ostentando◊ la cifra de crecimiento global más alto entre las llamadas "minorías étnicas", se estima que en dos décadas más los hispanos sobrepasarán en número a la población afroamericana, para convertirse en el segundo grupo étnico de Estados Unidos, después de la mayoría étnica anglosajona. Pero esta presencia hispana tiene una larga tradición en el territorio norteamericano, y su contribución cultural se remonta◊ a un período que antecede en casi cien años a la llegada de los primeros colonos anglosajones a Plymouth Rock. A partir de los 60, y como un fenómeno de reformulación de las identidades culturales vinculado al movimiento por los derechos civiles, la literatura hispana (especialmente la de las comunidades de ancestros mexicanos, puertorriqueños y cubanos) ha ido consolidando un desarrollo distintivo, de gran vitalidad creadora. Motivada inicialmente por la búsqueda de una identidad étnica, sus propuestas se han ido universalizando, con una apertura◊ que ha contribuído a reconocer y destacar el carácter multicultural de la sociedad norteamericana.

manifestando

se origina

openness

Creo que en mi cuento "Garage Sale" se articulan tanto los dilemas del exilio, una experiencia siempre inédita,◊ como los desajustes◊ y encuentros dialogantes entre dos culturas. Los lectores notarán de inmediato que en el relato se entrecruzan las perspectivas del padre, la madre y la hija, quienes dan cuenta del íntimo proceso de adaptación de la familia a un nuevo orden de realidades, y a un nuevo país. Pero la carga subjetiva que pone en tensión el relato difumina◊ las fronteras entre la necesidad y los deseos, la realidad y los sueños.

desconocida

desacuerdos

hace desaparecer

A orillas del río Willamette, cerca de la Universidad de Oregón, donde trabajo desde 1980, miro la tarjeta plástica que garantiza mi nueva identidad y leo allí: "Resident Alien" (Extranjero con residencia permanente). Y pienso que no hay mejor definición para un escritor. Pero además, esa tarjeta, llamada tradicionalmente "green card", es ahora una tarjeta blanca. Es un pasaporte inédito: ◊ una invitación a llenarlo de sentido. Estoy seguro que Marisa, la pequeña que quería inventar su propio país, sabrá contar un día su experiencia mucho mejor que yo. La imagino mirando un día su "green card" blanco y buscando

no publicado, impreso

un punto de partida que le permita hacerse cargo críticamente de la tradición cultural que la precede para deslindar su derrotero◊ personal, pues el tema literario que conoce mejor es su propia vida.

fix her course

Garage Sale

Voy a dar una vuelta, dijo, y, antes que alcanzara a preguntarle adónde, ya estaba sacando el auto en retroceso, metiendo las ruedas en los lirios que él mismo se había encargado de trasplantar desde la casa que tuvimos en Springfield, antes de trasladarnos a Eugene. Los lirios son los más perjudicados◊ cuando anda enrabiado o confundido con alguno de esos trabajos que le suelen encargar, y que empieza a escribir con entusiasmo pero luego deja de lado explicando que no puede agarrar bien el hilo.◊

dañados

can't find his way through it

La typewriter de mi daddy es como la sewing machine que tiene mi mamá, esa que compró usada en un garage sale y que a veces trabaja bien y otras se atasca.◊ Cuando él escribe sin parar por una hora es porque está contestando una carta de uno de sus amigos, esos testamentos de diez páginas que les ha dado por intercambiarse por correo, reclama mi mamá. Y cuando escribe un ratito y luego hay un silencio largo en su cuarto es porque está pensando en algún problema —como esos homeworks que nos da Miss Greenfield—, y ya sabemos que en cualquier momento va a bajar, va a dar una vuelta por la cocina destapando las ollas o va a pasar directamente al yard a regar sus tomates, diciendo que le sirve para concentrarse.

se descompone

—Apuesto que tu papá quería ver el noticiero y tú le cambiaste el canal— le dije a Marisol, que ya se había instalado frente al televisor con un paquete de galletas y los discos de Def Leppard desparramados por el suelo, enchufada◊ en uno de esos programas musicales donde los cantantes cambian de escenario a cada estrofa.

plugged

—No, él me dijo que hoy tenía que escribir algunas cartas. Además, el único programa que le interesa es el noticiero de las siete. Yo le fui a decir que por qué no aprovechaba de escribirle también una carta a la abuela y así la traíamos de una vez, aunque sea de visita. Entonces él se levantó del asiento y pumm . . . salió. ¿Crees que fue al post office?

Como no entiendo ni papa del fútbol americano, y no me

Spanish version of "Garage Sale People," *The Americas Review* 18.3–4 (1991): 69–75.

hablen del béisbol, sin contar lo difícil que es agarrar el inglés de las películas (es como hablar masticando una papa, explica Marta, tratando de imitar alguna frase), la única forma de sacarle el cuerpo a las preguntas de Marisol es salir a la calle a calentar un poco los músculos. Aunque esta frase ya no me alcanza ni para metáfora, porque cada vez que me topo con un espejo veo que he seguido aumentando varias libras por año, y ya me están asomando las primeras canas. Es la verdad más interesante del hombre, celebra Marta, aunque no deja de pasarme un dedo por la aureola◊ de fraile que también se me va dibujando en la nuca. Además, cada vez que me decido a salir a correr me encuentro compitiendo con cientos de atletas que no sólo compran las mismas zapatillas Nike, sino que están convencidos de que Eugene es la capital mundial del jogging, y todos y los más modestos se conforman con ganar el maratón de Nueva York. Al final he optado por entrenarme en la clásica silla de ruedas de este país, aunque sea para imaginar que vamos a descubrir nuevas rutas, deslizándome por calles rigurosamente diagramadas, con sus semáforos y policías de tránsito regulando el ejercicio, jurándole fidelidad a este auto que lucía tan imponente los primeros días, y que ahora se mueve a saltos, como un Pinto resfriado.

corona

Cuando estaba aprendiendo a manejar y el Chino (que es de Antofagasta, y ni él sabe de dónde le cayó el apodo◊) me enseñó algunas técnicas básicas de mantención, como medir el aire de las ruedas, cambiarle el aceite, ponerle antifreeze al radiador, pensé que sería útil agenciarme◊ algunas de esas herramientas que él trae en el maletero de su convertible (éste sí que es convertible compadre, celebra pasándole una manga ostentosa al capot◊ de los años de la cocoa,◊ porque se convierte hasta en cama cuando se presenta la ocasión), me detuve una vez frente a uno de esos letreros que anuncian "Garage Sale", buscando algo extra para equipar el auto. Con una curiosidad que poco a poco se fue convirtiendo en obsesión descubrí que los garage sale consistían en pequeños mercados familiares que los gringos instalan en el garage o el patio de sus casas, donde ponen a la venta objetos de segunda mano o incluso nuevos, traídos seguramente de sus safaris turísticos o de esas irresistibles liquidaciones de las grandes tiendas, y que acumulan en sus casas hasta que la pasión ingenua por la novedad los obliga a ofrecerlos por unos pocos dólares para dejar más espacio pa-

nickname

conseguirme

hood / los tiempos buenos

ra otras adquisiciones. En las primeras salidas me dejé llevar por el entusiasmo, un entusiasmo a precio casi regalado por la variedad de artículos dispuestos en mesitas o depositadas como al descuido en los prados de tarjeta postal. Comencé a llevar a la casa inesperados trofeos que activaban una mirada entre compasiva y recelosa de Marta: un arado del tiempo anterior a la gasolina (esa parcela que tuvimos que vender apresuradamente en el sur para poder salir a tiempo del país), litografías, anzuelos, marcos de retratos, una guayabera mexicana nueva, que usé hasta en pleno invierno, no tanto para imaginarme cómo nos habría ido en ese país si nos hubiera llegado la visa a tiempo, sino para revivir las despedidas en la Bomba Bar, anotar las direcciones, repasar el lenguaje cifrado para comunicarnos noticias, y el gringo Hoefler mirando de reojo◊ las sillas vacías, decidido a quedarse hasta el último por alguna secreta razón ancestral, y ahora un brindis por "El azote de Puebla", un par de pistolas Colt 45 en imitación de lata, de esas idealizadas en las novelas de cowboy de un tal Marcial Lafuente Estefanía, que resultó ser luego un español que decidió exiliarse en un rincón de su propio país y que pudo ganarse la vida escribiendo historias de un Far West que diagramaba con la ayuda de un mapa arrancado de un National Geographic Magazine, discos de Frankie Avalon o Los Cuatro Latinos, y esos best sellers que se desvaloran tan rápido que hay que arrumbarlos en una caja a ver si alguien se los lleva gratis, help yourself. Suspendí mis compras de ocasión cuando, al volver una tarde con un maniquí escultural que merecía estar en mi oficina, encontré a Marta atareada◊ arrumbando nuestros propios desusos en el garage, tratando de organizar mejor nuestro espacio:

de reojo: out the side of the eye

atareada: ocupada

—Si vas a seguir con tu deporte de los garage sale, vale más que te dejes de coleccionar fantasmas y me consigas algo útil. Hace tiempo que te pedí que me busques unos frascos para conservas, o una aspiradora que funcione, ya que no quieres comprar una nueva.

En el tiempo que llevamos fuera de Chile habíamos tenido que cambiar de país dos veces (porque en unos para conseguir visa de residencia hay que tener primero contrato de trabajo, en otros para conseguir trabajo hay que tener primero permiso de residencia, sin contar con que hay otros donde no nos aceptan ni de turistas) y estando en Estados Unidos veníamos recorriendo más de cinco estados, hasta encontrar un trabajo más o menos estable en Eugene. Oregón nos atrajo de inmediato, como un imán◊ secreto, por su extraordinario parecido con el Sur de Chile. Nuestros desplazamientos nos obligaban a hacer y deshacer maletas, vender o regalar los pocos muebles que juntábamos, embalar◊ y desembalar los libros de Darío, porque eso sí, una debe despedirse de la aspiradora, las ollas, y hasta el juego de loza,◊ pero al perla◊ los libros hay que instalárselos en la mejor parte del camión, allá vamos a comprar todo nuevo, m'ijita, no se preocupe. También había que enviarles la nueva dirección a algunos familiares y a los amigos que aún nos reconocen en el mapa, presentar en otra escuela los certificados de colegio y vacunas de Marisol, quien ya no sabía qué poner en la sección país de origen, optando finalmente por escribir con sus mayúsculas MARISOL (lo que al menos le garantizaba un puesto seguro en las clases de geografía), y hasta diseñar una huerta improvisada en el patio de la casa para plantar un poco de cilantro y albahaca. Porque eso sí, estos exiliados tan orgullosos siempre están dispuestos a viajar, a "buscar nuevos horizontes", pero donde van siguen suspirando por las empanadas y humitas◊ que les solía preparar la abuela. Cuando le dio por los garage sale no me preocupé mucho, porque me parecía una distracción inofensiva y hasta novedosa, pero cuando empezó a alabar ante los chilenos las ventajas de esos "mercados persas",◊ como los llamaba, tuve que cortarle un poco la afición, pues los amigos, como me confidenció Hilda, ya nos estaban llamando "Los Persas".

magnet
empaquetar
earthenware / su marido
tipo de tamal
bazaars

En la escuela no saben dónde queda Chile, y por eso me llaman a veces hispanic or latin. Una vez que le dije a la English teacher que era un país muy bonito, con muchas montañas y frutas, me sonrió y me dijo que era una gran verdad, que ella tenía muy buenas memorias de un viaje que hizo a Acapulco. Quizás no lo ubican porque en el mapa se ve tan chico, como un fideo, y por eso han tenido que salir tantos chilenos a vivir en otros países. Pero lo que no entiendo entonces es por qué, si es tan chico, todo lo que hay allá es tan grande. Cada vez que se juntan los chilenos en la casa —porque en cada ciudad donde hemos vivido siempre hay un grupo de chilenos que se llaman por teléfono todos los días y se juntan a comer—, se dedican a crear un país que no creo que entre en ningún mapa. A decir que las sandías de allá son mucho más grandes y dulces que las que venden en Safeway, que las uvas son del porte◊ de las ciruelas de aquí, que el Mount Hood no le llega ni a los talones al Aconcagua, que no hay como un caldillo de congrio,◊ que debe ser un pescado enorme como un tiburón pero que sabe muy sabroso, que el vino que se vende aquí parece tinta dulce o la cerveza tiene gusto a pichí,◊ y que no hay comparación entre el pan amasado del Sur y las rebanadas de plástico que venden aquí. Un día se juntaron a discutir una cosa de pasaportes y a revisar una lista que traía el tío Romilio, inventándose sobrenombres que empezaban con la letra L (como Loco, Lampiño, Lolosaurio, Lucifer, Latoso, Libertador de Lanco, y así). Nosotros los niños nos pusimos a hacer dibujos. Yo dibujé una cordillera y se la fui a mostrar a mi papi. Él miró mi dibujo un largo rato, se puso serio, y luego me corrigió con un lápiz la cordillera diciendo que era mucho más alta y difícil de cruzar. No se dio cuenta que también había dibujado un avión. Esa tarde se dedicó a criticar todo lo que decían los tíos, que así tenemos que llamar a los grandes pero no porque sean tíos, sino porque son chilenos que se visitan, a decir que las empanadas son originarias de China y que la cueca es un baile que llevaron a Chile desde Africa. Al final las visitas se enojaron y se fueron, y uno de los tíos le gritó desde la puerta a mi papi que lo único que le estaba quedando en claro era que nosotros ahora nos creíamos persas.

tamaño
conger eel soup
orina

Marisol nos había puesto en aprietos una vez más con su lógica inocente, justo ese día de sol y kuchen◊ de moras alemanas, cuando se me ocurrió hacer un comentario sobre la harina que venden en los supermercados y ella aprovechó para decir: si la abuelita sabe hacer mejor kúchenes, ¿por qué no vamos a Chile a visitarla? Darío se paró y caminó hacia la cocina, ¿alguien quiere más café?, dándome esa mirada de usted-salió con-el-tema-y-lo-resuelve. Pero como a estas alturas del exilio es difícil explicarle a una niña que creció en este país lo que significa tener una L en el pasaporte,* traté de explicarle que los pasajes están últimamente por las nubes, que el papá ha estado haciendo esfuerzos por ahorrar dinero, pero apenas estamos en condiciones de comprar un pasaje, y no es justo que viaje a Chile sólo uno de nosotros, ¿verdad? No sé si quedó muy

pastel alemán [kújen]

*L (Listado nacional). Durante la dictadura militar en Chile (1973–1989) a los exiliados a quienes se les prohibía ingresar a su pais les marcaban el pasaporte con una letra L.

convencida, pero se comió un pedazo extra de kuchen, estuvo haciendo figuritas con la servilleta y luego anunció que tenía la tele reservada hasta las doce.

Yo aproveché para ir a encerrarme a la oficina, pero al rato subió, levantó con curiosidad mis papeles como si estuviera muy interesada en ver lo que escribo, y luego, mirando por la ventana, me propuso: ¿por qué no invitamos a la abuela a que venga a pasar el verano con nosotros? Es sólo un pasaje, ¿verdad? Y a una niña a la que se le ha estado pintando por años un país hecho de sabores y olores definitivos, de memorias fijas y obsesivas, de rostros que parecen estar todavía a la vuelta de la esquina, y sobre todo de presencias familiares que van creciendo a medida que se alejan en el tiempo que nos distanciamos, no se le puede decir de un día para otro que la abuela murió a los pocos meses de tener que abandonar nosotros Chile. Por eso sólo le sacudí un poco la chasquilla sabihonda,◊ es buena idea señorita, vamos a ver qué podemos hacer, y salí.

patted her bright little head

Ese día recorrí varios garage sales, sin buscar nada en especial, y si me detuve frente a esa casa fue para examinar unas herramientas de labranza que tenían allí, con los precios cuidadosamente marcados en papelitos blancos, para ver si encontraba algún azadón para la huerta. Estaba por regresarme cuando descubrí a la anciana, instalada en una silla reclinable, con la vista perdida en un mundo anterior a todos los domingos de preguntas y garage sale. Al principio pensé que era otro maniquí, puesto artísticamente en la silla para realzar◊ un vestido azul, con encajes de terciopelo, o la caja de diseños hindú que le habían puesto en el regazo. Pero al acercarme a revisar unas camisas y observarla de reojo, vi con sorpresa que la figura estiraba la mano, cogía un abanico de 25 centavos de la mesa, recuerdo de alguna excursión a Sevilla, y se empeñaba en abanicarse con movimientos enérgicos, pero con un dejo de coquetería.

llamar la atención

El dueño de casa, viéndome estrujar el cuello de una camisa sport, se me acercó con una sonrisa de oreja a oreja y la típica pregunta de supermercado: May I help you? Acto seguido me aseguró que esas camisas estaban casi nuevas, y que habían decidido vender parte de sus pertenencias porque la hija acababa de casarse y ellos se mudaban a un departamento. Usted sabe, agregó, a medida que envejecemos necesitamos menos espacio.

Por una reacción impulsiva, que ponía en tensión los dilemas que me estaban fastidiando, le pregunté a mi vez, apuntando con el dedo:

—¿Y cuánto cobra por esta abuela?

El ciudadano me miró con la boca abierta, y luego se metió rápidamente en la casa.

Inicié rápidamente la retirada, anticipando una merecida colección de insultos que me darían una visión más académica del inglés, pero antes de doblar la esquina sentí que me llamaba, con un tono casi dulce. Una señora rubia estaba a su lado, secándose las manos en el delantal.

—¿What about five hundred bucks?—me dijo poniéndome una mano amistosa en el hombro, y bajando la voz en los números, como si fuera la proposición del año.

Tomando mi confusión por cálculo, la señora agregó:

—La verdad es que vale mucho más. Con decirle que ni siquiera habíamos pensado en venderla.

—Además —terció◊ el marido— está completamente sana, y sólo recién ha comenzado a usar anteojos. Hace un mes le hicimos un chequeo completo, y el médico nos aseguró que vivirá muchos años más. Así como va, nos pronosticó el doctor —mi hipotético pariente iba a lanzar una carcajada aprobatoria, pero la señora se la cortó de un codazo— capaz que◊ los entierre a ustedes.

terció: interviniendo en la conversación

capaz que: *she might*

—¿De verdad está para la venta?— les insistí, perplejo.

—Es que como el departamento es muy pequeño, la única solución que nos quedaba era mandarla a un centro de ancianos, y la verdad es que ella, tan acostumbrada a la vida familiar, no merece terminar allí. Nosotros no nos imaginábamos que existía esta otra solución: una familia joven, llena de proyectos, porque usted, por su acento, debe ser un inmigrante hispano ¿verdad? que le ofrezca una nueva oportunidad, y en ese ambiente latino donde se valoran tanto las tradiciones antiguas . . .

—¿Cuánto puede ofrecer por ella? —agregó la señora—. Además se la entregamos con todos sus efectos personales, y no sabe usted todos los objetos valiosos que ha acumulado en su vida. Incluso le daremos various artefactos de cocina, porque ha de saber usted que ella suele preparar unos pasteles de manzana de primera, con una receta secreta que heredó de su madre, y le gusta cocinar en sus propias fuentes.

Demoramos un par de horas en la transacción, y luego de convenir la forma de pago, decidimos que volvería a buscarla en dos semanas. Una decisión prudente, porque hay que tener en cuenta que estos cambios no se pueden hacerse de un día para otro.

yerba mate

Esa noche, durante la cena, noté que Darío estaba más callado que de costumbre, y además se le ocurrió tomar mate,◇ algo que casi nunca hace porque dice que le produce insomnio. Pero de pronto, mirando a Marisol que se entretenía en dibujar algo en una servilleta, empezó a proponer, con un entusiasmo de recién llegado, una serie de cambios en el orden de la casa, y a preguntar si todavía teníamos la cama plegable que compramos cuando vino a visitarnos el chilote Heriberto desde California.

Porque tenemos que preparar un dormitorio extra, les dejé caer, gozando por anticipado de la sorpresa: hoy le reservé un pasaje a la abuela, y viene a visitarnos en dos semanas más.

resaltaban
el brillo

Luego salí al patio, porque todavía había luz afuera, y las colinas que rodeaban el Willamette Valley extremaban◇ las gradaciones del verde hasta confundirlo con los destellos◇ dorados del sol. Era como estar otra vez frente al Lago Llanquihue, respirando al ritmo secreto de las estaciones, pero sin estar allá.

estar seguro
frijoles
pilón (*extra*)

Pero salí también porque quería cerciorarme◇ que los porotos ◇ verdes estaban afirmando bien sus guías en las estacas, que había pasado ya el peligro de las heladas, y que el azadón que mis inesperados parientes gringos me habían dado de yapa◇† era de buena calidad.

Preguntas:

1. ¿Quiénes son los personajes-narradores?
2. ¿Quién narra primero? ¿Qué dice de las vueltas que da Darío?
3. ¿Quién es la segunda narradora y qué nos dice acerca de la máquina de escribir?
4. ¿Quién es el tercer narrador y qué dice acerca de su vida en los EE. UU.? Cómo se describe?
5. ¿Por qué le atraen los 'garage sale'?

†Del francés: *lagniappe*, lo que se da extra o gratuitamente en una compra; en Sudamérica, frecuentemente *la ñapa*.

6. ¿Qué dice Marta de la experiencia de la familia en los EE. UU.? ¿Cómo llama ella a los garage sale y cómo los llaman a ellos sus amigos chilenos?
7. ¿Qué dice Marisol de su experiencia en la escuela? ¿De qué manera es diferente el Chile que ella conoce del que describen los chilenos, amigos de sus padres?
8. ¿Qué tema provoca la preparación de *kuchen*? ¿Qué le propone Marisol a su padre? ¿Por qué no será posible?
9. ¿Qué encuentra Darío en un garage sale? ¿Qué transacción se realiza?
10. ¿Qué efecto tendrá la presencia de "la abuela"? ¿Qué "yapa" le dieron a Darío sus nuevos parientes?

Para comentar:

1. El choque cultural que experimenta la persona exiliada.
2. El 'garage sale' como manifestación cultural norteamericana.
3. La ignorancia geográfica entre los ciudadanos norteamericanos.
4. El empleo de anglicismos en el cuento.

Temas de composición:

1. Haciendo de cuenta◇ que Ud. es un exiliado en este país, describa sus experiencias. *Pretending*
2. Describa el choque cultural que Ud. haya experimentado al visitar o residir en este país o en otro.
3. La pervivencia◇ de la cultura hispana en los EE. UU. entre los grupos latinos. *survival*

Alfredo Villanueva-Collado

Nací en Santurce, Puerto Rico, en 1944. Me crié en Caracas, Venezuela, de donde regresé a Puerto Rico para terminar mis estudios, también razón por la que vine a Estados Unidos en 1966 para seguir el Ph.D. en Literatura Comparada, que obtuve de la Universidad del Estado de Nueva York en Binghamton. En 1971 comencé a trabajar en la Universidad de la Ciudad de Nueva York, donde actualmente dirijo el Departamento de Inglés en el Colegio Comunal Eugenio María de Hostos.

Me enorgullece pertenecer a un grupo de escritores hispanoamericanos que crean literatura en español, ya que es de suma importancia el recordar que no todos estamos aquí por voluntad de estarlo, sino como extranjeros, sin intentar asimilarnos a la cultura dominante. Esto es lo contrario de lo que tal cultura busca —la creación de "norteamericanos". Pues bien, no lo puedo ni lo quiero ser. Nací en una isla que pertenece a los Estados Unidos, isla que quisiera ser independiente, isla que ha sufrido los graves efectos de la imposición de una cultura con la que no tiene nada en común. Espero que lo que escribo ofrezca una versión diferente de la historia oficial que atribuye el mito de El Dorado a Norteamérica.

trato de

mayor (fem.)

Es precisamente esto lo que me llevó a escribir "El día que fuimos a mirar la nieve". Por un lado, pretendo◇ mostrar lo absurdo de la condición colonial de Puerto Rico, y el papel que hacen aquellos puertorriqueños que prefieren la asimilación a la identidad nacional. Por el otro, juego con el concepto del "realismo mágico", porque considero que en Latinoamérica pasan cosas tan absurdas que son más fantásticas que lo que la propia fantasía pudiera imaginarse. Hay que tener en cuenta algo muy importante: esto no es un cuento. Lo he ficcionalizado, pero es un hecho histórico: el que la alcaldesa◇ de San Juan de Puerto Rico, en los años 50, llevase dos aviones llenos de nieve en Navidades, cuando hace una temperatura de 85 grados, para que los niñitos puertorriqueños tuvieran el mismo privilegio que los niñitos norteamericanos. Esto es parte de la labor del escritor: reescribir el hecho real para exponer su verdadera falta de sentido, en este caso, sentido histórico. Hay otras cosas que los escritores hacen: en lo que a mí concierne, parte de mi tarea es recoger la tragedia colonial de la puertorriqueñidad desde mi posición de exiliado en los Estados Unidos, y contarla, como portavoz, como testigo. Es a través del anónimo narrador, un niño para quien todo el proceso de ir a mirar la nieve termina en un profundo desencanto, que expreso mi mensaje.

El día que fuimos a mirar la nieve

Aquel día amaneció de golpe, con el sol agarrado de las persianas como si quisiera derretirlas. Escuché a mami en la cocina, ya preparando el desayuno, a papi dejando caer el chorro sobre el agua del inodoro,◇ a Roberto trasteando◇ en las gavetas del cuarto al lado del mío. Recordé de qué día se trataba y el corazón me latió más rápido. Corrí a lavarme y a vestirme. Escogí un sweater crema, unos pantalones de corduroy, y medias gruesas. Mami, al verme entrar así ataviado,◇ se echó a reír. Papi, con su paso lento y pesado, dejando escapar un gruñido, comentó que hacía demasiado calor y que quizás no valía la pena hacer el viaje. —Ese tapón va a estar del mero—,◇ dijo, dirigiéndose a nadie en particular. —Ya son las nueve, y nos tomará dos horas llegar a San Juan—. —Con lo sobrada que es la gente, no lo dudo—, agregó mami. —Mejor nos vamos apurando.

toilet / *rummaging*

vestido

There'll be a heck of a traffic jam.

Ya montados en el carro, papi tuvo que ir al baño de urgencia, de manera que perdimos otros veinte minutos. Roberto y yo nos acomodamos en la parte de atrás, cada uno en su ventana. Mami nos advirtió que ya sabíamos lo que pasaría si no nos estábamos quietos. Y al decirlo, mostró las largas uñas inmaculadamente manicuradas y pintadas de un rojo oscuro con las que en más de una ocasión nos había llevado los cantos,◇ forma absoluta de ganar control inmediato sobre nuestras personas. Papi regresó y nos pusimos en camino.

hecho llorar

Salir de Bayamón fue fácil, pero una vez que caímos en Santurce, el tapón fue apoteósico.◇ Nos movíamos cuatro pies cada media hora y, con el calor y la falta de una brisita, el interior del carro estaba pegajoso como un baño de vapor. Roberto se puso a matar indios, porque ese día le había dado por ponerse su ropa de vaquero, completa con sombrero de ala ancha y cinturón con revolver. "¡Zas!" y allí caía un indio y ¡zas! allí caía otro indio, hasta que mami, fijándose en las miradas de horror que los ocupantes de otros baños de vapor nos dirigían, se viró◇ enérgica, lo agarró por el brazo y le dijo que se dejara de jueguitos, que era mala educación apuntarle a la gente, y más con un revólver, que qué se iban a creer, que ella no había salido para pasar vergüenzas, y si no se controlaba nos regresábamos

extraordinario

se volteó

From *Revista Chicano-Riqueña* 9.3 (1981): 31–33.

ahí mismito, ¿verdad Casimiro?

Soltó a Roberto y se viró del otro lado, a ver qué estaba haciendo yo. Pero mi juego era mucho más pacífico. Mi pasión consistía en contar marcas de carros, específicamente Studebakers, lo cual, hay que reconocer, no era nada fácil en aquel tremendo tapón. Por lo menos lo podía hacer sin llamar demasiado la atención de los de al frente. Allí iba un Ford, y más adelante un Chrysler; había montones de Chevrolets y uno que otro Cadillac, pero no veía un Studebaker ni para remedio, de manera que me fui levantando despacito a mirar por el cristal trasero cuando paf, un manotón me tumbó de nuevo sobre el asiento mientras me advertían que si todos moríamos en un accidente cuando papi no pudiera ver los otros carros en el cristal de atrás porque yo estaba en el medio, yo y nadie más que yo iba a ser el responsable, y que era mejor que nos devolviéramos◊ allí mismito, para evitar una desgracia. regresáramos

Al fin llegamos a los puentes del Condado; una brisita alivió la piquiña◊ que me estaba comiendo el cuerpo. Iba a quitarme el sweater, pero mami, que tenía ojos en la nuca, me informó que me vería en el hospital con pulmonía, empapado en sudor como estaba, además de la paliza que me iba a llevar porque la gente decente no se quitaba la ropa en público. Roberto se encontraba en peor situación: le picaba en mal sitio y trataba de rascarse sin que nadie lo notara. El resultado fue que de un jalón fue a parar al frente, dejando una mancha de sudor sobre el plástico rojo del asiento al lado de la ventana, mientras le advertían que perdería la salud del espíritu si se seguía metiendo la mano en cierto sitio. La radio anunciaba el portento del regalo de la gran dama a su pueblo, lo que sólo prendía la ira de papi cada vez más. —Maldita sea la gente y maldita sea la vieja esa, mira y que ocurrírsele traer esa porquería para que cuanto idiota hay en San Juan se crea esquimal por un día—. Pero mami le leyó la cartilla. —Mira Casimiro, tú fuiste quien se lo prometió a los nenes, y tú eres el primer averiguado;◊ si no, ¿qué hacemos metidos en este tapón? Sería mejor dejar el carro por aquí y caminar hasta el parque. Pero tú eres un vago de primera y no quieres pasar el trabajo; total, que estamos ahí al ladito.

irritación

curioso

Como si lo hubiera conjurado, apareció un espacio y papi, rabioso, metió el carro con una sola vuelta del volante. —¿Estás seguro de que es legal?— preguntó mami, siempre temerosa de la ley. —Vete al carajo—, contestó papi, que ya no estaba para

bajamos

cuentos. Nos apeamos,◊ papi y mami caminando al frente, él con su guayabera y ella con un chal sobre los hombros, por si acaso, como ella decía. Roberto y yo íbamos agarrados de la mano, él dando saltitos y tratando de despegarse los pantalones de vaquero, que se habían convertido en instrumento de tortura, mientras que yo batallaba con el sweater, que me parecía una túnica de hormigas. Era casi mediodía.

snow cones

plataforma

Ya en el parque nos abrimos paso a través de la multitud que se apelotonaba en una dirección solamente, aguantando los chillidos, no sé si de excitación o de angustia, de millones de muchachitos vestidos con levis, corduroys, guantes y hasta unas raras gorras rojas con moñas de colores. Y en el medio, blanca, o casi blanca, brillante, pero ya medio aguada, la nieve. Me zafé y corrí hacia ella, llenándome los pantalones de barro en el proceso, porque el agua derretida se mezclaba en los pies de la muchedumbre con tierra de todas partes de la isla. Toqué la nieve. No era gran cosa; se me ocurrió que, si quería, podría hacerla en el freezer de casa, o jugar con el hielo hecho polvo de las piraguas.◊ ¿Tanto lío para esto? Pero obviamente mi actitud crítica no era compartida. La gente estaba loca con la nieve. Le daban vuelta a la pila con los ojos desorbitados, mientras que los nenes chapoteaban en el fangal o posaban para las Kodaks de los padres. A un lado, en una tarima,◊ la benefactriz del pueblo, que había hecho posible el milagro y mi desencanto, movía su hermoso moño blanco, sonreía, y se echaba fresco con un abanico de encaje.

Evidentemente la frescura del espectáculo no había mejorado el humor de papi porque lo llegué a ver, casi púrpura, con mami al lado, aguantando a Roberto que chillaba desconsoladamente con los pantalones caídos sobre las rodillas. Quise darme prisa y, llegando a donde estaban, resbalé, quedando sentado a cinco pulgadas de las uñas de mami, quien se limitó a levantarme, inspeccionar las ruinas de mi sweater, y comentar: —esperen que lleguemos a casa—. Para colmo, cuando al fin logramos recordar dónde papi había dejado el carro, lo encontramos con un ticket incrustado en una ventana. Papi lo recogió se lo metió en el bolsillo y exasperado se volvió a mami: —¡Bueno, m'ija, otra idea brillante de tu partido y me meto a estadista!

Preguntas:

1. ¿Quién es el narrador del cuento?
2. ¿Qué tiempo hacía aquel día? ¿Cómo se visten el narrador y su hermano Roberto?
3. ¿Adónde va la familia? ¿Cuál será el problema?
4. ¿Cómo estaba el tráfico cuando llegaron a Santurce?
5. ¿Qué hacen los niños para pasar el tiempo? ¿Con quién se enoja la madre?
6. ¿Cómo se sienten los niños en los suéteres?
7. ¿Cómo lo están pasando los padres?
8. ¿En qué condición estaba la nieve?
9. ¿Qué le pareció la nieve al narrador? ¿Y a los demás?
10. ¿Había nevado en San Juan? ¿Cómo se explica la nieve?
11. ¿Por qué estaba de mal humor el padre? ¿Y la madre?
12. ¿Cuál fue el colmo del enojo del padre?
13. ¿Qué entiende Ud. con el "me meto a estadista" que declara el padre al final del cuento?

Para comentar:

1. El entusiasmo de los niños: ¿qué es lo insólito◊ de este acontecimiento? extraño
2. Por lo general, cuando los puertorriqueños salen de la isla, ¿a qué parte de los EE. UU. suelen irse? ¿Qué tiempo hace en este sitio?
3. ¿Qué piensa Ud. de la acción de traer nieve a Puerto Rico?
4. ¿De qué manera puede considerarse el traer nieve a Puerto Rico como conformarse al colonialismo?

Temas de composición:

1. Describa su primer encuentro con la nieve.
2. Describa una experiencia que haya tenido con algo imaginado con anticipación que haya resultado una desilusión.
3. Comente las costumbres y los productos comerciales que viniendo de los EE. UU., al adoptarse en otro país, pudieran considerarse símbolos de colonialismo.

Tomás Rivera

Tomás Rivera nace en Crystal City, Texas, el 22 de diciembre de 1935. A pesar de las desventajas socio-económicas y el tener que alternar el estudio con el trabajo migratorio, Rivera logra terminar su estudios colegiales◇ en ese mismo pueblo del sur de Texas en 1954. Las experiencias de su nomadismo laboral las documentaría años más tarde en su aclamada novela, . . . *y no se lo tragó la tierra* (1971). Mientras tanto, el gran afecto que Tomás Rivera tenía por su gente y su preocupación por la poca educación que había para los méxicoamericanos lo mueven a seguir la carrera de la enseñanza. Después de licenciarse en Pedagogía en la Universidad de Southwest Texas State en 1958, enseña inglés y español en las escuelas secundarias de San Antonio, Crystal City y League City. Vuelve a la universidad para seguir estudios graduados, recibiendo la Maestría de Educación en 1964. Continúa sus estudios en la Universidad de Oklahoma, donde se doctora en Literatura Española en 1969.

secundarios

El ascenso de Rivera por los rangos profesoriales y puestos administrativos universitarios es rápido y centelleante.◇ Comenzando como Encargado de Curso (Associate Professor) en la Universidad de Sam Houston State en 1969, llega a ser Catedrático de Español (Professor) y Director de Lenguas Extranjeras de la Universidad de Texas, San Antonio, en 1971. Sólo cinco años después asume el cargo de Vice Presidente para Administración de la misma. Deja este puesto en 1978 para asumir el cargo de Vice Presidente Ejecutivo de la Universidad de Texas, El Paso. Al año siguiente es nombrado Canciller de la Universidad de California, Riverside, puesto que ocupa por cinco años hasta que fallece repentinamente de un infarto cardíaco en Fontana, California, el 16 de mayo de 1984.

brillante

Con la publicación de . . . *y no se lo tragó la tierra*, Tomás Rivera se destaca como uno de los mejores escritores de la literatura chicana. Su novela alienta los esfuerzos de escritores chicanos y le presta mayor reconocimiento a la presencia creativa hispana en los Estados Unidos. Mientras la novela cuenta las experiencias de los obreros migratorios chicanos, el tema es la búsqueda de la identidad por parte de un adolescente. Funcionando como la conciencia central de la obra —ora protagonista, ora narrador protagonista, ora narrador testigo o como personaje que escucha pero no narra— el joven recupera su pasado, descubre su historia y llega a encontrar su propio ser y afirmar su identidad como persona colectiva. Al descubrir quién es, se aúna con su pueblo. Mediante su búsqueda, el joven encarna y expresa la conciencia y experiencia colectivas de su sociedad.

Hablando sobre lo que le motivó a escribir *Tierra*, Rivera dijo: "Escribí *Tierra* porque era chicano y soy chicano. Esto nunca podrá ser negado, olvidado, renegado de ahora en adelante. Escogí crear y, sin embargo, no tenía idea del efecto de esa creación". Con estas escuetas y profundas palabras de Tomás Rivera podemos entrever casi todas las razones para la creación de la literatura chicana. Primero, Rivera escribió *Tierra* porque era chicano. Rivera menciona que en su juventud jamás encontró al chicano en la literatura americana; por lo tanto, el chicano no existía, la raza era invisible. En 1958 ocurre un suceso en la vida de Rivera que ha de determinar su carrera de escritor: descubre y lee *"With His Pistol in His Hand," A Border Ballad* and *Its Hero* de Américo Paredes. Leyendo del análisis cultural de Paredes sobre el héroe folclórico Gregorio Cortez y los corridos escritos sobre el mismo, se da cuenta Rivera de que, primero, la literatura de su pueblo tiene que escribirse desde el punto de vista chicano, es decir, tiene que ser escrita por chicanos; y, segundo, que con el término "chicano" se designa no sólo un grupo étnico sino una clase social: la clase obrera. La designación de clase, a su vez, determina la postura ideológica y la transmisión artistica de su literatura: por una parte, la afirmación de sus propios valores y el reclamo de justicia ante la supresión social anglosajona, y, por otra, el folclor y la tradición oral. Estos dos fenómenos informan los corridos de Gregorio Cortez. De ahí que las pocas representaciones de los chicanos que había en la literatura americana a menudo fueran incompletas, falsas y a menudo distorsionadas, escritas por no chicanos.

El gran interés de Rivera en la educación, especialmente de las minorías, y sus muchas responsabilidades administrativas, dificultan su carrera literaria. Después de *Tierra*, sólo alcanza a publicar cinco cuentos, dos de los cuales había excluido de su novela; un librillo de poesía en inglés, *Always and other poems*; y otro manojo de poemas, incluso su poema épico "The Searchers", en revistas literarias. Después de la muerte de Rivera, se encontraron entre sus documentos literarios dos cuentos inéditos, "La cosecha" y "Zoo Island", y varios poemas igualmente inéditos.*

*Estos cuentos y los cinco que públicó el autor fueron públicados

En "Las salamandras", y "Zoo Island" la experiencia del ciclo migratorio ocupa el primer plano. En el primero, este ciclo transcurre dentro del ciclo más grande de vida, muerte y regeneración. "Zoo Island" presenta el esfuerzo de un grupo de familias de afirmar su existencia establecendo una comunidad.

flood / ir a la deriva: *to drift* / *framed*

"Las salamandras" es uno de los mejores ejemplos de la ficción riveriana; quizás el cuento más tenso, más provocante y más psicológicamente penetrante. Teniendo lugar durante un diluvio◇ que obliga a la familia a ir a la deriva◇ en busca de trabajo y enmarcado◇ por un ciclo de ocaso, oscuridad y amanecer, el cuento se viste de una atmósfera bíblica, repleto de signficado simbólico, y culmina con el encuentro con las salamandras en una lucha metafísca contra una muerte absoluta. El cuento procede en dos niveles. En el nivel narrativo se relata la lucha que sastiene por tres días una familia tratando de encontrar trabajo, en el curso de la cual el protagonista va desarrollando un creciente sentido de enajenación.◇ El protagonista logra superar esta enajenación —muerte en vida— cuando su familia se anima matando a las salamandras que han invadido su carpa. El segundo nivel consta de una relación simbólica —alegórica de un pueblo desposeído— desposesión experimentada en un sentido absoluto y metafísico. Por reclamarla tierra, el pueblo tiene que entablar una lucha primordial contra la muerte. Al vencer la muerte, este pueblo logra su regeneración.

alienation

thistle

farmer

En "Zoo Island" la acción transcurre en el estado de Iowa donde los obreros migratorios están sacando cardo◇ de las labores y tienen que vivir en unos gallineros que el granjero◇ ha convertido en viviendas. El joven protagonista amanece un día con las ganas de realizar lo que acaba de soñar: "José tenía apenas los quince años cuando un día despertó con unas ganas de contarse, de hacer un pueblo y de que todos hicieran lo que el decía". Como en varios de los episodios de la novela de Rivera, en "Zoo Island" voces anónimas sirven de narradores. De esta manera, mientras la trama trata del censo y de dar nombre al pueblo, las voces anónimas expresan el asunto socio-ideológico

póstumamente por Julián Olivares en una edición bilingüe, *The Harvest/La cosecha* (Arte Público Press, 1989). Los poemas de Rivera y la mayoría de los poemas que habían quedado inéditos también fueron recopilados por el mismo editor en la colección *The Searchers: Collected Poetry of Tomás Rivera* (Arte Público Press, 1990). Toda la producción literaria de Rivera, junto con sus ensayos sobre literatura chicana, fueron reunidos en *Tomás Rivera: The Complete Works* (Arte Público Press, 1992), por el editor.

de la obra.

Urge notar que "Zoo Island" no es un nombre autodespreciativo; al contrario, es un signo transparente a través del cual dos sociedades se miran y se juzgan. Desde su perspectiva exterior al pueblo nuevo para los anglos el letrero designa a los habitantes como monos, sin darse cuenta que a su vez y por medio del mismo letrero, los chicanos los han marcado a ellas con ironía. Desde el otro lado del letrero, desde la perspectiva del pueblo, los habitantes verán a los espectadores como inhumanos. "Zoo Island" es un signo de comunidad y protesta a la vez. Dentro del pueblo habitan "almas".

Tomás Rivera, quien pasó gran parte de su juventud yendo "a la pizca", laborando en la cosecha, nos ofrece un retrato fidedigno de la vida y experiencias de su pueblo, especialmente en los monólogos y diálogos con los cuales, además de la representación fiel de la realidad social y psicológica, Rivera les da a sus personajes —aunque sean anónimos— una profunda dimensión humana y universal al captar su habla particular.

Las salamandras

Lo que más recuerdo de aquella noche es lo oscuro de la noche, el lodo y lo resbaloso de las salamandras. Pero tengo que empezar desde el principio para que puedan comprender todo esto que sentí y también de que, al sentirlo, comprendí algo que traigo todavía conmigo. Y no lo traigo como recuerdo solamente, sino también como algo que siento aún.

Todo empezó porque había estado lloviendo por tres semanas y no teníamos trabajo. Se levantó el campamento, digo campamento porque eso parecíamos. Con ese ranchero* de Minesora◇ habíamos estado esperando ya por tres semanas que se parara el agua, y nada. Luego vino y nos dijo que mejor nos fuéramos de sus gallineros◇ porque ya se le había echado a perder el betabel. Luego comprendimos yo y mi 'apá que lo que tenía era miedo de nosotros, de que le fuéramos a robar algo o de que alguien se le enfermara y entonces tendría él que hacerse el responsable. Le dijimos que no teníamos dinero, ni qué comer, y ni cómo regresarnos a Texas; apenas tendríamos con qué comprar gasolina para llegarle a Oklahoma. Y él nomás nos dijo que lo sentía pero quería que nos fuéramos, y nos fuimos. Ya para salir se le ablandó el corazón y nos dio dos carpas◇ llenas de telarañas que tenía en la bodega y una lámpara y kerosín. También le dijo a 'apá que, si nos íbamos rumbo a Crystal Lake en Iowa, a lo mejor encontrábamos trabajo en la ranchería que estaba por allí, y que a lo mejor no se les había echado a perder el betabel. Y nos fuimos.

Minnesota

viviendas

canvas tents

En los ojos de 'apá y 'amá se veía algo original y puro que nunca les había notado. Era como cariño triste. Casi ni hablábamos al ir corriendo los caminos de grava. La lluvia hablaba por nosotros. Ya al faltar algunas cuantas millas de llegar a Crystal Lake, nos entró el remordimiento.◇ La lluvia que seguía cayendo nos continuaba avisando que seguramente no podríamos hallar trabajo, y así fue. En cada rancho que llegamos, nomás nos movían la cabeza desde adentro de la casa, ni nos abrían la puerta para decirnos que no. Entonces me sentía

desesperanza

From *Tomás Rivera The Complete Works*. Houston: Arte Público Press, 1992.

*Dueño de una finca. El término "rancho" tiene tres significados en el español de los Estados Unidos: (1) rancho de ganado; (2) finca agrícola: "farm"; (3) un pequeño poblado: "settlement". En este cuento, se emplea "rancho" en el sentido de "finca"; en "Zoo Island" también se emplea como "poblado".

que no era parte ni de 'apá ni de 'amá, y lo único que sentía que existía era el siguiente rancho.

El primer día que estuvimos en el pueblito de Crystal Lake nos fue mal. En un charco se le mojó el alambrado al carro y papá le gastó la batería◊ al carro. Por fin un garage nos hizo el favor de cargarla. Pedimos trabajo en varias partes del pueblito pero luego nos echó la chota.◊ Papá le explicó que sólo andábamos buscando trabajo pero él nos dijo que no quería húngaros◊ en el pueblo y que nos saliéramos. El dinero ya casi se nos había acabado, y nos fuimos. Nos fuimos al oscurecer y paramos el carro a unas tres millas del pueblo, y allí vimos el anochecer.

acumulador
la policía
gitanos

La lluvia se venía de vez en cuando. Sentados todos en el carro a la orilla del camino, hablábamos un poco. Estábamos cansados. Estábamos solos. En los ojos de 'apá y 'amá veía algo original. Ese día no habíamos comido casi nada para dejar dinero para el siguiente día. Ya 'apá se veía más triste, agüitado.◊ Creía que no íbamos a encontrar trabajo. Y nos quedamos dormidos sentados en el carro esperando el siguiente día. Casi ni pasaron carros por ese camino de grava durante la noche.

rendido

En la madrugada desperté y todos estaban dormidos, y podía verles los cuerpos y las caras a mi 'apá, a mi 'amá y a mis hermanos, y no hacían ruido. Eran caras y cuerpos de cera. Me recordaron a la cara de 'buelito el día que lo sepultamos. Pero no me entró miedo como cuando lo encontré muerto a él en la troca. Yo creo porque sabía que estaban vivos. Y por fin amaneció completamente.

Ese día buscamos trabajo todo el día, y nada. Dormimos en la orilla del camino y volví a despertar en la madrugada y volví a ver a mi gente dormida. Pero esa madrugada me entró un poco de miedo. No porque se veían como que estaban muertos, sino porque ya me empezaba a sentir que no era de ellos.

El día siguiente buscamos trabajo todo el día, y nada. Dormimos en la orilla del camino y volví a despertar en la madrugada y volví a ver a mi gente dormida. Y esa madrugada, la tercera, me dieron ganas de dejarlos a todos porque ya no me sentía que era de ellos.

A mediodía paró de llover y nos entró ánimo. Dos horas más tarde encontramos a un ranchero que tenía betabel y a quien, según creía él, no se le había echado a perder la cosecha. Pero no tenía casas ni nada. Nos enseñó los acres de betabel que tenía y todo estaba por debajo del agua, todo enlagunado. Nos dijo que, si nos esperábamos hasta que se bajara el agua para ver si no estaba echado a perder, y si estaba bien el betabel, nos pagaría bonos por cada acre que le preparáramos. Pero no tenía casas ni nada. Nosotros le dijimos que teníamos unas carpas y que, si nos dejaba, podríamos sentarlas en su yarda.◊ Pero no quiso. Nos tenía miedo. Nosotros lo que queríamos era estar cerca del agua de beber que era lo necesario, y también ya estábamos cansados de dormir sentados, todos entullidos, y claro que queríamos estar debajo de la luz que tenía en la yarda. Pero no quiso, y nos dijo que, si queríamos trabajar allí, que pusiéramos las carpas al pie de la labor de betabel y que esperáramos allí hasta que se bajara el agua. Y pusimos las carpas al pie de la labor de betabel, y nos pusimos a esperar.

solar

Al oscurecer prendimos la lámpara de kerosín en una de las carpas y luego decidimos dormir todos en una sola carpa. Recuerdo que todos nos sentíamos a gusto al poder estirar las piernas, y el dormirnos fue fácil. Luego lo primero que recuerdo de esa noche y lo que me despertó fue el sentir lo que yo creía que era la mano de uno de mis hermanos, y mis propios gritos. Me quité la mano de encima y luego vi que lo que tenía en la mano yo era una salamandra. Estábamos cubiertos de salamandras que habían salido de lo húmedo de las labores, y seguimos gritando y quitándonos las salamandras del cuerpo. Con la ayuda de la luz de kerosín, empezamos a matar las salamandras. De primero nos daba asco porque al aplastarlas les salía como leche del cuerpo, y el piso de la carpa se empezó a ver negro y blanco. Se habían metido en todo, dentro de los zapatos, en las colchas . . . Al ver fuera de la carpa con la ayuda de la lámpara, se veía todo negro el suelo. Yo realmente sólo las veía como bultitos negros que al aplastarlos les salía leche. Luego parecía que nos estaban invadiendo la carpa, como que querían reclamar el pie de la labor. No sé por qué matamos tantas salamandras esa noche. Lo fácil hubiera sido subirnos al carro. Ahora que recuerdo, creo que sentíamos nosotros también el deseo de recobrar el pie de la labor, no sé. Sí recuerdo que hasta empezamos a buscar más salamandras, para matarlas. Queríamos encontrar más para matar más. Y luego recuerdo me gustaba aluzar◊ con la lámpara y matar despacio a cada una. Sería que les tenía coraje por el susto. Sí, me empecé a sentir como que volvía a ser parte de mi 'apá y de mi 'amá y de mis hermanos.

echar luz

Lo que más recuerdo de aquella noche fue lo oscuro de la noche, el zoquete,◊ lo resbaloso de las salamandras y lo duro que a veces se ponían antes de que las aplastara. Lo que traigo conmigo todavía es lo que vi y sentí al matar la última. Y yo creo que por eso recuerdo esa noche de las salamandras. Pesqué a una y la examiné bien con la lámpara, luego le estuve viendo los ojos antes de matarla. Lo que vi y sentí es algo que traigo todavía conmigo, algo puro —la muerte original.

◊ zoquete: lodo

Preguntas:

1. ¿Quién es el narrador? ¿Qué recuerda?
2. ¿Por qué no podían trabajar el protagonista y su familia?
3. ¿Por qué quería el ranchero que se fueran?
4. ¿De dónde son? ¿Podrán regresar dada su situación económica?
5. ¿Qué les aconsejó el ranchero y qué les dio?
6. ¿Qué notó el joven en los ojos de sus padres? ¿Cómo comenzó a sentirse?
7. ¿Qué les sucedió en Crystal Lake?
8. Al despertar el joven, ¿qué les parecieron los cuerpos de sus padres? ¿Qué le había pasado a su abuelo?
9. ¿Cuántos días pasaron sin encontrar trabajo? ¿Por qué tuvo ganas el joven de dejar a su familia?
10. ¿Qué les sucedió el cuarto día?
11. Según la familia, ¿por qué no quiso el ranchero que pusieran las carpas en su yarda? ¿Dónde las pusieron?
12. ¿Por qué despierta el joven? ¿Qué comienza a hacer la familia?
13. Según el joven, ¿por qué invadieron la carpa las salamandras?
14. ¿Por qué no subieron al carro?
15. ¿Qué consiguió el joven mediante la matanza de las salamandras?
16. ¿Qué es lo que recuerda más de aquella noche?

Para comentar:

1. “La lluvia hablaba por nosotros”.
2. “En los ojos de ’apá y ’amá veía algo original”.
3. “Nos tenía miedo”.
4. “ . . . como que querían reclamar el pie de la labor”.

Temas de composición:

1. La vida de los trabajadores migratorios.
2. La alienación del protagonista.
3. La lucha con las salamandras como acción simbólica.

Zoo Island

José tenía apenas los quince años cuando un día despertó con unas ganas tremendas de contarse, de hacer un pueblo y de que todos hicieran lo que él decía. Todo había ocurrido porque durante la noche había soñado que estaba lloviendo y, como no podrían trabajar el día siguiente, había soñado con hacer varias cosas. Pero cuando despertó no había nada de lluvia. De todas maneras ya traía las ganas.

Al levantarse primeramente contó a su familia y a sí mismo —cinco. "Somos cinco", pensó. Después pasó a la otra familia que vivía con la de él, la de su tío —"cinco más, diez". De ahí pasó al gallinero de enfrente. "Manuel y su esposa y cuatro, seis". Y diez que llevaba —"diez y seis". Luego pasó al gallinero del tío Manuel. Allí había tres familias. La primera, la de don José, tenía siete, así que ya iban veinte y tres. Cuando pasó a contar la otra le avisaron que se preparara para irse a trabajar.

Eran las cinco y media de la mañana, estaba oscuro todavía, pero ese día tendrían que ir casi las cincuenta millas para llegar a la labor llena de cardo donde andaban trabajando. Y luego que acabaran ésa, tendrían que seguir buscando trabajo. De seguro no regresaban hasta ya noche. En el verano podían trabajar hasta casi las ocho. Luego una hora de camino de regreso, más la parada en la tiendita para comprar algo para comer. "Llegaremos tarde al rancho", pensó. Pero ya tenía algo que hacer durante el día mientras arrancaba cardo. Durante el día podría asegurarse exactamente de cuántos eran los que estaban en aquel rancho en Iowa.

—Ahí vienen ya estos sanababiches.◊ — *sons-of-a-bitch*

—No digas maldiciones enfrente de los niños, viejo. Van a aprender. Luego van a andar diciéndolas ellos también a cada rato. Entonces sí quedan muy bien, ¿no?

—Les rompo todo el hocico si les oigo que andan diciendo maldiciones. Pero ahí vienen ya estos bolillos.◊ No lo dejan a uno en paz. Nomás se llega el domingo y se vienen a pasear por acá a vernos, a ver cómo vivimos. Hasta se paran para tratar de ver para dentro de los gallineros. El domingo pasado ya vites◊ la ristra de carros que vino y

bolillos: pan blanco; i.e., gringos

vites: viste (metátesis)

From *Tomás Rivera: The Complete Works.* Houston: Arte Público Press, 1992: 138–42.

pasó por aquí. Todos risa y risa y apuntando con el dedo. Nada vale la polvadera◊ que levantan. Ellos qué . . . con la ventana cerrada, pues, se la pasan pero suave. Y uno acá haciéndola de chango como en el parque en San Antonio, el Parquenrich.*

polvareda (metátesis silábica)

—Déjalos, que al cabo no nos hacen nada, no nos hacen mal, ni que jueran◊ húngaros. ¿Para qué te da coraje?

fueran (aspiración)

—Pues a mí, sí me da coraje. ¿Por qué no van a ver a su abuela? Le voy a decir al viejo que le ponga un candado a la puerta para que, cuando vengan, no puedan entrar.

—Mira, mira, no es pa' tanto.

—Sí es pa' tanto.

* * *

—Ya mero llegamos a la labor. 'Apá, ¿cree que encontramos trabajo después de acabar aquí?

—Sí, hombre, hay mucho. A nosotros no nos conocen por maderistas.◊ Ya vites cómo se quedó picado el viejo cuando empecé a arrancar el cardo en la labor sin guantes. Ellos para todo tienen que usar guantes. Así que de seguro nos recomiendan con otros rancheros. Ya verás que luego nos vienen a decir que si queremos otra labor.

perezosos

* * *

—Lo primero que voy a hacer es apuntar los nombres en una lista. Voy a usar una hoja para cada familia, así no hay pierde. A cada soltero también, uso una hoja para cada uno. Voy también a apuntar la edad de cada quién. ¿Cuántos hombres y cuántas mujeres habrá en el rancho? Somos cuarenta y nueve manos de trabajo, contando los de ocho y los de nueve años. Y luego hay un montón de güerquitos,† luego las dos agüelitas◊ que ya no podían trabajar. Lo mejor sería repartir el trabajo de contar también

abuelitas

*El parque zoológico Brackenridge Park de San Antonio.

†Huerquitos, i.e., niños. Es interesante la etimología de esta palabra, diminutivo de "huerco", que a su vez deriva de "horca". En la brujería se cortaban partes de los cuerpos de los ahorcados porque se creía que tenían potencias mágicas. En especial se creía que la planta de la muy codiciada mandrágora brotaba del semen que eyaculaban los ahorcados en el trance de la muerte. La horca, pues, se asocia con la brujería, y de ahí con demonios. Será pues por extensión metonímica que los niños son "huerquitos" por hacer endemoniadas.

entre la Chira y la Jenca.‡ Ellos podrían ir a cada gallinero y coger toda la información. Luego podríamos juntar toda la información. Sería bueno también ponerle número a cada gallinero. Yo podría pintar los números arriba de cada puerta. Hasta podríamos recoger la correspondencia del cajón y repartirla, y así hasta la gente podría poner el número del gallinero en las cartas que hacen. Te apuesto que se sentirían mejor. Luego podríamos también poner un marcador al entrar al rancho que dijera el número de personas que viven aquí, pero ... ¿cómo llamaríamos al rancho?, no tiene nombre. Esto se tendrá que pensar.

El siguiente día llovió y el que siguió también. Y así tuvo José tiempo y la oportunidad de pensar bien su plan. A sus ayudantes, la Chira y la Jenca, les hizo que se pusieran un lápiz detrás de la oreja, reloj de pulsera, que consiguieron con facilidad, y también que se limpiaran bien los zapatos. También repasaron todo un medio día sobre las preguntas que iban hacer a cada jefe de familia o a cada solterón. La demás gente se dio cuenta de lo que se proponían hacer y al rato ya andaban diciendo que los iban a contar.

—Estos niños no hallan qué hacer. Son puras ideas que se les vienen a la cabeza o que les enseñan en la escuela. A ver, ¿para qué? ¿Qué van a hacer contándonos? Es puro juego, pura jugadera.

—No crea, no crea, comadre. Estos niños de hoy en día siquiera se preocupan con algo o de algo. Y a mí me da gusto, si viera que hasta me da gusto que pongan mi nombre en un hoja de papel, como dicen que lo van a hacer. A ver ¿cuándo le ha preguntado alguien su nombre y que cuántos tiene de familia y luego que lo haya apuntado en una hoja? No crea, no crea. Déjelos. Siquiera que hagan algo mientras no podemos trabajar por la lluvia.

—Sí, pero, ¿para qué? ¿Por qué tanta pregunta? Luego hay unas cosas que no se dicen.

—Bueno, si no quiere, no les diga nada, pero, mire, yo creo que sólo es que quieren saber cuántos hay aquí en la mota.◇ Pero también yo creo que quieren sentirse que somos muchos. Fíjese, en el pueblito donde compramos la

◇ pequeña colina con árboles que dan sombra

‡*La Jenca*: el hermano de Tomás Rivera: Henry > Hank > Jenca; *La Chira*: Jitter[bug] > Chira. La Chira, amigo del autor y su hermano, pereció en Corea.

comida sólo hay ochenta y tres almas y, ya ve, tienen iglesia, salón de baile, una gasolinera, una tienda de comida y hasta una escuelita. Aquí habemos más de ochenta y tres, le apuesto, y no tenemos nada de eso. Si apenas tenemos la pompa◊ de agua y cuatro excusados,◊ ¿no?

bomba / *outhouses*

* * *

—Ustedes son los que van a recoger los nombres y la información. Van juntos para que no haya nada de pleitos. Después de cada gallinero me traen luego, luego toda la información. Lo apuntan todo en la hoja y me la traen. Luego yo apunto todo en este cuaderno. Vamos a empezar con la familia mía. Tú, Jenca, pregúntame y apunta todo. Luego me das lo que has apuntado para apuntarlo yo. ¿Comprenden bien lo que vamos a hacer? No tengan miedo. Nomás suenen la puerta y pregunten. No tengan miedo.

Les llevó toda la tarde para recoger y apuntar detalles, y luego a la luz de la lámpara de petróleo estuvieron apuntando. Sí, el poblado del rancho pasaba de los ochenta y tres que tenía el pueblito donde compraban la comida. Realmente eran ochenta y seis pero salieron con la cuenta de ochenta y siete porque había dos mujeres que estaban esperando, y a ellas las contaron por tres. Avisaron inmediatamente el número exacto, explicando lo de las mujeres preñadas y a todos les dio gusto saber que el rancho era en realidad un pueblo. Y que era más grande que aquél donde compraban la comida los sábados.

Al repasar todo la tercera vez, se dieron cuenta de que se les había olvidado ir al tecurucho◊ de don Simón. Sencillamente se les olvidó porque estaba al otro lado de la mota. Cuando don Simón se había disgustado y peleado con el mocho,◊ aquél le había pedido al viejo que arrastrara su gallinero con el tractor para el otro lado de la mota donde no lo molestara nadie. El viejo lo había hecho luego, luego. Don Simón tenía algo en la mirada que hacía a la gente hacer las cosas luego, luego. No era solamente la mirada sino que también casi nunca hablaba. Así que, cuando hablaba, todos ponían cuidado, bastante cuidado para no perder ni una palabra.

shack

apodo por tener mochada alguna parte del cuerpo, como un dedo

Ya era tarde y los muchachos se decidieron no ir hasta otro día, pero de todos modos les entraba un poco de miedo el sólo pensar que tenían que ir a preguntarle algo. Recordaban muy bien la escena de la labor cuando el mocho le había colmado el plato◊ a don Simón y éste se le había echado encima, y luego él lo había perseguido por la labor con el cuchillo de la cebolla. Luego el mocho, aunque joven, se había tropezado y se había caído enredado en unos costales. Don Simón le cayó encima dándole tajadas por todas partes y por todos lados. Lo que le salvó al mocho fueron los costales. De a buena suerte que sólo le hizo una herida en una pierna y no fue muy grave, aunque sí sangró mucho. Le avisaron al viejo y éste corrió al mocho, pero don Simón le explicó cómo había estado todo muy despacito y el viejo le dejó que se quedara, pero movió el gallinero de don Simón al otro lado de la mota como quería él. Así que por eso era que le tenían un poco de miedo. Pero como ellos mismos se dijeron, nomás no colmándole el plato, era buena gente. El mocho le había atormentado por mucho tiempo con eso de que su mujer lo había dejado por otro.

molestado demasiado

—Don Simón, perdone usted, pero es que andamos levantando el censo del rancho y quisiéramos preguntarle algunas preguntas. No necesita contestarnos si no quiere.

—Está bien.

—¿Cuántos años tiene?

—Muchos.

—Cuándo nació?

—¿Cuando me parió mi madre.

—¿Dónde nació?

—En el mundo.

—¿Tiene usted familia?

—No.

—¿Por qué no habla usted mucho, don Simón?

—Esto es para el censo ¿verdad que no?

—No.

—¿Para qué? ¿A poco creen ustedes que hablan mucho? Bueno, no solamente ustedes sino toda la gente. Lo que hace la mayor parte de la gente es mover la boca y hacer ruido. Les gusta hablarse a sí mismos, es todo. Yo también lo hago. Yo lo hago en silencio, los demás lo hacen en voz alta.

—Bueno, don Simón, yo creo que es todo. Muchas gracias por su cooperación. Fíjese, aquí en el rancho habemos ochenta y ocho almas. Somos bastantes ¿no?

—Bueno, si vieran que me gusta lo que andan haciendo ustedes. Al contarse uno, uno empieza todo. Así sabe uno que no sólo está sino que es. ¿Saben cómo deberían ponerle a este rancho?

—No.

—Zoo Island.§

El siguiente domingo casi toda la gente del rancho se retrató junto al marcador que habían construido el sábado por la tarde y que habían puesto al entrar al rancho. Decía: **Zoo Island, Pop. 88 1/2**. Ya había parido una de las señoras.

Y José todas las mañanas nomás se levantaba e iba a ver el marcador. El era parte del número, él estaba en Zoo Island, en Iowa y, como decía don Simón, en el mundo. No sabía por qué pero le entraba un gusto calientito por los pies y se le subía por el cuerpo hasta que lo sentía en la garganta y por dentro de los sentidos. Luego este mismo gusto le hacía hablar, le abría la boca. Hasta lo hacía echar un grito a veces. Esto de echar el grito nunca lo comprendió el viejo cuando llegaba todo dormido por la mañana y lo oía gritar. Varias veces le iba a preguntar, pero luego se preocupaba de otras cosas.

Preguntas:

1. ¿Cómo se narra este cuento? ¿Quién es el protagonista?
2. ¿Con qué ganas despertó? ¿Qué hizo al levantarse?
3. ¿Dónde están trabajando él y su gente?
4. ¿Por qué tiene coraje el hombre del diálogo?
5. ¿Qué es "lo primero" que va a hacer José?
6. En su deseo de fundar un pueblo, ¿qué haría falta?
7. ¿Por qué le parece buena idea a la señora el plan del censo de los muchachos?
8. Según el censo, ¿cuántos habitantes tiene el rancho? ¿A quién se les olvidó entrevistar? ¿Por qué le tienen miedo?
9. ¿Por qué le gusta a don Simón "lo que andan haciendo" los muchachos?

§*Zoo Island*: alusión a una antigua cantera rodeada de un foso, donde había muchos monos. Esta parte del Brackenridge Park Zoo se conocía como el famoso "Monkey Island".

10. ¿Qué dice el marcador a la entrada del rancho?
11. Al principio del cuento José quería hacer un pueblo en el que todos "hicieran lo que él decía". ¿Qué cambio experimenta José al final? Explique su respuesta.

Para comentar:

1. "Nomás se llega el domingo y se vienen a pasear por acá a vernos, a ver cómo vivimos".
2. El deseo de ser contado.
3. "Así sabe uno que no sólo está sino que es".

Temas de composición:

1. La importancia del censo para la comunidad hispana.
2. El concepto de "comunidad" en el cuento.
3. El conflicto socio-ideológico entre el pueblo de "Zoo Island" y la población anglosajona de los pueblos vecinos.

Luis F. González-Cruz

Luis F. González-Cruz nació en la ciudad de Cárdenas, Cuba, en 1943. Hasta los diez años vivió, no en Cárdenas sino en un pequeño pueblo, Coliseo, rodeado de montañas donde el transporte común de los campesinos era el caballo. Su madre, Alicia María de la Cruz, hoy retirada,◇ fue maestra en ese pueblo, y su padre, Francisco González Estenoz, médico. Allí estudió sus primeros años escolares, y continuó su bachillerato en Cárdenas, a dieciocho kilómetros del pueblo. Por aquel entonces la familia se trasladó a la playa de Varadero, en la costa norte de la isla, un lugar que ha dependido siempre mayormente del turismo internacional. Una vez terminado su bachillerato, marchó a La Habana, donde obtuvo los títulos de Técnico de Rayos X (1962) y Técnico de Laboratorio de Salud Pública (1963). Trabajó en el departamento de hematología de un hospital habanero, y de 1963 a 1965 fue profesor de química en un colegio preuniversitario. En mayo de 1965 viajó a España, y más tarde a los Estados Unidos para continuar sus estudios en la Universidad de Pittsburgh. Allí recibió el M.A. en Literaturas Hispánicas en 1968, y en 1970 el Ph.D. en la misma área académica. Desde 1969 enseña en The Pennsylvania State University, en New Kensington, recorriendo los rangos profesorales acostumbrados desde Instructor of Spanish hasta Full Professor, cargo que le fue otorgado en 1979. Su actividad literaria y creadora comenzó a los seis años de edad cuando escribió su primer poema. Desde entonces esa actividad no se ha detenido. Sus relatos y poemas se han incluido en múltiples revistas del mundo hispánico y tanto su obra creadora como crítica ha recibido reconocimientos o premios especiales concedidos por la *Revista Chicano-Riqueña*, Concurso de Poesía Mairena, The Pennsylvania State University, the American Council of Learned Societies, Premios Letras de Oro / Golden Letters Awards, y otros.

jubilada

Luis F. González-Cruz ha realizado una importante labor en su intento de dar a conocer en los Estados Unidos las letras hispánicas, en general, y de su país natal, en particular. En la década de los años setenta colaboró con la revista *Latin American Literary Review*, en la cual publicó, siempre en inglés, trabajos sobre César Vallejo, Julio Matas, Matías Montes Huidobro, etc. Allí aparecieron también muchos textos de autores hispánicos, por primera vez traducidos al inglés por él. En 1986 publicó en los Estados Unidos una versión crítica de la obra más importante del dramaturgo cubano Virgilio Piñera, *Una caja de zapatos vacía*, que tuvo una enorme repercusión en este país y se estrenó en 1987 para iniciar el Festival Internacional de Teatro Hispano de Miami. En 1992 publicó quizá su más relevante traducción al inglés: una colección de nueve obras en un acto de dramaturgos cubanos que residen en los Estados Unidos, *Cuban Theater in the United States. A Critical Anthology*.

"Lázaro volando" recoge los últimos momentos de la tiranía de un dictador latinoamericano que ha abandonado el país. Sus sanguinarios colaboradores intentan también escapar antes de que los revolucionarios que van a hacer justicia los atrapen. El protagonista es un hombre lleno de remordimientos por los actos de tortura que ha cometido y por el papel que le ha tocado desempeñar en aquella sociedad corrupta. El drama familiar y el vivo recuerdo de su hijo Lázaro parecen de algún modo dominar los últimos instantes de la vida del victimario, convertido en víctima por un destino justo o injusto acaso. Sueños y realidad, pesadillas y visiones del mundo circundante que se resquebraja,◊ se mezclan en este viaje alucinante◊ de manera que sólo sutiles símbolos, que el lector cuidadoso posiblemente hallará placer en descifrar, sugieren la realidad de los hechos.

se rompe / *hallucinatory*

Lázaro volando

Edelmira no podía dormirse. Oyó el reloj de la sala dar las dos, luego las tres. Aunque tardaría varias horas en amanecer, decidió levantarse sin hacer ruido, para no despertar a Marcial, y empezar a rallar el maíz para adelantarle a Silvia las tareas de la mañana. (Marcial le reprochaba estas cosas: le gustaba vivir en grande, le molestaba que ella se metiera en los quehaceres de las criadas, pero Edelmira se las arreglaba para no perderle pie ni pisada a la cocinera y pegarse al fogón.◇) En este duermevela había decidido por fin levantarse, cuando por primera vez en toda la noche se quedó dormida.

estufa

> No tendría más de dieciocho años. Lo miraba con terror pidiéndole perdón. Con un gesto le indicó al Capitán Sotavalle que se ocupara del asunto como de costumbre. Sotavalle desnudó al muchacho y mientras otros dos oficiales le sostenían los brazos y las piernas, con una navaja le cercenó◇ de un tajo los testículos. La sangre le bajaba por las piernas, se escurría dentro de sus botas, comenzaba a desbordarse y a correr por el piso, a inundar el sótano de la "Cuarta Estación". El jovencito gritaba y se resolvía en aquella sangre incontenible que había hecho a los oficiales ponerse a salvo en la escalera que conducía al piso superior. Marcial al fin reconoció a su hijo y, después, llevándose la mano a los testículos comprendió que era él quien sangraba.

cortó

No era la primera vez. Desde la muerte de Lazarito lo había visto encarnar◇ en todo tipo de criaturas. A pesar del despertar en aquel sudor, en aquella angustia, sentía cierto alivio porque la realidad era menos cruel que los sueños. La muerte de Lazarito, una vez que se acostumbraron a la idea de la enfermedad, era previsible. Se habían tomado todas las precauciones. Poco a poco habían sufrido su muerte durante la enfermedad de más de un año. Cuando ésta por fin ocurrió, no había nada más que decir: entre pocas lágrimas se limitaron a concluir aquel episodio. Marcial se durmió de nuevo, pero volvió la pesadilla y esta segunda vez despertó a su mujer con un grito sordo.

embody

—Marcial, ¿qué te pasa?, ¿estás despierto? Otra pesadilla . . .

From *Revista Chicano-Riqueña* 10.1–2 (1982): 200–03.

—Sí . . . Alcánzame el agua.

—¿Qué estabas soñando? Yo casi no he dormido.

—Nada. No sé . . .

—¿Adónde vas?

—Al baño.

Le dolía el estómago. Recordaba un dolor igual cuando lo operaron de apendicitis a los nueve años. Sacó del botiquín◊ un sobre de sales efervescentes, lo vació en el vaso con agua que le había alcanzado Edelmira y lo apuró de un trago. Se sopló la nariz, orinó, palpó sus testículos y volvió a la cama. Edelmira lo esperaba casi desnuda. Se había descubierto y echado la sábana a los pies de la cama. Marcial tomó la sábana, se enroscó◊ en ella y al poco rato comenzó a roncar. Desvelada sin remedio, Edelmira se levantó. Estaba calzándose las zapatillas cuando sonó el teléfono. Algo importante sería, pues los timbrazos largos y repetidos sólo se producían cuando la llamada venía del centro telefónico de Ciudad Militar. Marcial despertó y Edelmira fue a contestar el teléfono.

medicine chest

entwined

—Oigo . . . Sí . . . Sí, comandante, en seguida, *Marcial*—gritó—, para ti, de urgencia. El comandante Miranda. Algo serio . . .

—Diga comandante . . . Sí, por supuesto . . . No, esa noche sólo estaban el Ministro de Salubridad, el del Exterior y el hermano del de Hacienda◊ . . . Claro que me pareció raro, pero siempre hace cosas así, ¿por qué?, ¿qué pasa? . . . ¿Cómo? . . . Usted está loco. No es posible . . . No hombre, le digo que no . . . ¿Cómo dice? . . . A las tres y veinticinco . . . No. ¿Cómo voy a tener puesto el radio a esa hora? . . . ¿En la emisora de la Ciudad Militar? . . . Por su madre, no me diga eso.

Treasury

A Marcial se le aflojaron las piernas. Se dejó caer en el butacón◊ con el receptor en la mano. Edelmira comprendió y se abrazó a su marido. El cuarto estaba todavía oscuro. Edelmira encendió la lámpara de pie que estaba junto a la mesita del teléfono.

sillón

—¿Cómo dice, comandante? . . . No, lo que usted diga . . . Pero, ¿por qué no me avisaron antes? . . . Muy bien, espero el carro en quince minutos. Supongo que sí, que tendremos más seguridad saliendo del aeropuerto de Ciudad Militar . . . Nos vemos.

Edelmira corrió al cuarto de las niñas. Sabía lo que había que hacer. Marcial la siguió.

—Coge lo más esencial. Miranda, Ballester y dos o tres de la Fuerza nos esperan. Nos vienen a recoger.

—Huyó El Hombre, ¿verdad?

—Sí.

h.p.: hijo de puta / *foul things up for us*

—Yo sabía que el muy hache pe◊ nos iba a hacer la cagada◊ tarde o temprano.

—Hay que salir en seguida. La noticia se ha dado sólo por la emisora de Ciudad Militar. Miranda cree que aún tenemos tiempo. El administrador del Casino pasará por nosotros en su propio carro para evitar sospechas. Hasta que la gente no se levante y den la noticia por la radio nacional, no habrá dificultades. Pero parece que algún infiltrado dio el soplo◊ y los rebeldes están bloqueando algunas carreteras.

aviso

Las niñas estaban rendidas. Empezaba a aclarar: la ventana del cuarto estaba abierta y la cortina descorrida. Edelmira despertó a las dos mayores y Marcial a la bebita. Las vistieron con lo que primero encontraron y salieron los cinco a tropezones del cuarto. Marcial volvió al suyo, se vistió como quiera y vació en un maletín el contenido de una caja fuerte empotrada◊ detrás del cabezal de la cama. Edelmira dejó a las niñas sentadas en el sofá de la sala y volvió a su cuarto. Llenó una bolsa de lienzo con algunas cosas de maquillaje que cogió al azar de la coqueta. De la cómoda sacó algo de ropa. En otra maletica que tenía a mano en el closet guardó el portarretrato del hijito muerto sacado a los siete, en su última fiesta de cumpleaños, una cajita de metal que contenía sus joyas, unas medias y una caja de servilletas faciales. Tomó también un cenicero de cerámica y lo guardó con las demás cosas. Después, del chifonier de su marido sacó alguna ropa interior, varios pares de medias y camisas y lo puso todo en la maleta que él sostenía. Sin tiempo para más volvieron a la sala. Habían pasado dieciocho minutos desde la llamada de Miranda. El reloj de la sala empezó a dar campanadas. Edelmira no las contó. Marcial esperaba tras la puerta de entrada. Las niñas se habían vuelto a dormir. Al fin oyeron que un vehículo se detenía frente a la casa. Edelmira les echó a las niñas una frazada por encima, abrió la puerta y salieron todos. En lugar del coche había venido una camioneta del Casino. Marcial abrió la portezuela trasera y todos entraron. La calle estaba desierta. La camioneta se perdió calle abajo.

embedded in a wall

Lázaro de nueve años. Tiene puesto el trajecito blanco de la primera comunión que nunca pudo estrenar; le queda demasiado entallado◊ y muy corto. Ha crecido mucho. Va descalzo. Los pies se le empiezan a cubrir de una sangre oscura que resbala por sus piernas traspasando en su curso el pantalón; pero Lázaro sonríe. Marcial se inclina para limpiarle los pies con su pañuelo. La tarea es fácil: los pies no tocan el suelo. El niño, con la vela encendida avanza —flota— lentamente hacia el altar donde aguarda el Capitán Sotavalle disfrazado de cardenal (Marcial sabe que es un disfraz, conoce a Sotavalle demasiado bien). apretado

La camioneta ha encontrado algunas calles cerradas. Habría sido inútil tratar de usar la influencia de Marcial para abrirse paso en un momento así cuando no se sabía a quién obedecían las órdenes de poner las barricadas. Aunque era dudoso que los rebeldes hubieran tomado ya algunas zonas, era posible que se hubieran organizado —si es que ya se había dado la noticia en la radio nacional— los grupos revolucionarios clandestinos. Marcial, Edelmira y las tres niñas permanecieron en la parte trasera de la camioneta hasta que ésta se detuvo. La portezuela fue abierta desde afuera. Era casi de día. Un hombre gordo y calvo le tendía la mano a Marcial.

—¿Marcial Quintana?

—Sí. ¿Es usted . . . ?

—Creo que será mejor que coja usted el timón.◊ El tanque está lleno. Siga para Ciudad Militar. Yo me quedo. Si es cuestión de salvar el pellejo, yo no he hecho nada. Miranda los espera. Creo que será mejor que su mujer y sus hijas se queden detrás. Cuando iba a buscarlos oí tiroteo. Cuidado. volante

Marcial cogió el timón. Conocía el camino como la palma de su mano. Al bajar por la Avenida de los Presidentes oyó varias descargas, pero la avenida estaba solitaria y abierta al tráfico. Entraron en Ciudad Militar sin dificultad. La garita◊ de la reja principal había sido abandonada. Al adentrarse vio a un grupo de soldados corriendo de un edificio a otro. Después, oyó disparos. *sentry box*

Tres jeeps con unas banderas rojas y negras sobre las parrillas delanteras se movían también en dirección a la pista de aterrizaje◊ por una calle paralela a la que había tomado Marcial. Los jeeps, por algún motivo, se detuvieron frente a uno de los edificios a su derecha. Sin duda el avión que esperaba reconoció a los revolucionarios y precipitó la marcha. Cuando Marcial alcanzó la pista, el avión había llegado al final de la misma, da- *landing strip*

take off

ba vuelta, y se disponía a tomar velocidad para despegar.◊ Para esto debía pasar frente al propio Marcial o quizá en el mismo punto donde él se encontraba ocurriera el despegue.

Marcial bajó de la camioneta, sacó a Edelmira y a sus hijas, tomó a una de las niñas de la mano y comenzó a correr hacia el avión seguido por Edelmira con la bebita cargada y arrastrando a la otra que se había quedado dormida de nuevo. Había esperanzas de que el piloto los viera y aguardara unos minutos, un minuto siquiera. Pero los jeeps ahora se acercaban, comenzaban a disparar. Marcial sintió un escalofrío. Oyó las descargas cada vez más cerca. Notó que se enfriaba la mano que sostenía en la suya. Se volvió y vio a Lázaro, vestido de blanco, con el pantalón de la primera comunión manchado de sangre, flotando, pero aún sostenido por su mano. Sólo que ahora era cierto. El avión pasó frente a ellos tomando altura. Lázaro se desprendió de su mano, miró a su padre con una sonrisa. Su cara, sus manos, sus pies estaban tan blancos como el traje. Sólo la sangre creaba un contraste contra el cielo también blanco de aquel amanecer cegador. Su cuerpo, libre al fin, ascendía cada vez con más fuerza, con impulso propio. Movía las manos como diciendo adiós. Adquirió velocidad, altura. Marcial y Edelmira lo veían desaparecer sin decirse una palabra. Marcial no sentía el dolor. Entonces comenzó a caer una lluvia pesada, muy lenta, de un rojo inexplicable.

Preguntas:

1. ¿Por qué no le gusta a Marcial que Edelmira haga los quehaceres domésticos?
2. Comente la pesadilla de Marcial. ¿Cuál es su oficio?
3. ¿Quién fue Lázaro y de qué murió?
4. ¿Qué mensaje telefónico recibe Marcial?
5. ¿Quién será "El Hombre"?
6. ¿Qué tiene que hacer la familia?
7. Comente la segunda pesadilla.
8. ¿Qué sucede cuando Marcial y su familia llegan al aeropuerto?
9. Comente la tercera aparición de Lázaro. ¿Es ésta otra pesadilla? Explique su respuesta.

10. Comente la conclusión. ¿Han podido escaparse?

Para comentar:

1. El simbolismo del nombre "Marcial".
2. El estado psicológico del protagonista.
3. Las dictaduras en los países latinoamericanos.
4. Los elementos surrealistas de la obra.

Temas de composición:

1. El papel de los EE. UU. en las revoluciones de los países del Tercer Mundo.
2. ¿Por qué los EE. UU. ofrece refugio y asistencia a unos grupos y a otros no?
3. Haga un análisis de "Lázaro volando", teniendo en cuenta la liberación de Lázaro que se realiza en la conclusión.

Andrés Berger

Nací antes de la Segunda Guerra Mundial en un pueblo de Hungría, Szombathely, durante una gira teatral de mis padres actores. Lo más seguro es que hubiera seguido sus pasos en el teatro, pero la incertidumbre económica mundial y el presagio de la guerra que se avecinaba◇ me desviaron hacia un destino distinto en tierras remotas de costumbres y lenguajes extraños para mí. Mi gran riqueza personal es haber estado en contacto y tener tantas culturas que convergen sobre mí. Dos fuentes provienen a través de mis abuelos maternos: una, la de los que se llamaban "nobles", conquistadores austro-alemanes, parientes de los Habsburgos que esclavizaron por siglos a Hungría; la segunda fuente proviene de los descendientes de los magiares◇ conquistados que vinieron de Asia hace mil años y se establecieron en la región de Transilvania, hoy bajo el yugo de Rumania. La tercera fuente la provee la familia de mi padre: judíos perseguidos, teniendo que emigrar de vez en cuando por todo lo largo y lo ancho del continente europeo a través de los siglos, siempre a un paso de la exterminación. Mi familia emigró a Holanda antes que se desatara la guerra y que la nueva persecución, el llamado Holocausto, aniquilara a diez y siete miembros de mi familia, incluyendo a niños y a mi anciana abuela, que a nadie había ofendido durante su larga vida. Antes de que se cerraran las puertas de Europa, logramos emigrar a Colombia, donde descubrí un nuevo mundo, fresco, lleno de colores, música, con un lenguaje a pasionante, donde, para mí, cada cosa tenía su nombre distinto al que conocía, como si el mundo estuviera acabado de hacer, y la promesa de la libertad estuviera siempre omnipresente. Allá viví con mis padres durante mis años formativos en la ciudad de Medellín, cursando estudios en el Ateneo Antioqueño y luego el bachillerato en el Liceo◇ Antioqueño de la Universidad de Antioquía. Desde muy temprano me di cuenta de que aquélla era una tierra de espíritu poderoso, que su pueblo sufrido y explotado era gallardo,◇ heroico, generoso. Viví entre ellos por sólo doce años, antes de venir a los Estados Unidos para proseguir con mis estudios; pero aquella tierra se me ha quedado metida en las sinuosidades de la sangre por el resto de mis días. Me fui hace muchos años pero les quedaré eternamente agradecido por todo lo que me dieron, especialmente este lenguaje nuestro de fuego y espuma, un lenguaje que huele a tierra fértil, un lenguaje en el cual se puede besar sin tocarse, se puede llorar sin lágrimas.

se acercaba

Magyars

escuela secundaria

valiente

Me fui hace muchos años y estudié Psicología Clínica, graduándome con un doctorado en la Universidad de Missouri, enseñando en varios institutos, habiendo sido Jefe de Psicólogos y Director de Educación de Salud Mental del Estado de Oregón, llegando a ser Consultor en muchas clínicas y hospitales en mi práctica privada, trabajando especialmente con niños, dedicado ahora exclusivamente a escribir cuentos, novelas y poesía. Sí, me fui de aquella tierra de mi juventud hace muchos años pero mis recuerdos y lo que escribo permanecen con don Rafa, el carpintero que trabajaba en la Avenida Echeverry; con Flor —el que me enseñó a hablar en "antioqueño"— el cargador de fardos◊ de algodón, que se mató por años trabajando como un esclavo para venir a morirse de hambre con su familia al fin de sus días; con Juaco, el borrachín del vecindario que, a pesar de no tener un centavo, enseñaba algo muy profundo acerca de la amistad; con El Afilador —el mismo de mi cuento— que nos enseñó a los niños de la barra◊ a no creerles a los poderosos; con Fernando, el mendigo alegre quien —a pesar de su terrible pobreza— ostentaba una eterna sonrisa en sus labios; con los tres hijitos de Floro, amiguitos de mi niñez —Chucho, Jacinto y José— que se murieron de tifo en medio de su pobreza; con doña Inés, quien interpretaba los sueños y los sucesos inexplicables del vecindario, la que nos dijo que toda despedida es dolorosa porque es un presagio◊ de nuestra muerte; con don Daniel, mi maestro de cuarto grado, por animarme a escribir; con Marielita, la primera niña en mi vida por quien mi corazón daba un vuelco cada vez que la veía. En todo lo que me han publicado, en mis novelas, —*Hijos de la madrugada* y *Mañana es siempre un adiós*— en mis cuentos como "El afilador" que presento en esta antología, en mis poemas, esta gente humilde de aquella Colombia de mi juventud, resucita. Es por el amor que les tengo, por la gratitud, que me siento obligado a escribir, a contar su historia de tristezas y alegrías, su terrible necesidad, a defenderlos, a hablar por ellos, a expresar lo que sintieron, para que no se pierda nada de lo que existió en aquel tiempo, para que todo signifique algo, para que aprendamos de ellos; porque, a pesar de todos los diplomas adquiridos, los empleos de responsabilidad, lo más importante en mi vida fue haber vivido en Colombia, fue haber tenido el honor de haber sido enseñado por aquella gente humilde y trabajadora que ahora puebla mis trabajos literarios.

bultos

vecindad

omen

El Afilador

Manejaba un triciclo de ruedas enormes que tenía montado un parasol amarillo encima de una gran caja verde llena de herramientas para afilar cuchillos y tijeras, y venía todos los sábados a las nueve en punto de la mañana por nuestro vecindario anunciándose con una dulzaina◊ que tocaba con una mano y que apenas daba cuatro notas agudas, la última de las cuales él sostenía por varios segundos. Apenas oíamos aquella serie de disonancias repetidas sin variación alguna, todos los niños de la Avenida Echeverry entre las calles de El Palo y El Chumbimbo interrumpíamos cualquier actividad por muy importante que fuera y salíamos a la calle en tropel,◊ aun cuando estuviera lloviendo a cántaros.

tipo de flauta

in a throng

Lo conocíamos por el apodo de El Afilador, no sólo porque ese era su oficio, sino porque la caja grande, de donde sacaba toda clase de instrumentos y aceites para afilar, llevaba ese anuncio en gruesas letras mayúsculas y coloradas. Lo que más nos entusiasmaba desde luego era ver a El Afilador afilando. Cuando le sacaba chispas a las navajas con la rueda de amolar, nos quedábamos mudos. Usaba unas gafas de un solo lente que debia ser poderosísimo ya que su ojo azul y penetrante que observaba meticuloso el trabajo de sus fuertes manos se veía de un tamaño colosal y asustador cuando lo mirábamos a través del lente. Del otro ojo le quedaba apenas la cuenca,◊ de modo que no usaba sino un lente y tenía así como una ventana permanentemente abierta frente al lado tuerto. "Para *la* ventilazzión",◊ nos decía.

hueco

ventilación (sonorización)

Cuando las chispas penetraban por esa ventana y caían en la carne viva de aquella cuenca morada, vacía y arrugada, nos quedábamos completamente lelos,◊ petrificados, como si estuviéramos embrujados o totalmente hipnotizados.

pasmados

No valió que nos relatara mil veces cómo había perdido aquel ojo —y quedado por cierto casi ciego— en un combate desigual a brazo partido contra un soldado fascista en la guerra civil de España. Todos quedamos convencidos de que fueron las chispas las que le quemaron ese ojo y que eso de las barricadas y las bayonetas eran puros cuentos.

Tenía yo por ese entonces once años de edad y estaba cur-

From *Revista Chicano-Riqueña* 10.1–2 (1982): 171–79.

sando el primero de bachillerato en el Liceo Antioqueño. Pero cuando El Afilador, quien estaba siempre muy interesado en nuestro progreso académico, me preguntó dónde estudiaba, respondí que en la Universidad de Antioquía porque así sonaba mucho más avanzado y al fin y al cabo el Liceo era parte de la Universidad. No perdía oportunidad de preguntarnos si habíamos completado las tareas, qué materias estudiábamos, cómo eran nuestros maestros y cuáles sus métodos de instrucción.

inició

En la primera conversación que entabló◇ con nosotros se enfadó con todo el programa pedagógico de los colegios de Medellín porque no enseñaban la evolución de las especies.

pudieras (aspiración)

mono

producía

embobados

horrífico

"Sería mejor *la* Universidad si pudieraj◇ aprender allá *la* teoría de *la* evoluzzión", me dijo, siempre dándole énfasis a los artículos. Luego prosiguió a darnos su primera lección: —*El* hombre, o sea *Homo sapienj*, según dejcubrió Charlej Darbin, viene de *el* mico—.◇ Dejó de afilar por unos segundos como para ver qué efecto surtía◇ su disertación en nosotros. Y sacando un mapa del mundo que siempre llevaba en uno de los muchos bolsillos de su chaleco, nos contó la historia de Darwin, su viaje a las Islas Galápagos, y nos explicó sus teorías. Nosotros no nos perdíamos una sola palabra, pero seguíamos embelesados◇ viendo cómo las chispas pasaban por la ventana abierta y penetrando la inmensidad de su cuenca se perdían en ese vacío espeluznante.◇

weird

con toda naturalidad

La semana siguiente El Afilador extrajo muy ceremoniosamente una foto del bolsillo de su chaleco. Era la imagen de un ser estrambótico◇ entre hombre y gorila. —Aquí ejtá *el* retrato de su abuelito—, nos dijo muy campante.◇ —Se llamaba *el Pitecántropuj erectuj* y vivió hazze millonej de añoj. De él deszzendemoj todoj. ¡Todoj somoj unoj grandej hijoj de mico!

Miramos el retrato con estupefacción. Tenía el animalucho feroz cierto parecido pasmador e inexplicable a Raúl, que era el más fornido de la barra, un muchacho bastante fregón de unos trece años que siempre andaba buscando pleitos. Comenzamos a burlarnos de Raúl, llamándolo *Raulóntropus jodontus* pero El Afilador lo defendió. Siempre, sin excepción alguna, defendía a los débiles y al que necesitara por el momento ser defendido contra cualquier injusticia: —No oj burléis de Raúl—, nos explicó, —que algún día podrá llegar a ser *el* Prejidente de *la* República.

Miramos a Raúl, ya sonriente y chupando un enorme mango; y por un momento lo vimos crecido, ostentando el tricolor en su pecho, muy serio y sin esa mancha amarilla del mango de oreja a oreja, de Presidente. El Afilador siempre nos hacía pensar en el futuro.

Esa misma tarde, cuando doña Josefa, la madre de Raúl y de otros ocho, corpulenta y mandona, casada con un pipero◊ de primera, le preguntó qué le había enseñado El Afilador, y el muchacho, con toda ingenuidad, respondió que le había dicho que su abuelito fue un mico, que todos somos unos grandes hijos de micos y que era mejor que olvidaran el cuento ese de Adán y Eva puesto que fue inventao,◊ pero quia◊ pesar de ser yo apenas un hijuemico de pronto va y me vuelvo el Presidente de la República y que por lo tanto no me pueden pelar más y me tienen que respetar diahora◊ en adelante, ella puso el grito en el cielo: —¡Ya sabía yo que ese hombre era un sinvergüenza ateo enviado del mismo demonio, enseñando barbaridades! ¡Y te prohibo terminantemente, so pena◊ de no poder ir a cine los domingos, que le vuelvas a hablar!

cooper — inventado / que — a — de ahora — bajo pena

Así pasábamos de sábado en sábado, siempre esperando la llegada del Afilador. Y empezamos no sólo a aprender cosas insospechadas sino a pensar. Lo menos que nos enseñaba cada sábado era, digamos, saber localizar el músculo esternocleidomastoideo y saber pronunciar esa palabrita con una soltura tan natural como si fuera parte común de nuestro vocabulario diario. —¿Mamá, por qué mestará doliendo este maldingo◊ esternocleidomastoideo?

maldito

—¿Cuál ej *la* palabra que tiene todaj *laj* zzinco vocalej? —nos preguntó El Afilador. —Puej sepan que ej *el* murzziélago.

Mientras más nos enseñaba más lo queríamos. Prometió enseñarnos a hipnotizar y así obtener completo control de nuestros padres, cosa que le interesó sobre todo a Raúl, quien después de la prohibición que recibió no se volvió a perder una sola palabra del Afilador, a quien escuchaba extasiado a escondidas. Nos enseñó a tenerles recelo◊ a los que hacen ganancia con el trabajo ajeno. —*La* tierra la pertenezze a *loj* campezzinoj que la tocan y la labran con amor, y *laj* fábricaj a *loj* obreroj que allí trabajan—, nos dijo. Para que aprendiéramos esa lección le enseñó a Alvarito, que era bien conocido como el más agalludo◊ de la Avenida Echeverry, a afilar cuchillos. Luego dejó que afilara cuatro cuchillos que trajo una mañana una señora del ve-

ver con desconfianza — atrevido

cindario próximo. Mientras que Alvarito trabajaba, El Afilador se sentó a fumar su pipa a la sombra de uno de los palos de mionas◊ que adornaban la avenida. Cuando regresó la señora por sus cuchillos, le cobró veinte centavos, y dándole apenas cuatro centavos a Alvarito se embolsilló muy orondo◊ los otros diez y seis, mirándonos sin espabilar con ese ojo azul y penetrante. Luego preguntó: —¿Lej parezze jujto que yo me gane 16 zzentavoj fumándome ejta pipa a *la* sombra de un árbol con *el* trabajo de Alvarito y él gane sólo cuatro zzentavitoj?

árbol nativo de Chile

orgulloso

Tanta era la gana que teníamos de sacar chispas, sobre todo Alvarito, que todos le hubiéramos trabajado gratis y por eso no entendimos bien esa lección pero no tardaría mucho para que esa semilla que sembró aquel día germinara.

Nos enseñó a no creer ni en lo que veíamos, ni en lo que nos comíamos, y para probarlo trajo una gran variedad de ilusiones ópticas, trucos de cartas y bolitas que desaparecían bajo sus ágiles dedos para enseñarnos *la* incredulidá.◊ —Lo peor que lej puede suzzeder en *la* vida ej que loj engañen y loj vuelvan corderitoj sumisoj. Nos enseñó que para entender la historia no basta leer libros porque "sin zzerzziorarse personalmente je perjudica *la* verdá". Por ejemplo si uno quería saber si los judíos mataron a Jesucristo como enseñaban en todas partes de Medellín, era mejor preguntarle a un judío. —¡Léanse todoj *los* periódicoj y libroj de hijtoria pero mientras tengan un gobierno de millonarioj no crean en ninguno!— nos dijo. —Sólo *loj* poemaj y novelaj que sobreviven contienen *la* verdá.

incredulidad

Después de que doña Josefa le prohibió a Raúl conversar con El Afilador, algunas de las otras madres del vecindario comenzaron a inquietarse, víctimas de la campaña que desató contra él, cogiéndole recelo, envidiando a escondidas el hecho de que todos los niños le copiábamos sus maneras y actitudes y repetíamos a menudo lo que decía. Pero esa intranquilidad se transformó súbitamente en una verdadera reacción de odio al oír que las lecciones que nos daba comenzaron a encaminarse hacia "los temas escabrosos◊ y prohibidos", como decían algunas que eran parte del grupo de Madres Católicas.

groseros

Dio el caso que un sábado, mientras todos los muchachos rodeábamos al Afilador, se presentó imprevistamente una sirvienta nueva que acababa de recibir empleo en la casa de Hernán, mi mejor amigo. Ni yo ni Hernán ni ninguno de los muchachos de la barra la habíamos visto antes. Había llegado de Santa

Bárbara la noche anterior, inocentona y montañerita, sin jamás haber visto una ciudad o siquiera ido a un cine, y ahora se encaminó, lozana◊ y bien criolla, directamente hacia El Afilador con un talego◊ lleno de cuchillos y tijeras de la casa de Hernán. Se llamaba María Elena y de lo único que estoy absolutamente seguro de todos los recuerdos de aquellos días de mi juventud es que, si en esos tranquilos tiempos hubiera existido el tal concurso de Miss Universo, María Elena se lo hubiera ganado en el primer abrir de ojos.

robusta

morral

Por casi una hora El Afilador trabajó en un silencio interrumpido apenas por el sonido monótono de la piedra de amolar. Nunca permanecimos tan callados. Mirando de reojo me di cuenta de que todos los muchachos, con excepción de Augustico que le tenía miedo a las mujeres, miraban de soslayo a la intrusa y que las chispas del Afilador perdieron definitivamente su atracción. Miré a Hernán, quien parecía más alto y sobre todo más pálido que de costumbre, respirando profundamente, boquiabierto y tragando saliva de vez en cuando, sin poder mover los ojos de los senos de María Elena, que eran verdaderos prodigios maravillosos de frutas suculentas en eclosión.◊ Después de completar el trabajo, cuando por fin María Elena se fue tan inocentemente como había llegado, El Afilador, dándose cuenta de lo trastornados que nos dejó su recuerdo, su perfume de tierra sana que prometía la abundante cosecha y que todavía nos rodeaba, prosiguió a darnos nuestra primera lección "de lo que suzzede entre *el* hombre y *la* mujer y de cómo llegamoj a nuejtro planeta". Durante el curso de su disertación también nos comunicó que la masturbación no era anormal ni pecado, contrario a todo lo que nos enseñaban en el catequismo, y que hacerlo no creaba una joroba◊ como varios de nosotros temíamos, lo cual, sobra decir, nos quitó un enorme peso de encima.

aparición fenomenal

hunchback

Ese fue el sábado cuando llegó a los oídos de las madres del vecindario la angustiosa noticia de que El Afilador estaba pervirtiéndonos. Se enteraron por medio de la labor de espionaje rendida por Augustico, hijo único y mimado de toda su familia, quien años después se convertiría en el maricón más empedernido de la capital antioqueña, pero quien ahora a los diez años no hacía más que llevarle noticias a su madre para ponerle el pelo de punta, diciéndole ya con una urgencia desaforada◊ que ay mamacita querida si vieras lo que pasó hoy quel Afilador nos dijo que jugáramos con el pipí cuando nos diera la santa gana

exagerada

que eso no es pecado / contaste (metátesis)

queso nues pecao◇ y que los niños no salen del estómago de la mamá o son traídos por la cigüeña como me contates◇ sino que salen dizque más abajito ay qué horrible qué miedo mamá ¿eso sies verdá? y que los jorobaos no son degeneraos y nos dijo también la diferencia entre un burro, una mula y un caballo.

mi señora

Inmediatamente su madre, misiá◇ Carlina, enfurecida, se encaminó temblando a la casa de su vecina, la madre de Raúl, doña Josefa, sabiendo que ya ella le tenía prohibida la visita con El Afilador, para darle las nuevas de que este pervertido estaba tratando de robarle el alma a los muchachos y llevárselos hasta las mismas entrañas del infierno y que habría que denunciarlo por malvado a las autoridades para que no volviera a llenar las cabezas de nuestros pobres hijos que siempre anduvieron por los senderos de la inocencia con ideas herejes y masonas y comunistas.

piadosas / atacado

Así fue como la mala suerte que lo atrapó en una trinchera indefensa en las calles de Granada durante las últimas horas de la guerra civil de España y le arrebató despiadadamente uno de sus ojos, se le vino encima de nuevo en las calles de Medellín, Colombia, en la forma de una comitiva de señoras armadas con un cura y un policía, esperando a que se apareciera el sábado a las nueve de la mañana. No hubo manera de informarlo, de pasarle esa inteligencia para que escapara del peligro que lo acechaba. Las cabecillas eran misiá Carlina y doña Josefa, seguidas por media docena de señoras ingenuas o curiosas que cayeron en las redes de estas dos beatas.◇ A pesar de que el ataque lo cogió de sorpresa, nos dió amplia oportunidad para observar de cerca cómo puso El Afilador una de sus propias máximas maquiavélicas en acción de emergencia inmediata: —Para conquijtar bajta dividir a *loj* adversarioj—, nos había enseñado dándonos copiosos ejemplos de la historia, sobre todo de la Revolución Rusa. Y ahora que se sintió asediado◇ por las señoras, el curita y el policía, captó el peligro y todo el balance de fuerzas que existía en ese grupo, y antes de que tuvieran tiempo para dirigirle la palabra, nos gritó: —Hoy vamoj a repajar *laj* tablaj de multiplicazzión comenzzando con *el* zzinco: 5 por 1 ej 5, 5 por 2 diez, 5 por 3 quinzze . . . —y siguió multiplicando hasta 20, añadiendo, —Y ji aprenden *las* tablaj de multiplicar hajta *el* 20 se ahorrarán como medio año de vida que de otro modo pajarán multiplicando con papel y lápizz—. Y mirando a doña Ofelia, la mamá de mi amigo Hernán, quien era la esposa del tendero◊ de la esquina, don Emilio, una señora práctica que todos queríamos por su liberalidad, añadió: —Ji ujtedej je aprenden *laj* tablaj de multiplicar hajta *el* 20, tendrán una enorme ventaja en *el* mundo comerzzial.

dueño de tienda

Como buena antioqueña, doña Ofelia captó el valor de tal enseñanza, esperando que Hernán algún día tomara las riendas de la tienda que don Emilio mantenía constantemente al borde de la bancarrota y se enriqueciera. Así que cuando las otras madres comenzaron a regañar al Afilador, ella se opuso y lo defendió con ahinco. Doña Josefa y misiá Carlina insistieron que El Afilador jamás volviera a enseñar y que atendiera solamente a su trabajo de afilador, dejando que ellas, los colegios y el clero, fueran los únicos responsables de la educación de sus hijos. Pero doña Ofelia dijo que ella no veía ningún daño si su Hernán aprendiera las tablas de multiplicación: Aún cuando no fueran sino las primeras cinco tablitas yo gustosa daría permiso. ¡Ahora si El Afilador le puede meter nada menos que veinte tablas de multiplicar en esa cabeza sería un verdadero milagro de la Providencia! ¡Yo no le veo nada malo a saber multiplicar!

Las otras dos damas la llamaron "voltiarepas"◊ por apoyar ahora al Afilador, pero doña Ofelia, viendo que los muchachos estaban de su lado, y sobre todo al contemplar la remota posibilidad de que la aritmética de Hernán mejoraría, insistió en que El Afilador continuara su enseñanza, que al fin y al cabo, decía ella, era gratis. Por fin el cura, que no había dicho nada hasta entonces, ofreciendo primero su bendición a todos los presentes, propuso un compromiso. —Pa que todos queden contentos—, dijo, —dejen quenseñe aritmética pero no religión.

traidoras

Después de mucho alegato, acordaron que El Afilador podría enseñar aritmética y otras formas de matemáticas como ingeniería, física, química, geología, astronomía y genética, además de otras ciencias que fueran más o menos exactas; pero que no se podría arrimar a la teología ni a otras religiones o a la sicología que era el estudio del alma, y que sobre todo no podría enseñarnos el sexualismo, el ateísmo, artes ocultas, masonería o comunismo. El policía mientras tanto no le había quitado el ojo a María Elena durante todo este altercado. Pero de pronto, salió medio aturdido de su ensimismamiento, como quien despierta de un sueño profundo y profano, cuando le preguntaron de repente si él prestaría sus servicios oficiales al compromiso como árbitro y testigo. —Sí, *árbigo* y *tesbitro* seré—, tartamu-

resolverlo

deó confundiéndose. Y recuperándose añadió muy lacónico: ¡Esto hay que resolbelo◇ diuna vez por todas!— Al fin todo quedó arreglado y las señoras salieron muy contentas pensando que habían ganado y que El Afilador mereció esa humillación pública.

afilada

lo excesivo

molestias

palabrería

No problem

Así continuaron las visitas del Afilador los sábados sin contratiempo alguno y aprendimos a multiplicar hasta veinte, cosa que hasta hoy recuerdo mejor que cualquier otra enseñanza del bachillerato. También nos metió en la cabeza "*la* Regla de *el* Trej" que hasta entonces ningún maestro titulado logró hacer ni por las buenas ni por las malas: ¿Ji la afilá◇ de 6 cuchilloj cuejta 25 zzentavoj, cuánto cojtará la afilá de 24 cuchilloj?— Esa Regla de Tres jamás se nos olvidó y no sólo sirvió para ganarme el bachillerato y conquistarme otros diplomas parecidos en tierras extrañas, sino que con eso mi amigo Hernán pudo surgir en Colombia como financiero e inversionista, tal como doña Ofelia pensó. Años después me di cuenta de que la mayoría de las leyes de la termodinámica y aún las de la gravitación —si se les quita el descrestamiento◇ superfluo y todo el exceso sobrante de vainas◇ que no sirven sino para complicar la vida innecesariamente— están, en cierto sentido tal vez algo simplista pero sin embargo muy pragmático, basadas al fin de tanto rabuleo◇ en la mera Regla de Tres que nos enseñó El Afilador. ¡Pilao!◇

Un sábado después de que comenzó la censura, se apareció con una pesa, un balde lleno de agua y un cubo vacío y anunció muy serio que nos enseñaría con demostración de laboratorio "*el* Prinzzipio de Arquímedej". Frente a nuestros ojos atónitos recreó los experimentos más básicos de la ciencia.

Así pasaron aquellos días antaños y tranquilos de la Avenida Echeverry de aquel Medellín de mi niñez cuando en esos sábados deleitables descubrimos con la ayuda del Afilador las sorpresas del conocimiento humano. Por nuestro propio barrio desfilaron en procesión majestuosa, uno por uno, los gigantes del mundo desde la antigüedad de Grecia y Roma hasta nuestros días modernos. Por aquella avenida y en aquella querida ciudad que anidaba entre las montañas del único pedacito del universo que conocíamos, pasaron las tres carabelas de Cristóbal Colón en su primer viaje al Nuevo Mundo; fuimos testigos de la llegada de Vasco de Gama a la India; y vimos el barco de Magallanes navegando por el estrecho borrascoso en su conquista de los mares.

Desde aquella callecita donde jugábamos y esperábamos ansiosos el día cuando ya fuéramos crecidos para forjar nuestros propios destinos, fue El Afilador quien compartió con nosotros los sucesos más nobles de la historia. Allí fue donde nos mostró los laboratorios de Pasteur, de Koch, y de los Curie que de otra manera jamás habríamos conocido; el que transformó nuestra avenida en el jardín de Mendel donde aquel humilde coloso formuló en secreto "*loj* prinzzipioj de *la* genética". Y nos presentó, abiertamente y sin recelos, como se presenta un hombre grande a otro, a Tolstoi y a Galileo, a Leonardo y a Karl Marx, a Víctor Hugo y a Beethoven, a Miguel Ángel, a Cervantes, a Atahualpa, a Moctezuma!

Aquellos fueron los días cuando El Afilador nos enseñó a interpretar mapas, a leer novelas y poesías, a usar diccionarios y enciclopedias, a hacer cálculos con el ábaco; cuando nos introdujo a los universos que sólo eran penetrables con el microscopio y el telescopio, y nos enseñó a medir el tiempo y las distancias, los volúmenes y la temperatura, las direcciones y las alturas. Del enorme cajón verde de su triciclo sacaba como un mago todos los instrumentos imaginables. Nos puso en contacto con el pasado, el presente y el futuro mientras le sacaba chispas a los metales, puliendo y limpiando sin cesar, eliminando la herradumbre que corroía y dañaba, siempre afilando sin descansar. A veces extraía un gramófono mecánico de la caja de herramientas, una antigüedad aún en esos tiempos, y entonces las orquestas sinfónicas de ciudades distantes nos enseñaban a apreciar la música de los grandes maestros y a menudo nos leía sin comentarios trozos de literatura.

Así fue como nuestro círculo de amigos y conocidos se expandió, y un día borrascoso cuando se pelearon dos ganaderos que bajaron borrachos de la montaña a caballo, Medellín se transformó en La Mancha y vimos como el valiente don Quijote —aquel caballero de la triste figura que vivió loco y murió cuerdo— montado en Rocinante, vindicó su honor precisamente en la propia esquina de la Calle del Chumbimbo con la Avenida Echeverry, al conducir y dar fin a la estupenda batalla con el gallardo y furibundo Vizcaíno; y cuando agarraron a un pobre tenorio encaramándose por el balcón de la casa de mi amigo Hernán, sin duda alguna en busca frenética de María Elena, para nosotros era también Romeo persiguiendo a su Julieta; los borrachines que tomaban trago en la cantina de la esquina se parecían a los hermanos Karamazov; los globos que elevábamos durante la nochebuena nos podrían quizás llevar a la luna de Julio Verne; cada mendigo que pasaba por nuestro vecindario se transformaba fácilmente en Jean Valjean; jugábamos traviesamente pretendiendo ser Tom Sawyer, o el Lazarillo de Tormes u Oliver Twist; cada porquería de gallinazo que rondaba los cielos de Medellín era nada menos que el buitre desalmado de Edgar Allan Poe y cualquier perro sarnoso que andara extraviado por nuestra calle era "El Hijo del Lobo" de Jack London.

Siempre listas a atacarlo y denunciarlo de nuevo, algunas de las señoras del vecindario no perdían la oportunidad para indagar qué nos estaba enseñando últimamente El Afilador. Especialmente doña Josefa y misiá Carlina se mantenían vigilándolo a ver si cumplía con el compromiso que le impusieron. Pero a pesar de la censura y la vigilancia y los actos de espionaje de Augustico, El Afilador siguió mostrándonos el camino, la pertinencia social y humanista de todos los acontecimientos que nos relataba. Esa censura ridícula que le impusieron tuvo un efecto completamente contrario al que las censoras pensaron tener. El Afilador se sintió obligado a relacionar todo lo que nos enseñaba al orden social y económico de los eventos humanos excepto que ahora lo hacía de una manera sutil y a veces casi secreta. Para otros fue un ejemplo en el arte de infiltración de una manera de pensar y de actuar que algún día aún en nuestros tiempos germinaría e invadiría todos los aspectos de la vida moderna.

Así pasaron tres años de descubrimientos bajo la dictadura de aquella censura estúpida y odiosa, de aquel compromiso perverso el cual El Afilador se vio obligado a aceptar para poder seguir sus lecciones semanales y su oficio de afilador.

Pero llegó el día cuando todo ese aparato de pactos y compromisos forzosos y prohibiciones embarazosas, se vino de una vez para siempre al suelo. Desbarató ese mamarracho◊ anticuado y pérfido frente a sus discípulos, para que no se nos olvidara cómo se quita un yugo de encima.

scarecrow

—¡*Laj* promesaj que se hazzen a *loj* tiranoj nunca se deben cumplir!" —nos dijo aquel sábado que ninguno de nosotros sospechó que sería el último. Y sacando un sobre del bolsillo del chaleco añadió que nos había enseñado todo lo que él sabía y que el resto dependería de nosotros. Abrió luego el sobre y nos regaló a cada uno una estampilla de magníficos colores imprimida en España en 1928: era la imagen de una hermosa mujer completamente desnuda, acostada y de frente, que nos miraba invitadora y sonriente, la Maja Desnuda pintada por Francisco Goya y Lucientes. Ese fue su regalo de despedida.

—Ejpero que aprendan a aprezziar *la* desnudezz en *el* arte. Cuando Goya pintó a *la* Duqueja de Melba◊ ají como la ven en ejta ejtampilla de mi patria, le demojtró al mundo, a travej de *la* dejnudez de una bella mujer, que una reina y una pobre campejina son igualej en su belleza natural. Hay que eliminar *laj* diferenzziaj entre *laj* clasej sozzialej —entre todoj *loj* hombrej— para que todoj obtengamoj *la* libertá—. Añadió que Goya pintó así para darle la libertad a España y que él estaba seguro de que su querida patria algún día no muy distante se desharía de los reaccionarios y sería una nación de hombres libres, tal como lo hubiera deseado el poeta Federico García Lorca.

de Alba

Todos le agradecimos por la hermosa estampilla menos Augustico quien se quedó mirando a la mujer desnuda boquiabierto y con miedo. —Esto sies◊ pecao—, exclamó. —Con esto sí se va uno pal infierno.

si es

El Afilador nos miró con cierta tristeza y nos dijo: —Juro por mi mare◊ quejtá enterrá en Sevilla, juro por *el* pueblo de mi Ejpaña, que ni *el* zzielo ni *el* infierno existen— que son sólo invenzzionej para ajustar al pueblo y así controlarlo y robarle dinero.

madre

Sus palabras sonaron por nuestra calle como el preludio de una revolución y no se demoraron en llegar a los oídos de todo el vecindario. Misiá Carlina y doña Josefa, con un nuevo comité que formaron y con el apoyo de la curia, demandaron del mismo alcalde de la ciudad que se le confiscara inmediatamente la licencia del Afilador por regar propaganda masona, atea y comunista, y sobre todo por pervertir la moral de la juventud de nuestra ciudad.

Después de aquel día, jamás volvimos a ver al Afilador. Nadie supo con certeza para dónde se encaminó. Unos decían que estaba en otra ciudad afilando; otros, que había regresado a España para combatir a su manera por la libertad; otros decían que se había unido a un movimiento revolucionario en algún país latinoamericano. Dejó un vacío en nuestras vidas que nadie pudo llenar. ¡Nos dolió que ni siquiera pudiéramos despedirnos! Pero tal vez fue mejor así porque toda despedida es un presagio de nuestra muerte, y él lo que nos enseñó fue a vivir —lo demás dependería de nosotros.

Preguntas:

1. ¿Quién es el narrador del cuento?
2. ¿Quién es el protagonista y qué hace?
3. Según él, ¿cómo perdió el ojo?
4. ¿En qué estaba interesado el Afilador, y por qué se enfadó? ¿Qué se propone enseñar a los chicos?
5. ¿Qué les muestra el Afilador, y por qué quedan los chicos estupefactos?
6. ¿Por qué defiende el Afilador a Raúl cuando los otros chicos se burlan de él?
7. ¿Qué opina doña Josefa, la madre de Raúl, del Afilador? ¿Por qué no le hace caso Raúl a su madre?
8. ¿Cuál parece ser la postura política del Afilador? Explique su respuesta.
9. En resumidas cuentas, ¿qué les enseña el Afilador a los chicos?
10. ¿Por qué reaccionan las madres en contra del Afilador?
11. ¿Por qué es tan provocadora la aparición de María Elena?
12. ¿Por qué se enfurecen las madres de los chicos, y qué hacen?
13. ¿Qué estrategia emplea el Afilador? ¿A qué acuerdo llegan?
14. ¿De qué manera influye la enseñanza del Afilador en los chicos?
15. ¿Qué efecto tiene la censura impuesta por las madres y el cura? ¿Qué aprenden los chicos de las sutilezas de su maestro?
16. ¿Qué hace el Afilador al cabo de los tres años de censura?
17. ¿Cuál es su última enseñanza?
18. ¿Qué se le confiscó al Afilador?
19. ¿Qué se hizo del Afilador?
20. ¿Qué es lo que verdaderamente les había enseñado a los chicos?

Para comentar:

1. "¡Todoj somoj unoj grandej hijoj de micoj!"
2. "Nos enseñó a tenerle recelo a los que hacen ganancia con el trabajo ajeno".
3. "Sólo loj poemaj y novelaj que sobreviven contienen la verdá".
4. "... el Afilador estaba pervirtiéndonos".
5. Comente el apodo "Afilador" como metáfora.
6. Comente el punto de vista del narrador. ¿Cree Ud. que es un narrador fidedigno, es decir, digno de nuestra confianza?

Temas de composición:

1. Una persona interesante de su niñez.
2. El valor de la educación no formal.
3. Adán y Eva, y la evolución de las especies.

Rolando Hinojosa

Rolando Hinojosa es originario de Mercedes, Texas, y ahora vecino◇ de Austin. Nació el 21 de enero de 1929 e hizo sus estudios en su pueblo natal. Después del servicio militar, obtuvo su primer título universitario en la Universidad de Texas. Actualmente es el Director del Texas Center for Writers y también profesor en los departamentos de inglés y de español y portugués en dicha universidad. Obtuvo su doctorado en la Universidad de Illinois-Urbana.

residente

En 1985 se le otorgó el Ellen Clayton Garwood Professorship y en 1990 también asumió la cátedra◇ Mari Sabusawa Michener. Además de ensayos y trabajos de investigación literaria, su trabajo principal en prosa narrativa es la *Klail City Death Trip Series*, o sea, el *Viaje de la muerte en Klail*. Tesis y disertaciones doctorales así como artículos sobre su trabajo han aparecido dentro y fuera de este país. Parte de la serie se ha traducido al alemán, al francés y al holandés. Además, Rolando Hinojosa escribe tanto en inglés como en español.

chair

Según Hinojosa, lo importante de la literatura hispana en Estados Unidos es su presencia como testimonio vivo de un pueblo que, en su mayoría y a través de los años, ha podido mantener su integridad. Dicho esto, agrega que no ha sido nada fácil ese mantenimiento en un país como el nuestro que tiene la capacidad de deformarlo todo.

"Mi aportación◇ a esta antología", dice Hinojosa, "no es ni más ni menos que la de cualquier otro escritor que busca la verdad de las cosas".

contribución

El acto de escribir, en gran parte, es una búsqueda constante así como una indagación◇ muy personal cuyos resultados, lamentablemente, no siempre concuerdan con el propósito. Siendo así, el escritor sigue escribiendo con la esperanza de darle al blanco◇.

investigación

acertar

En otras ocasiones, Hinojosa ha dicho que las razones por las cuales uno escribe son múltiples. Por lo que toca a la presente antología, el escritor dice que si un lector, después de haberla leído, siente el impulso de escribir, "Pues, adelante, ya que muchos escritores empezamos por el mismo camino".

Aclara que todo escritor empieza como lector y que un buen día se sienta a escribir, no porque quiere escribir, sino porque no tiene remedio, es decir, *tiene* que escribir.

"Siendo así, *tener que escribir*, cualquier escritor debe sentirse halagado si un lector siente el aguijón◇ de escribir a través

estímulo

de lo que haya leído en esta antología".

Hinojosa cree que los aportes de un escritor siempre son menos que el total de la literatura entera y, principalmente, en la nuestra que abarca no sólo los hispanoparlantes de Estados Unidos, sino también todos los hispanoparlantes de nuestra América.

"Lo que hacemos también no es solamente cambiar la vista, la escena literaria norteamericana, sino también que estamos haciendo lo que se debe hacer en este país: estamos haciendo una renovación y dando un empuje a una literatura nacional que tiene que definirse de nuevo, que tiene que fortalecerse de nuevo, ya que, bien visto, la necesita".

Al pozo con Bruno Cano

—¿Cómo que no lo sepulta?

—Ya me oyeron.

—Sí, le oímos, pero usted tiene que sepultarlo. Si no hay más.◇

That's all there is to it / To heck with him

—Allá él;◇ yo no lo sepulto. Que lo sepulte otro... Ustedes. La iglesia no lo sepultará.

—¿La iglesia o usted, don Pedro?

—Yo; la iglesia; lo mismo da.

—Qué lo mismo ni qué nada. Es usted, ¿qué no?

—Sí, don Pedro, pero si alguien puede perdonar debería ser usted. El cura.

—Sí, sí, el cura. Pero también soy hombre.

—¿Y quién lo duda? Ándele, sepúltelo y luego nos echamos un trago.

—No sé.

—Ándele. Anímese, don Pedro. Si usted y don Bruno fueron buenos amigos. Además, la cosa fue de borrachera...

—No sé.

—¿Qué le cuesta? Aquí, Lisandro y yo lo llevamos al cementerio, ¿verdad? ¿Qué tal? ¿Hace? Diga que sí, don Pedro.

del lugar

—Mire, don Pedro, ni a la iglesia lo traemos. De que◇ Salinas lo llevamos derechito al camposanto y allí usted nos lo entierra con sus rezos◇ y todo.

prayers

—¿Pero de seguro que no lo traen a la iglesia?

—Descuide.

—Palabra.

—Bueno, se lo llevan de que Salinas y dentro de cuarto de hora voy al cementerio. ¿Han visto a Jehú?* Lo necesito para el responso.

—Ese debe andar por ahí tirando piedras a los pájaros o haciendo un mandado. Déjelo, don Pedro, yo lo hallo.

—Ya saben, ni una palabra. Dentro de un cuarto de hora y al pozo ... mira, que echarle de la madre◇ a todo un sacerdote de la santa madre iglesia.

curse the mother of

—Agradecidos, don Pedro. No se preocupe y gracias, ¿eh?

From *Estampas del Valle y otras obras*. Berkeley, California: Editorial Justa Publications, Inc. 1977: 21–24

*Jehú Malacara, con su primo Rafa Buenrostro, son los protagonistas de la mayoría de las novelas de Rolando Hinojosa.

Los dos hombres se volvieron al centro del pueblo sin cruzar una palabra entre sí ni con la gente que les saludaba. Llegaron a la cantina de Germán Salinas y anunciaron: Ya se hizo. Hay entierro. Llamen a los Vega; que traigan la carroza◊ más grande. Cuélenle;◊ avísenle a todo mundo.

hearse

Dense prisa

Don Bruno Cano, nativo de Cerralvo, Nuevo León, y vecino de Flora, Texas, de estado civil viudo y sin progenie ni sucesión, murió, según el médico, de un ataque al corazón. De un infarto que lo rindió tan lacio como títere de cuerda.◊ Los que verdaderamente lo conocían decían que murió de envidia y por andar choteando◊ al prójimo.

lacio . . . cuerda: *limp as a string-puppet* / *bad-mouthing*

La noche que murió Cano, él y otro compañero, Melitón Burnias, habían acordado a escarbar◊ un lotecito que le pertenecía a doña Panchita Zuárez, sobandera,◊ partera al pasito,◊ y remendona fina de jovencitas no muy usadas y todavía en servible estado de merecer.◊ La tía Panchita, según la gente de Flora, tenía un tesoro escondido en su patio. Esta relación, el nombre dado a los tesoros, estaba escondida desde los tiempos de Escandón,† según unos; desde los tiempos del general Santa Ana, según otros; y todavía otros, más cercanos, desde el tiempo de la Revolución . . . tesoro que fue ocultado por unos ansiosos comerciantes recién emigrados, etc. La cosa es que Bruno Cano y Burnias, entre copa y copa, acordaron en cavar

dig

curandera / *a cautious midwife* / remendona . . . merecer: *mender of not-too-used and deserving young virgins*

†Coronel don José de Escandón, del Orden de Santiago y Conde de Sierra Gorda, encabezó expediciones al noreste de la Nueva España (México), con el fin de pacificar a los indios insurrectos y de poblar este territorio. Entre 1748 y 1755 se fundaron veintitrés villas y poblaciones, varias de ellas en las riberas sureñas del Río Bravo (Grande). A esta región se dio el nombre de Nuevo Santander. La primera villa fundada fue Llera, el 25 de diciembre de 1748; la última fue Laredo, el 15 de mayo de 1755. Según los archivos de las fundaciones, el vecindario de la Villa Mier, fundada el 6 de marzo de 1753, "consiste de 39 familias con 274 personas y los ganados que poseen", *Estado general de las Fundaciones hechas por D. José de Escandón en la Colonia del Nuevo Santander. Documentos originales que contienen la inspección de la Provincia efectuada por el Capitán de Dragones don José Tienda de Cuervo, el informe del mismo al Virrey, y un apéndice con la relación histórica del Nuevo Santander, por Fr. Vicente Santa María* (México: Publicaciones del Archivo General de la Nación, t. 15, Talleres Gráficos de la Nación): 115. Entre estos primeros colonos constaron los antepasados de Rolando Hinojosa. Los archivos recopilados en *Mier Church Death Records, 1767–1903*, I (Spanish American Genealogical Association) registran la muerte de José Gervasio Hinojosa (v[iu]do) el 19 de octubre de 1827, a los 98 años, con la anotación: "Fundador de la villa" (235). De estas villas salieron a su vez otros colonos para fundar otras villas al lado norte del Río Bravo, entre ellas la de Mercedes (Texas), donde nació nuestro autor.

mentioned

la tierra, como tantos otros, en busca del tesoro mentado.◇ Melitón Burnias juraba que tenía unos rezos infalibles para esos asuntos.

stingy
cattle slaughterhouse
goat droppings

Es difícil imaginar dos hombres tan dispares: Cano, gordito, color de rosa, tacaño◇ certificado, comerciante y dueño del matadero de reses◇ "La barca de oro"; en fin, una de las primeras luces del pueblo. Burnias, no; Burnias era algo sordo, flaco, chaparrito, de oficio desconocido y más seco que cagarruta de cabra◇ en agosto. También era pobre y de mala suerte. Cuando Tila, la mayor, se largó con Práxedis Cervera, éste volvió con Tila y, juntos, pusieron a Burnias de patitas en la calle. El hombre, dicen, encogió los hombros y se fue a dormir al campo de sandías. Esa misma noche, claro, hubo granizo. Melitón Burnias, sin embargo, no era codicioso y sería por eso, tal vez, que Bruno Cano lo escogió como socio en la búsqueda de la relación.

talaches . . . herramienta: *picks, shovels and other tools*

Estaban los dos tomando en que Salinas cuando les sorprendió las once de la noche. Al sonar el reloj cuco, los dos se fueron a recoger los talaches, palas, y otra herramienta◇ para cavar el lotecito de doña Panchita.

Serían, acaso, como las tres de la mañana y estaban Bruno Cano, dentro del pozo echando tierra arriba, y el sordo de Burnias afuera, desparramándola lo mejor que podía, cuando se oyó un *¡t o n c!* Bruno escarbó más y otra vez *¡t o n c!* luego otro, y otro más.

—¿Melitón, Melitón, no oíste? Creo que vamos cerca.

—¿Que si no oí? ¿Que si no oí qué?

—Te digo que vamos cerca.

—Ah, sí, pues entonces, ¿qué rezo yo?

—¿Qué?

—¿Que qué rezo yo?

respiró fuerte

—¿Cómo que qué resolló?◇

—¿Que resolló algo?

—¿Que resolló algo dices?

—¿Qué resolló? ¡Ay, Diosito mío!

took off
a rabbit in heat

Diciendo esto, Burnias voló;◇ abandonó la pala y a su socio; empezó a gritar, convencido, tal vez, que un fantasma que resollaba venía por él. Corrió por patios llevándose cercas, resbalando en charcos, atravesando callejones, despertando perros, y dando saltos como coneja clueca◇ hasta llegar rendido al campo de sandía donde se echó a rezar en voz alta.

Bruno Cano, entretanto, se había quedado con el aire en la boca. (¿Qué resolló?) (¿Un fantasma?) Así que pudo se puso a gritar y a llorar: ¡Sáquenme de aquí! ¡Que me matan! ¡Sáquenmeeeeeeeeee! ¡Con una chingada!◊ ¡Ay yay yay, Diosito santo! ¡Que me saquen! ¡Ayúdenme! ¡Con una chingada! ¡Ay yay yay, Diosito mío! ¡Sáquenme!

Oh, hell!

En esto, y ya iban para las cinco, don Pedro Zamudio, cura de Flora, iba cruzando el solar de doña Panchita rumbo a la iglesia cuando oyó los alaridos◊ de Bruno. Levantando la sotana◊ para que no se le estropeara tanto, se dirigió al pozo y así, en la oscuridad, le preguntó al que estaba en el pozo:

gritos / *cassock*
nada

—¿Qué pasa? ¡Qué hace usted allí?

—¿Es usted don Pedro? Soy yo, Cano. Sáqueme.

—¿Pues qué anda haciendo Ud. por esta vecindad?

—Sáqueme primero. Más al luego le cuento.

—¿Se golpeó cuando se cayó?

—No me caí . . . ayúdeme.

—Sí, hijo, sí; ¿pero entonces como vino a dar allí? ¿Seguro que no está lastimado?

—Segurísimo, señor cura, pero sáqueme ya con una . . . perdón.

—¿Qué ibas a decir, hijo?

—Nada, padrecito, nada; sáqueme.

—No creo que pueda yo sólo; estás algo gordo.

—¿Gordo? ¡Gorda su madre!

—¿Mi quéééééééééé?

—Sáqueme ya con una chingada.◊ ¡Ándele!

Get me the hell out of here!

—¡Pues que lo saque su madre!

—¡Chingue la suya!

Don Pedro se persignó,◊ se hincó cerca del pozo, y se puso a orar aquello de ". . . recoge a este pecador en tu seno" cuando Bruno Cano le mentó de la madre otra vez. Tan clarita fue la mentada que hasta los pájaros dejaron de trinar. Don Pedro, a su vez, sacó el rosario y empezó con la misa de los muertos; esto puso a Cano color de hormiga y estalló con otro chingue a su madre tan redondo y tan sentido como el primero. Estaba para soltar otro cuando don Pedro se levantó extendiendo los brazos en cruz e intonando lo de "tomad a este pecador en tu regazo". Entonces Bruno Cano dejó de hablar y sólo se oían unos soplidos como fuelles. Se acabó el rezo y don Pedro asomó la cabeza al pozo y preguntó: —¿No ve? Con los rezos se allega◊ a la paz.

crossed himself

one arrives

Ya va amaneciendo. Dentro de poco vendrán por usted.

kicked the bucket

Bruno no le puso cuidado. Ni lo oyó siquiera. Bruno Cano había echado el bofe◇ entre uno de los misterios del rosario y una de las madres. Entregando, así, su alma al Señor, al Diablo, o a su madre; a escoger.

Como es de suponer, no menos de treinta personas habían observado la escena. Habíanse quedado a una respetable distancia mientras uno rezaba y el otro maldecía.

to the dismay of

fringe / *altar-boys*

by truck (ang.)

Pero, como quiera que sea, lo sepultaron y en campo sagrado. Para el pesar◇ de don Pedro Zamudio, el entierro estuvo muy concurrido. La cosa duró cerca de siete horas. Hubo doce oradores, cuatro coros, (uno de varoncitos y uno de chicas, otro de mujeres de la Vela Perpetua, y el cuarto de hombres del Sagrado Corazón de Jesús; todos de blanco). Los Vega trajeron el cuerpo de Bruno en la carroza morada con la cortinita gris a fleco.◇ Además de don Pedro, fuimos los doce monaguillos◇ cada uno vestido en casulla negra y blanca bien almidonada. La gente de los otros pueblos del Valle pronto se dio cuenta que algo había en Flora y se dejó venir en troque,◇ en *rides*, en bicicleta y unos de Klail hasta alquilaron un Greyhound que ya venía repleto de gente procedente de Bascom.

asphalt

conservative estimate

gusta . . . ripio: *like merriment and make any excuse*

Aparecieron tres dulceros y empezaron a vender raspas para combatir aquel sol que derretía las calles de chapapote.◇ La concurrencia, y yéndose por lo bajo,◇ no era menos de cuatro mil almas. Unos, de seguro, ni sabían a quién enterraban; los más ni conocieron a Cano; lo que pasa es que a la gente le gusta la bulla y no pierde ripio◇ para salir de casa.

snowcone venders / *supply*

syrup

malgastar

Don Pedro tuvo que aguantarse y rezó no menos de trescientos Padrenuestros entre Aves y Salves. Cuando se puso a llorar (de coraje, de histeria, de hambre, vaya usted a saber) la gente, compadecida, rezó por don Pedro. Los oradores repitieron las elegías varias veces y los de la raspa,◇ cada uno, tuvieron que comprar otras tres barras de hielo de cien libras para dar abasto◇ a toda la gente. En casos ni sirope◇ echaban ya. La gente se comía el hielo con o sin agua. De su parte, los coros pronto disiparon su repertorio; para no desperdiciar◇ la oportunidad, se echaron el *Tantum Ergo* que no venía al caso y, menos, el "Ven, Buen Pastor, Redentor Celestial" que se oía sólo en Pascuas. Por fin los cuatro coros se juntaron y entonces la cosa se puso más fina.

A pesar del calorón, el polvo, el empujar, y la multitud

agolpada y remolinándose, no hubo mayor desorden: un pleito que otro, sí, pero sin navajas. Lo que sí se contó fueron los que cayeron: hubo no menos de treinta y cuatro desmayados y fue, en fin, un entierro como Dios manda.

El que no asistió fue Melitón Burnias. Como decía después, "Ese día yo andaba ocupadísimo".

La gente casi ni le ponía atención.

Preguntas:

1. ¿Por qué no quiere el cura, don Pedro, sepultar a Bruno Cano?
2. Según el personaje anónimo, ¿por qué debería sepultarlo don Pedro?
3. ¿A qué acuerdo llegan los dos?
4. ¿A quién necesitará don Pedro?
5. ¿De qué murió Cano?
6. ¿Qué se propusieron hacer Cano y Melitón Burnias?
7. ¿Qué estaban haciendo ellos antes de comenzar su proyecto?
8. ¿Por qué se asustó Burnias? ¿Dónde se quedó Cano? ¿En qué consiste el humor de este pasaje?
9. ¿Qué le pide Cano al cura? ¿Por qué no lo hace el cura? ¿Qué le dice Cano a don Pedro?
10. ¿Qué comenzó a rezar don Pedro, y qué efecto tuvo esto en Cano?
11. ¿Qué sucedió mientras don Pedro estaba rezando?
12. ¿En qué se convierte el entierro de Cano?
13. ¿Cuántas personas asistieron al entierro? ¿Asistió la mayoría de la gente por amor a Cano? ¿Quién faltó?
14. ¿Quién será el narrador de este cuento?

Para comentar:

1. El cuento "Al pozo con Bruno Cano" proviene de la obra de Rolando Hinojosa titulada *Estampas del valle y otras obras*. Así el cuento es una *estampa*, o sea un retrato en prosa que se propone captar la vida, generalmente pintoresca, de un local. ¿En qué sentido, pues, es este cuento una estampa?

2. Comente la ironía del cuento.
3. Aplique al cuento el dicho "El muerto al pozo y los vivos al gozo".

Temas de composición:

1. Escriba la recreación de un incidente humorístico de su adolescencia.
2. Describa la vida de los pequeños pueblos o aldeas.

Un poco de todo

En Klail City todavía hay uno de esos parques públicos de una manzana entera con su kiosko en el centro. El parque tiene cuatro entradas y está enfrente de la estación de trenes. Los trenes corren de vez en cuando y se llevan los productos agrícolas de la región. Los bolillos (como casi nunca salen de noche) no van al parque a andar o a platicar. La raza sí, y como el aire es libre, el que no se divierte es porque no quiere.

El parque también sirve para que los políticos vengan a echar sus discursos y allí, una vez y en otra vida, yo, Rafa Buenrostro y el menor de los Murillo, fuimos a ver qué veíamos y a oír qué oíamos cuando Big Foot Parkinson se presentó como candidato a *sheriff* por Belken County.

En la barbería de los Chagos se decía que Big Foot apenas sabía leer y escribir; que era más pesado que una cerca de nogal; que los Cooke, los Blanchard ricos y los Klail lo controlaban; que la carne de la barbacoa que se daba en las juntas políticas estaba podrida; que no era más bruto porque no era más viejo; que era un caguías;◊ y, así, otras cosas más por el mismo estilo. *B.S.'er*

Polín Tapia, el pintor, también era coyote * en la corte del condado y, de consecuencia, se metía en la política. Con el tiempo se hizo dueño de una Underwood portátil en la cual escribía discursos políticos en español para los bolillos que entraban a la política. La raza oía a cualquier cabrón◊ leer algo en español S.O.B. y luego luego se ponía a decir que el Míster Tal y Tal hablaba español y que se había criado con la raza, y que conocía a la raza, y que apreciaba a la raza, y etc. etc.

El Big Foot había ocupado◊ a Polín durante esa temporada contratado poco antes de que hablara en el parque. El Big Foot todavía

From *Revista Chicano-Riqueña. A Decade of Hispanic Literature: An Anniversary Anthology.* 10.1–2 (Winter–Spring 1982): 207–10.

*"Se les llama coyotes a esos que se dejan ver en la sede del condado, el *country court house,* como quien dice. No son empleados aunque lo parezcan: se visten de camisa blanca y corbata o, si son mujeres, de zapato con tacón alto y de media larga. Se afanan en los pasillos diariamente y viven de lo que le suelten al pobre que se asome en la corte con algún negocio. Tampoco son abogados pero como hablan inglés, claro es, ya tienen ventaja. Están al tanto de cualquier runrún en la corte y, como desconocen la vergüenza, se ponen las botas [se aprovechan] con cada inocente que les caiga. La gente que no sabe nada de nada se asusta de cualquier sobre con sello oficial y por eso es ganado bastante fácil para los coyotes", Rolando Hinojosa, "Coyotes", *Estampas del Valle y otras obras*, 15.

se dedicaba a hablar solamente durante las barbacoas. Hasta ese tiempo el Polín, como explicaba, no le había escrito los discursos. Era más bien su consejero. Como contaba en la barbería, —Yo le dije que no se le olvidara de mencionar que estaba casado con chicana.

—Sí, Polín, pero en la última barbacoa el muy bruto contó ce por be y se emboló todo.

acaso —¿A poco◇ tú le escribiste el discurso, Polín?

—Les digo que no. Le aconsejé nada más.

redneck bravado —Pero qué arrojo de pelao,◇ ¿eh?

—No. Lo que yo digo: después de Dios, el gringo para inventar cosas.

—Eso, chingao.

—Bien haya el Big Foot.

—Pero qué metidota de pata hizo el domingo pasado.

—¿Y qué dirían los bolillos?

—Lo de siempre: que no valemos un sorbete.

—N'hombre, ¿que qué dirían del Big Foot?

—Ah, pos que es muy bruto, ¿qué más van a decir?

El choteo y la plática se siguieron por mucho tiempo hasta que los Chagos anunciaron que iban a cerrar temprano para ir al parque a oír a Big Foot ya que se estrenaba esa misma noche.

—Claro, dijo alguien, como Polín le está aconsejando, ahora lo va a hacer bien.

—No te creas. El Foot es causa perdida; no tiene remedio.

—A ver, muchachos, hay que cerrar. Jehú—ponte a barrer. Así que acabes, apaga las luces y no se te olvide de atrancar la puerta del lado. Ya sabes, pones las llaves en el clavo.

—Sí, Jehú, ten cuidado; no se te olvide que tenemos el candidato a *cherife* en Klail.

—Eso, chingao.

—¡Y qué candidato!

Por fin se cansaron de relajar y cogiendo la escoba me puse a barrer el cuartito y a pensar otra vez en el rancho de don Celso Villalón. Exprimí las toallas, lavé las navajas y sequé las copas del jabón para la rasura. Antes de que acabara llegó Rafa Buenrostro y juntos nos fuimos al parque donde la gente ya se estaba aglomerando.

—¿Nos echamos una raspa?

—Juega. Mira, allí esta el menor. Llámalo.

Hey —¡Eit,◇ menor! Vente pa 'cá. Ándale.

—Una de fresa, maistro.

—A mí de leche. ¡Córrele, menor!

—¿Y cuándo llegaron?

—Apenas ahorita. ¿Quieres?

—¿Cómo que si quieres? Así no se invita, ¿verdá Rafa?

—Bueno, menor, ¿quieres o no quieres?

—Sí, venga la raspa.

—¿Qué color quieres, hijo?

—De limón, maistro.

—Yo pago.

—Maistro, ¿ha visto a don Celso Villalón?

—Que yo sepa, no ha llegado.

—¿Pá qué lo quieres? ¿A poco te vas de cabrero?

—No sé. Eso de coimear◊ con el tío Andrés ta◊ bien y el barrendeo◊ con los Chagos también, pero no sé ... quiero volver a Relámpago.

exigir un porcentaje de las ganancias / está / su trabajo de barrer

—No te vayas, Jehú.

—Vale más ... desde que murió don Víctor no me encuentro bien—un poco desganao, ¿sabes?

—...

—Y tú Rafa, ¿qué piensas?

—No sé, Jehú. Ta pelón.◊

complicado

—Verdad ...

—Eh, vénganse ya ... Jehú, vi a Mague Farías allá con su amá.

—No hagas pedo,◊ menor.

Don't fart around, i.e., *don't make trouble*

* * *

Las palmeras que rodeaban el parque atajaban las estrellas y el brillo de la luna. Llevábamos tres días de lluvia después de las sequías del verano y se prometía un otoño más fresco de lo natural. La gente se juntaba en grupitos aquí y allí y los chicos correteaban que era un encanto.

Nosotros andábamos pisando los trece o catorce años y esperábamos la entrada al high school como quien entraba en campo enemigo. Los tiempos iban cambiando pero la gente como el tipo de Big Foot seguía en las mismas ...

De vez en cuando se ponía alguien de pie y hablaba. La gente oía y aplaudía automáticamente. Después otro y lo mismo. Y así, sucesivamente.

El menor había desparecido para volver con Mague Farías a donde estábamos Rafa y yo. Rafa se hizo a un lado y, como siempre, sin decir nada le tendió la mano a Mague. Rafa me vio y con los ojos me dijo que se iba. Le meneé la cabeza y se quedó. El menor volvió a desaparecer y esta vez se trajo a Fani Olmedo para Rafa. Los veo más tarde, dijo el menor.

Y así, los cuatro, nos pusimos a andar . . .

Allá por los naranjales, aunque lejos del parque, todavía se podía oír el murmullo de la gente y las voces de los políticos por medio de la bocina eléctrica.

amistarse

Cuando volvimos por fin le tocaba la hora a Big Foot y nos tocó oír la parte cuando pensaba granjearse◊ con la raza:

—. . . Yo casar primera vez con mujer jacana pero ella voy por murió.

(*Aplausos*)

. . . yo volver casar y yo casar otra vez mujer jacana y ELLA voy por murió.

(*Más aplausos*)

El Big Foot seguía a la carga:

—. . . yo casar tercer vez con mujer jacana y ella tamién voy por murió.

put down

Aquí, siempre, y sin fallar, venía el choteo:◊

—¡Las estarás matando de hambre, animal!

—Es que no te aguantan, colorao!

—¡Te apesta la boca!

La raza comprada y vendida aplaudía y hacía *sh, sh*, para mostrar que ellos, a lo menos, eran educados.

El Big Foot, impasible, seguía con sus hazañas e inventos . . .

Por fin llegó la hora de irse y me despedí de Mague. Yo todavía andaba algo resentido por la parada que me había hecho la semana pasada: no vino al parque y me anduve solo alrededor del parque hasta cerca de la una.

La decisión de irme al rancho de don Celso Villalón la tomé esa misma noche y así fue que al día siguiente trabajé en que mi tío Andrés y con los Chagos por la última vez.

* * *

A Rafa lo veía en la high y la desgracia del año entrante nos juntó de nuevo cuando su familia se vino a pasar una temporada en el rancho de don Celso: habían matado a don Jesús Buenrostro mientras dormía y su hermano don Julián casi se volvió loco de rabia. A las tres semanas dicen que todavía estaba medio loco hasta que vinieron los dos hermanos Vilches que estuvieron hablando con él hasta la madrugada. Al día siguiente, sin avisarle a nadie, don Julián, solo, cruzó el río en busca de los que habían matado a su hermano.

Volvió a poco más de mes y parecía un hombre que estaba en paz con todo el mundo.

A Rafa le tocó estar allí la noche de las cabras, cuando nació Celsito, el nieto de don Celso viejo.

El Big Foot salió como sheriff. No tenía contrincante.◇ adversario

Preguntas:

1. ¿Quién es el narrador? ¿Qué trabajo tiene?
2. ¿Quiénes frecuentan el parque de Klail City?
3. ¿En cuáles ocasiones se presentan allí "los bolillos"?
4. ¿Quién se presenta como candidato a *sheriff*? ¿Qué dicen los vecinos de Klail y del condado de él?
5. ¿Quién escribe discursos para Big Foot y otros bolillos políticos? ¿Por qué querrán dar los políticos discursos en español?
6. ¿Qué había pasado la primera vez que Big Foot dio un discurso en español?
7. ¿Quién acompaña a Jehú al parque?
8. ¿A dónde quiere volver Jehú?
9. ¿Cuántos años tienen Jehú y Rafa y qué piensan de la high school?
10. ¿Quiénes dan una vuelta con los muchachos? ¿Por qué se había quedado disgustado Jehú con Mague?
11. ¿Por qué es tan chistoso el discurso de Big Foot? ¿Qué comienza a hacer la palomilla?◇ la raza
12. ¿A qué decisión llegó Jehú esa noche?
13. ¿Qué le pasó al padre de Rafa? ¿Quién lo vengó?
14. ¿Quién ganó las elecciones de *sheriff*?

Para comentar:

se inferere

1. ¿Qué se desprende◊ de las relaciones entre la palomilla y los gringos de Klail City?
2. Estas relaciones ocurren en los pueblos rurales del Valle de Texas, pero ¿ocurren también en las grandes ciudades? Explique su respuesta.
3. Comente el título del cuento, "Un poco de todo".

Temas de composición:

1. La barbacoa como rito político en el suroeste de los EE. UU.
2. Escriba sobre los factores que han impedido la participación de los hispanos en la política y la urgente necesidad de esta participación.
3. Escriba sobre unas elecciones en que un hispano se haya presentado como candidato.

Roberto Fernández

accountant

Roberto Fernández (1951–) nació en Sagua la Grande, Cuba, hijo de un contable,◊ a quien —a raíz de la invasión de la Bahía de Cochinos— el gobierno castrista le confiscó toda su hacienda. Por este motivo la familia Fernández se exilió. Fueron a Florida, cuando Roberto tenía diez años. Cuenta el escritor que su madre llevó dos años sin deshacer las maletas, creyendo que en cualquier momento regresarían. El joven se crió en Pahokee, Belle Glade and West Palm Beach, suburbios de Miami.

Fernández, actualmente profesor de literatura hispanoamericana en Florida State University, pertenece a esa generación de artistas jóvenes y rebeldes de la literatura cubana en exilio. Para Fenández los cubanos —sean exiliados o no— no se distinguen de los otras olas de inmigrantes que han buscado una nueva vida en los Estados Unidos. Hijo de Cuba y ahijado de los Estados Unidos, dice Fernández que "los viejos siguen teniendo más interés por la Habana; mi generación se interesa por los Estados Unidos. Miami es para los cubano-americanos que se criaron fuera de la isla lo que Cuba es para los cubanos. Mi lealtad la doy a Miami. Los cubanos son como los elefantes que quieren ir a morir en su vieja patria".

gap

orphan

reviewed

Es la brecha◊ entre la vieja y la nueva generación lo que constituye el mundo novelístico de Fernández. Para él la nueva realidad es el choque y la tenue amalgación de dos culturas, realidad que frecuentemente percibe con una actitud risueña. Por otra parte, la vieja realidad, la de los cubanos, no se escapa de sus asomos cómico-satíricos. Esto último ha resultado en que Fernández se autodesignase como "el huérfano◊ de la literatura". Sus escritos, en particular las novelas *La vida es un special ~~$1.50~~ .75*, *La montaña rusa* y *Raining Backwards* (ésta última en inglés), han sido comentadas y reseñadas◊ en las revistas y los diarios más prestigiosos, pero muy poco en los del área de Miami, cuyos redactores temen represalias por parte de los cubanos conservadores. Así es que Fernández es menos conocido en Florida, especialmente en Miami, que en otras partes del país.

Acerca de los cuentos incluidos en nuestra antología, dice Fernández:

"Comencé a escribir "Raining Backwards" en St. George Island cerca de Apalachicola, Florida. ¿Qué me inspiró? Probablemente la figura de mi hermano Pepe flotando en una llanta, tratando de pescar durmiendo. Este cuento fue el germen de la novela que luego llevó el mismo nombre. La fuente de inspiración de "Milagro en la Ocho y la Doce" es mucho más concreta. Había leído un artículo en el periódico referente a un suceso que ocurrió en Miami: "Un ciego recobra la vista al frotarse los ojos con la savia de un árbol". Luego que se corrió la voz de lo ocurrido, los fieles comenzaron a congregarse alrededor del árbol milagroso, y de ahí la idea para el cuento.

Milagro en la Ocho y la Doce

Pues Manolo y yo íbamos caminando por la Ocho y la Doce,* veníamos del Grocery de Pepe. Sí chica, Pepe el casado con Valentina la jorobá.◊ Pues resulta ser que mis nietos venían el domingo y por eso habíamos salido a comprar unas chucherías◊ para ellos. Si ves a Frankie, el mayor, está para comérselo, pero no puedo hablar con él porque casi no sabe español. Imagínate, todo por señas como los sordomudos. Él me dice granny. ¿Qué te iba diciendo que ya se me perdió el hilo? Ok, ya me acuerdo. Y yo iba de lo más atareada tratando de guiar el carrito de chopin◊ y servirle de lazarillo a Many. Chica, lazarillo es el que guía al ciego. Por si estás pensando algo malo, el carrito es mío. Lo saqué con sellitos◊ de Publix hace como diez años. Allá tú si te los robas pero déjame decirte que en esta familia ha habido de todo menos ladrones.

jorobada
trinkets
shopping
cupones

Manolo a cada rato se me iba contra los muros o los parquímetros y yo iba pensado lo difícil que se me había vuelto la vida desde que Many perdió la vista cuando le explotó la cocinita de kerosín que usábamos pa' ir a los cayos. Yo se lo dije, pero qué va, él nunca me ha hecho caso. Le explotó en la misma cara. Yo en seguida llamé al rescue, y estuvo en intensif por dos semanas. Lo peor del caso fue cuando lo trajimos pa' la casa y le dio por decir que podía ver, y un día hasta se montó en el Falcon y lo chocó contra el garaje de los Parker, y Jim, el hijo, salió diciendo que nos iba a meter un su.◊ Gracias a Dios que Mimi, la que vive en la esquina, habló con él y le explicó lo que estaba pasando. Nada chica, que la vida se me había vuelto un limón y yo sin azúcar pa' hacerla una limonada.

lawsuit

Pa' seguirte contando, íbamos caminando y era Viernes Santo. ¿Tú no hueles a quemado? ¿Manolo? ¡Últimamente tengo que tener un cuidado con él! La semana pasada casi quema la casa. Dejó todas las hornillas encendidas. Ahora le ha dado por hacerse el ciego. Parece que le cogió el gusto a que lo mimara. Aunque déjame decirte que yo siempre lo he cuidado como una joya. Pues íbamos caminando por la Ocho y la Doce y era Viernes Santo. Serían como las tres menos cuarto porque el cielo empezaba a oscurecerse y comenzaba a destaparse un vendaval

From *The Americas Review* 14.1 (1986): 28–31.

* *la Ocho y la Doce:* dos calles centrales del recinto cubano de Miami.

muy fuerte. Yo iba diciendo un rosario para apartar los rayos y centellas y a la vez estaba mirando un mango hermosísimo cuando me fijé que al lado de la mata de mango la uva caleta◊ de Mr. Olsen estaba llorando. No, no era rocío. ¿Cómo va a ser rocío a las tres de la tarde? Era más bien esa cosa que sueltan las matas cuando las cortas. Y tú puedes creer que me vino una fuerza por dentro como una inspiración y entonces le dije a Many que teníamos que brincar la cerca. El pobre Many no sabía lo que estaba pasando y el caso fue que le di un pie pa' que saltara y luego la brinqué yo. Pa' serte sincera no fue tan fácil pues la cosa de Many se le había enredado en la cerca y tuve que desenredarsela pa' que pudiera brincar. Me acuerdo que el pobre Many me decía: "Barbarita, ni te preocupes pa' lo que sirve mejor la dejas enredá". Óyeme, esto último que te he dicho no se lo digas a nadie. ¿Tú quieres una tacita de café?

sea grape

Tienes que echarle más azúcar. La azúcar de aquí no endulza. Déjame decirte que después que salté la cerca fui derechita a la uva caleta, y recogí la savia, así me dijo Many que se llama, y se la restregué◊ a mi marido por los ojos. Al principio me mentó la madre, pero cuando le iba a responder lo veo arrodillado y con los brazos extendidos al cielo, y de pronto comenzó a gritar: "¡Coño,◊ puedo ver! ¡Barbarita, ya puedo ver!" Yo de incrédula no le creí y le pregunté que de qué color era la blusa que tenía puesta. Roja, blanca, y azul, como la bandera, me dijo. La verdá es que todavía no estaba muy convencida y le pregunté que de qué color eran sus zapatos. Tenis azules, me respondió con una sonrisa de lado a lado. Entonces, me postré frente al árbol y me estaba dando golpes de pecho en gratitud y rezando una Salve cuando apareció Mr. Olsen amenazándonos con una escopeta y señalando el letrero que colgaba de la cerca: NO TRESPASSING, PRIVATE PROPERTY. Yo le traté de explicar en mi inglés, pero qué va, no había forma que me entendiera. Por fin, se me iluminó la mente y le di un paquetito de chicles que había comprado para los niños. Tú sabes que a los americanos les encanta el chicle. Parece que se conmovió con lo del chicle y nos dejó salir mientras gritaba algo de que Supermán tenía que salvarlo. Eso que dijo me lo imagino porque dijo "save" y "Superman" que fue lo único que le entendí. Mientras él estaba refunfuñando, aproveché pa' coger un poquito de la savia santa en caso de que Many tuviera una recaída, pero con tan mala suerte que me vio y me puso el cañón

rubbed

damn

de la escopeta en la misma nariz y me dijo: "Lady, put that sap where it belongs . . . you . . . you . . . you tropical scum or I'll blow your head off." Yo no le entendí ni pío◊ pero me imaginé lo que quería. Después Mimi me tradujo. Imagínate el trabajo que tuve aprendiéndome de memoria lo que me había dicho en inglés. Pero parece que del susto se me grabó en la memoria. ¿Quieres un poquito más de café? No es ninguna molestia.

no le entendí nada

Como te imaginarás, estábamos horrorizados de Mr. Olsen, pero agradecidos por el milagro de la vista de Manolo, y por eso es que vamos todas las tardes a las tres menos cuarto a rezar frente a la uva caleta y Mr. Olsen se sienta en su portal encañonándonos con la escopeta. Espérate un momento, vengo en seguida. ¿Manolo? ¿Many? Era Manolo. Quería que lo limpiara. Fue al baño con los ojos cerrados y no puntó bien. Sigue con el jueguito de hacerse el ciego. Óyeme bien, yo quiero que tú me jures por los restos de tu madre, que Dios la tenga en la gloria porque de verdá que era una santa, que le vas a decir a todo el mundo este milagro que nos hizo. Quiero que lo digas pa' que la gente crea y se salve el mundo.

> ATTENTION PLEASE. MAY I HAVE YOUR ATTENTION. POR FAVOR: PLEASE DISPERSE AND GO HOME. GO CASA! THIS AREA IS BEING CORDONED OFF BY ORDER OF THE POLICE. POR FAVOR. GO RAPIDO! PLEASE!

Me hace el favor, señora. ¡Señora por favor no empuje! Déjeme pasar, no ve que mi esposo está lisiado! Esquiusmiplís, ¡ábranme paso que se me muere! Dios te salve María llena eres de gracia el señor de la camisa verde que se quite del medio. Get out, out, out! This is private property, proupiedad private. My beautiful sea grape! What're you people doing to my sea grape! ¡Oye, no me mires a la jebita◊ así! My country tis of thee sweet land of liberty. ¡Compre su ticket pa' la pelea de gallos aquí! ¿Quién me tocó la nalga? Hot dogs! Perritos calientes! Hot Dogs! ¡Ahora Connie sácale una astilla al árbol pa' ver si consigues marido! If you touch my tree again I'll kill you! Shut up, viejo! ¿Tú habla inglé? Yes, a lirel.◊ ¿Qué dijo el americano del helicóptero? Dijo que no se fueran pa' la casa, que hasta la virgencita se iba a aparecer como pa' la seis de la tarde. ¿Y cómo lo sabe? Es americano. Ellos lo saben todo. Gracias, men.◊ Mira, déjame darte un ticket pa'

niña

little

Thanks, man

la pelea de gallo. Cógelo men, es free. ¿Tú quiere comprar una calculator real cheap? ¡Frasquitooos de santa saviáa! Por cada tres frasquitos que compre le damos una camiseta con su retrato computarizado tocando el santo árbol. ¿Quién me tocó la nalga? ¡La madre de quien me tocó la nalga!

Mire yo le juro por mi hijito que lo vi todo desde la ventana de mi baño, cuando me estaba afeitando el sobaco. Ella venía empujando el carrito de chopin con un hombre adentro. El hombre no tenía pies. Luego, la vi brincar la cerca y sacar algo de la uva caleta y se lo restregó a los mochos que tenía el hombre, y de pronto le empezaron a brotar dos piernas nuevas con uñas y todo. Yo me quedé maravillá y espantá a la vez. Le juro por los restos de mi abuelita que me crió que yo lo vi todo desde la ventana del baño, y por eso aquí me tiene rezando mucho porque tengo un problema con las uñas que se me parten. Is this the police? This is Mr. James Olsen. No, I don't have time to sign a formal complaint. The foreign plague is here! Cheeseburger, frituritas de bacalao, root beer! Estampitas, astillas y hojitas santas. Estampitas del Santo Padre bendiciendo al árbol, con su orden de una pizza mediana y un pícher de Bud. ¡Ábranle paso a los novios! Y déjeme decirle que le brotaron dos piernas y una mano con sus cinco dedos. Se lo juro por la salud de mi hijito Tony. ¡Bolita, escoja su numerito de la suerte, bolita! Connie Rodríguez, ¿acepta Ud. por esposo a Billy Cloonan? Sí, lo acepto. Mire me apunta un peso al 5 uno al 9 y dos al 80. If Superman could only hear me, but they even broke my watch! ¡No se la pierda, la única nadadora que le han salido escamas. ¡No se la pierda, sólo un dólar! Toca el árbol, Monguito. Tócalo mijito pa' que se te curen lah paticah. ¡Mamá, ya puedo caminal, ya puedo camináal! Apúrate Many y échate un poquito de savia en el pito, pa' que te funcione otra vez. ¡Hazlo por mí Manolo! Ok, Barbarita pero ná' má que un poquitico! Coca. Su coca aquí. Huela, perdone, tome su Coca Cola aquí. Y las cinco finalistas al reinado del Festival del Mango son: Margaret Jiménez, Elsie Dark, Sylvia Goldberg (née Helen Kings), Vivi Marques and Loly Espino, el sobre por favor. Y la ganadora es ... La virgencita, es la virgencita! Está aterrizando sobre el árbol santo. Arrodíllese todo el mundo ... ruega por nosotros los pecadores ahora y en la hora de ironbeer, pastelitos de guayaba y carne además de serpentinas, confeti y una foto de Ud. junto a la virgencita por sólo $1.99 aquí en el kiosco de su american friend, "Mr. Olsen Sea Grape Emporium". Dime, ¿quién está arriba el novio o la novia?, ¡no puedo ver con tanta gente alante! ¡Te dije que la próxima vez que me miraras así a la bebita te iba a partir la cara! ¡Coño, men tú vihte qué landing! ¡Ni la Eastern! Out of sight, eh! Abran paso que voy con el machete. Óigame, esa rama es mía, yo la vi primero. ¿Quién me tocó la nalga? ¡Many! Increíble. ¡Qué dura y grande la tienes! Ruega por nosotros tamalitos de puerco y res, bollitos, bollitos frescos!

Preguntas:

1. ¿Quién es la narradora de la primera parte del cuento y con quién chismea?
2. ¿Qué hacía ella? ¿Qué día era? ¿Qué le había pasado a Manolo?
3. ¿Por qué se fijó en la uva caleta? ¿Qué inspiración tuvo?
4. ¿Qué hizo ella con la savia? ¿Qué milagro sucedió?
5. ¿Por qué los echó el Sr. Olsen?
6. ¿Qué hacen ahora la narradora y Manolo? ¿Qué le pide ella a su interlocutora?
7. ¿Qué ha sucedido a raíz◊ de la divulgación del milagro? ¿Como se caracteriza la narración ahora?

   a consecuencia
8. ¿En qué se ha convertido la adoración de la uva caleta? ¿De qué se queja el Sr. Olson?
9. ¿Cuáles son otros milagros atribuidos a la santa savia?
10. ¿Quién aterriza sobre el árbol?
11. ¿Dónde irá a parar◊ el árbol?

    What will become of

Para comentar:

1. Comente el lenguaje del cuento. ¿Cómo intensifica la expresividad y realismo del cuento?
2. ¿En qué sentido podría decirse que el cuento expresa un choque de culturas?◊

   culture clash
3. ¿Qué opina Ud. acerca de los milagros?

Temas de composición:

1. Refiera Ud. un milago moderno del cual haya tenido noticia. ¿Qué opina de ello?
2. El cuento es la expresión humorística de unos problemas graves en las relaciones entre el pueblo anglosajón y el cubano en la Florida, especialmente en Miami. Comente Ud. estos problemas. ¿Hay manera de llegar a una resolución?
3. El cuento es indicativo de una de las razones por la cual se ha iniciado el movimiento "English Only". ¿Qué opina Ud. de este movimiento? ¿Lo favorece o está en contra?

Raining Backwards

—Keith, Kicito. Ven acá. Come here!

—Yes, abuela.

—You abuela no va a esperar a que llegue la ambulancia del rescue. Oíste esa sirena. La próxima es pa' mí. ¡Qué va! ¡A mí sí que no me agarran!

—Slowly, abuela. Más des-pa-ci-o.

—Necesito que me ayudes. You help you abuela, ¿okay? You love you abuela, ¿right?

—Yes, I do.

—Bueno, listen. No voy a esperar a que llegue la ambulancia del rescue; me conectan a una máquina y no me dejan morir en paz. Además no quiero que me entierren aquí. Sería la primera y Dios sabe dónde enterrarán al próximo. ¡Muerta y sola! Además, quién se entiende con los muertos de este país. Kicito, aquí todo se desparrama, hasta los muertos. Quiero que me entierren en La Habana. Mi bury Havana, ¿okay? No here.

—But you aren't dying abuela. No mo-rir!

. . . años

—Pronto. Anytime! Ya tengo . . . déjame pensar cuántos◊ tengo. Mari, Mari, Mari-Clara m'ija, ¿tú te acuerdas cuántos tengo?

—(Please mother! I'm trying to concentrate on this last posture. No me molestes ahora.)

—Bueno anytime. Ya tengo muchos y ayer estaba lloviendo al revés. Dos meses antes de la muerte de papá también llovió al revés. Any minute now, any minute!

—Llo-ver al revés. No com-pren-do, abuela.

—Yes, Kicito rain backwards.

—It can't rain backwards! What a silly idea. No po-der llu-vi-a backwards.

—No seas incrédulo. Crees que tu abuela te engañaría.

—You had too much coffee, abuela. Coffee makes you high. You mu-cho ca-fe. Ca-fe te po-ni-o un po-co lo-ca en la ca-be-za.

Paul Bunyan

—Uds. siempre lo remedian todo con la locura. No me explico por qué no me quieres creer. Acaso yo no te creí cuando hace años me dijiste que había un leñador gigante◊ y que los conejos ponían huevos y que un hombre había dormido durante

From *Revista Chicano-Riqueña* 14.1 (1986): 32–37.

veinte años sin despertarse y cuando despertó la barba le llegaba a los pies. Recuerdo que se lo conté a todas mis amigas del barrio. Mira Keith, abuela no estay here, ¿okay? Sylvia está sola. Sylvia alone. I go accompany her.

—But Sylvia is dead. Es mu-er-ta. You told me so.

—(Tienes ochenta y tres mamá, eighty three. Naciste en el tres.)

—¡Y qué te crees tú! Los muertos también se sienten solos. Tienen sentimientos. Necesitan otros para que los acompañen. Pero otros muertos de su edad, si no, no tienen nada de qué hablarse. Además, me quiero ir. Desde que llegué aquí nada más que he trabajado y trabajado. Sí, sé que tenemos esta casona con piscina olímpica y que la puerta del garaje se abre sola, y sé que tengo doce televisores a color en mi cuarto, y diez y seis radios despertadores, y un closet atestado de ropa y me van a regalar un VCR, pero ¿quién le habla a esta vieja? Tu madre en las clases de meditación trascendental y en las de aerobics, y tu padre en su taller de impotencia, y cuando hay fiesta me visten como un maniquí de vidriera y los invitados siempre dicen: "Granma, very nice", y de tus hermanos eres el único que hace por entenderme. Aquí me estoy volviendo un fantasma anémico por falta a quién espantar. Y cuando venga la ambulancia dirán todos: "Do everything you can to keep her with us. Hagan todo lo que puedan". Entonces me conectarán a una máquina y así estaré como uno de esos vegetales que no necesitan tierra para vivir. No is the coffee! You help you abuela ¿yes or no?

—Okay, okay. What do you want? But make it quick. I've got to go to the tryouts. Rá-pi-do. Yo ir prác-ti-ca football.

A la mañana siguiente, abuela me explicó los detalles de su fuga mientras me hacía jurar que no se lo revelaría a nadie. Tan pronto como terminó mi jura, le di la mano y nos encaminamos hacia los matorrales que crecían cerca de la casa. Íbamos en búsqueda de un árbol fuerte. En el medio de aquel pequeño bosque, abuela se detuvo, miró a su alrededor y seleccionó uno de tronco robusto. "Vamos, ¿qué esperas?, dijo al mismo tiempo que me ponía hacha en mano y como una enloquecida cheerleader gritaba: "Túmbalo, túmbalo, rarará! Fue entonces cuando divisé, en la copa del árbol, un nido de gaviotas negras. Bien sabía que el cedro sería el árbol más indicado para los propósitos de abuela, pero las gaviotas negras eran una especie en peligro.

Después de pensar por varios minutos, le dije que el cedro estaba enfermo y seleccioné un carcomido roble. Ella sonrió al ver que de un hachazo lo había derribado, mientras gritaba: —You cut Kicito, you cut good—. Yo sólo atinaba a sonreírle con cierto aire de superioridad ya que de seguro había salvado una especie al borde de la extinción.

Abuela me instruía cómo y dónde tallar. Seguí sus órdenes al pie de la letra, abriendo un hueco en medio del tronco. Mientras más entusiasmado estaba abriendo el hoyo, la capataz volvió a gritar:

—¡Quítale las ramas, quítale las ramas! Take the arms off the tree, take the arms off the tree!

No la entendí y abuela, perdiendo la paciencia, me arrebató el hacha, desmembrando el vegetal. Esa misma tarde el roble había quedado convertido en tabla agujereada por termitas humanas. Abuela contempló la obra satisfecha, al mismo tiempo que me daba una leve palmada en la espalda. Le sonreí una vez más mientras me deleitaba discurriendo que había salvado a las gaviotas negras de los caprichos de aquella viejecita impetuosa que aún no acababa de comprender.

Durante aquel mes fuimos religiosamente a los matorrales donde, camuflageada, se desarrollaba nuestra empresa que cada día tomaba más y más aspecto de viejo bajel.◊ Tenía la embarcación dos compartimientos, uno para mantenerse sentado y el otro para provisiones. No poseía ningún tipo de propulsión, aunque sí tenía un falso timón. Hacia la improvisada proa, había un agujero donde colocar una pequeña asta para una bandera blanca. El exterior lo había cubierto de piedras del rin, que había sacado pacientemente de viejos vestidos testigos de antiguas glorias, y retratos de Julio Iglesias. Todo encolado a la superficie con superglue. Esa misma tarde, la almirante inspeccionó la obra al mismo tiempo que me hacía varias preguntas claves para asesorarse◊ de mis conocimientos náuticos. Finalmente, le respondí algo apenado que ni siquiera sabía nadar bien. Con mucha calma, abuela me dijo que fuera a la biblioteca y me agenciara una carta de navegación.

barco

averiguar

—Kicito, cuando te aprendas la carta vamos a tomar la camioneta de tu padre y colocar la embarcación allí, luego nos vamos hasta la Marina de Key Biscayne para alquilar un bote de motor. We take pick-up. We put embarkation and rent motor boat, ¿understand you?

—I guess so ma'm.

—Entonces vamos a remolcar mi barca hasta donde comienza la corriente del golfo. Allí hacemos mi trasbordo y tú cortas la soga. ¿Understand you?

—But why? Por-qué?

—Me voy pal sur. Me voy pa' La Habana. Sí Kicito, me voy pa' La Habana y no vuelvo más. I go to Havana no come back no more.

—But can't you take a plane? To-mar a-vi-on?

—Cuántas veces te he explicado que no hay otra forma de llegar.

—But you'll die on the way! Mo-rir en bo-te, abuela.

—No morir en bote. Morir aquí en tierra. No te preocupes. Llegaré en un par de días. Y cuando llegue les enseño mi bandera blanca, salgo de la barca, me tomo una taza de café, cojo un taxi y sigo rumbo al panteón◊ donde está Sylvia y . . . cementerio

Al otro día, después de aquella conversación, me encontraba en la biblioteca robándome una carta náutica que venía dentro de un deshojado *National Geographic.* Recuerdo que me la metí dentro de los calzoncillos evadiendo así el detector electrónico. Llegué a casa con mi botín. La abrí y, asustado por su contenido, la volví a doblar, escondiéndola en mi escritorio. El aprendizaje de la carta me habría de tomar casi tres semanas. Cuando le dije a abuela que me la sabía al dedillo, fue a su cuarto y rápidamente se puso su vestido de gala. Iba en dirección al mall, donde compró dos vestidos de noche, un parasol floreado y siete grabadoras, estilo "ghetto blasters". Me mostró los vestidos explicándome que el morado era para Sylvia, que no podía llegar con las manos vacías.

Cuando llegó el día señalado para la botadura, abuela vestía de luces y portaba su parasol como una auténtica torera primaveral. Le señalé hacia el camión. Le abrí la puerta con gran reverencia, a lo Sir Walter Raleigh, al mismo tiempo que la tomaba de la mano para ayudarla a subir al vehículo. Estaba contentísimo. Era la primera vez que manejaba la camioneta de mi padre. El ignoraba lo que estaba ocurriendo, pues él y mamá andaban de fiesta. Durante la noche, abuela había robado las llaves que colgaban de la puerta del armario. Arrancamos y salimos en dirección a los matorrales. Al llegar, nos bajamos y con gran esfuerzo y tres poleas nos arreglamos para colocar la canoa dentro del pick-up. Serían como las tres de la madrugada y ambos íbamos eufóricos. Yo porque por primera vez conduciría por toda la U.S.1, y ella por el gusto de ver que su empresa tocaba a su fin.

Estacioné de un solo corte la camioneta y nos dirigimos a alquilar nuestro remolcador. Nos montamos en el barco y abuela destapó una botella de coñac que llevaba debajo de la falda. Luego de atragantarme con el primer sorbo, abuela me pidió que cuando regresara a puerto me bebiera el resto. Ella bebió el suyo de un solo golpe.

Íbamos en dirección al Sureste, en búsqueda del Gulf Stream. Marchábamos despacio. No era tarea fácil remolcar aquel tronco acondicionado. Abuela hablaba incansablemente, contándome desde el día que se le trabó el dedo en la moledora de café hasta el primer beso que le diera◊ Nelson, mi abuelo, a través de las rejas de la ventana. Nos estábamos acercando al punto donde la corriente la llevaría a su destino. Aminoré la marcha del motor y abuela, dándose cuenta que nos aproximábamos, perdió la efervescencia. Volviéndose algo pensativa, agregó:

había dado

—¿Sabes por qué tengo que hacerle compañia a Sylvia? El beso que me dio tu abuelo era para ella. Yo sabía que esa tarde pasaría a verla. Hacía tiempo que la andaba rondando. Me cubrí la cara con un velo de tul y me besó a través de la tela creyéndose que era Sylvia. Me descubrí el rostro y quedó prendado de mí. Sylvia murió soltera y sola. Nunca me lo perdonó. Dicen que mi pobre hermana murió vomitando estrellas.

—Es-tre-llas? Stars?, dije.

—Sí, estrellas. Creo Dios le recompensó su sufrimiento de esa manera. ¿No believe me?

—You can't throw up stars. No vo-mi-tar es-tre-llas!

—Okay, y si te digo que se había tomado antes de morir una sopa de pollo y estrellas, chicken and estars soup, ¿you believe me?

—Well, it makes more sense. Not a whole lot, but it makes more sense that she had soup. Cre-o una po-qu-i-ta más chicken and stars so-pa.

—Pero tengo algo más que contarte, Kicito. I have something more to tell to you. It is no all. Le fui infiel a tu abuelo dos veces. Solamente dos veces y nada más. I was infidel to your grandfather two time in my life. You abuela was one of the girls that Julio Iglesias loved before. Yo fui una de las que él amó, y también fui amada por Kirby. Fui la Sara Bernhardt de su poesía.

—Kirby, the black bean soup maker?* El ja-ce-dor de so-pa fri-jo-les ne-gros?

—No, no, el poeta. The poet. Pero lo dejé porque era muy ordinario. I left him because he very ordinary. Trabajábamos en la fábrica Libby y él era el foreman. Pero después me di cuenta que era muy chusma y me desilusionó. Figúrate que todos los días al final del trabajo cuando sonaba el pito de las cinco me decía: —Nelia, cojón—.† ¡Qué ordinario!◇ Por eso lo dejé. He say bad word in the fabric◇ at five everyday when the whistle sounded. That is the why I left him.

rude

fábrica

—Still you don't make much sense abuela. No en-ten-der-te mu-cho.

—Es okay. But I loved your grandpa more. Remember that.

Después de nuestro último diálogo, abuela abordó la embarcación mientras yo cortaba la soga que había servido para remolcarla. La rústica canoa se iba alejando poco a poco, mientras ella sonriendo me tiraba un último beso.

—You good, ¿okay? Good bye honey. No worry you me. Si tengo problems al llegar es easy, los compro con las grabadoras que pa' eso traigo. I buy them with the players.

No volví a mirar en su dirección. Arranqué el motor y mantuve la vista fija sin voltearme hasta llegar a puerto. Quizás iba algo triste ya que nunca había creído todos aquellos cuentos de estrellas y lluvias al revés o tal vez porque temía que se comenzara a hundir el carcomido roble que había seleccionado para salvar a las gaviotas negras.

* * *

El tiempo ha pasado con fugacidad, y la marea ha subido y bajado miles de veces desde aquel día en que abuela se marchó. Miles también han sido las veces que me he acercado a la marina para tan sólo mirar hacia el sur y beber un trago de coñac.

Hace una semana, por primera vez, vi que llovía al revés, y sorprendido llegué a comprender que los conejos, en realidad, no ponen huevos. Pensé en ella y comprendí que mi hora ya se avecinaba. Se lo dije a mi nieto y me respondió que seguramen-

*Marca de frijoles negros cubanos

†De *cojones*, balls. Kirby le decía: —Nelia, go home—, claro con acento cubano, que la abuela oía como *cojón*.

te había bebido demasiado café. Instintivamente, fui al viejo baúl y allí encontré la ya amarillenta carta de navegación que años atrás había utilizado para trazar la ruta que había seguido. La comencé a estudiar afanosamente. Quería desembarcar en el mismo sitio donde ella lo había hecho. De pronto, comprendí que las flechas que indicaban la dirección de la corriente apuntaban hacia el noreste y no hacia el sur, como había creído. La había leído al revés. Un hondo pesar me recorrió el cuerpo. Entonces, me la imaginé congelada con su vestido de luces en harapos y el parasol destelado,◊ muriendo sola como una vieja vikinga tropical, envuelta en un témpano de hielo◊ frente a las costas noruegas.

tattered

iceberg

La sirena me sacó de lo que creía era un oscuro letargo, mientras alguien gritaba:

—Mouth to mouth. Give him mouth to mouth. Get some air in his lungs. Hook him up to the machine!

Preguntas:

1. ¿Quién es el narrador?
2. ¿Cuándo tiene lugar la acción del cuento? ¿En el pasado, presente, futuro? ¿Cómo se sabe?
3. ¿Por qué no quiere morir en los Estados Unidos? ¿Cómo sabe que va a morir? ¿Qué quiere hacer la abuela de Keith y por qué?
4. ¿Cómo sabemos que esta familia cubana se ha asimilado a la vida americana?
5. ¿Por qué no quiere la abuela que la conecten a una máquina?
6. ¿Cómo quiere volver la abuela a Cuba? ¿Qué hacen ella y Keith?
7. ¿Qué necesita estudiar Keith? ¿Qué hace?
8. ¿Qué compra la abuela para el viaje?
9. ¿Quién fue Sylvia? ¿Por qué quiere la abuela que la entierren al lado de ella? ¿Cómo murió Sylvia?
10. ¿Cuántas veces fue infiel la abuela? ¿Quiénes fueron sus amantes?
11. ¿Qué hacen Keith y su abuela? ¿Por qué había comprado las grabadoras?

12. ¿Cómo sabe Keith que su propia muerte se avecina?
13. ¿Qué hace Keith? ¿Qué descubre?
14. ¿Cómo imagina la muerte de su abuela?
15. ¿Qué le pasa a Keith?

Para comentar:

1. Una de las añoranzas◊ de los cubanos exiliados es volver a Cuba. ¿Qué nos dice el cuento? *longings*
2. ¿Cómo se explica el poco conocimiento del español que Keith manifiesta en su conversación con su abuela en comparación con su uso de español en la narración?

Temas de composición:

1. Comente la vida de los cubanos en los Estados Unidos. Exponga las diferencias entre ellos y los chicanos y puertorriqueños.
2. ¿Cuál le parece ser la actitud del autor hacia los cubanos que desean regresar a Cuba? ¿Es el cuento una parodia, una sátira o una relación de la condición cubano-americana en el estilo del "humor negro"?

Sabine R. Ulibarrí

Sabine R. Ulibarrí nació y se crió en Tierra Amarilla, New Mexico (1919–). Hijo mayor de Sabiniato, ganadero, y Simonita, Sabine se crió en una aldea remota de New Mexico, cuya belleza y gente honrada infundieron en él un amor a la patria chica y a su pueblo. Los cuentos y poemas que su padre recitaba a la familia despertaron en el joven un afán por la literatura. Participó en la Segunda Guerra Mundial en el U.S. Army Air Corps, habiendo sido condecorado por su valentía con el Distinguished Flying Cross y el Air Medal. Terminada la guerra, Ulibarrí siguió sus estudios en la Universidad de New Mexico, recibiendo su maestría en español en 1949. Después de enseñar varios años en dicha universidad, ingresó en la Universidad de California-Los Angeles, en la cual se doctoró en literatura española en 1958. Volvió a enseñar literatura española e hispanoamericana en la Universidad de New Mexico, donde se jubiló en 1982.

Aparte de su carrera docente,◇ Sabine R. Ulibarrí es uno de nuestros autores más renombrados, especialmente en los países de habla española. Es autor de numerosos libros de cuentos, entre los cuales se destacan *Tierra amarilla: cuentos de Nuevo México*, *Mi abuela fumaba puros*, y *El cóndor*; y de libros de poesía, *Al cielo se sube a pie* y *Amor y Ecuador*.

◇ de enseñanza

Acerca de la literatura escrita por hispanos norteamericanos, dice Ulibarrí: "Si consideramos la cultura de nuestro país como una sinfonía compuesta de números concordes, de diversos elementos, muchos músicos y varios instrumentos, es necesario considerar la contribución hispana a la producción musical. Hay partes y momentos en la composición que les corresponden a los hispanos. Ignorar o apagar esos tonos y movimientos es estropear y falsificar la obra. La literatura hispana es parte íntegra del conjunto total, una voz en el coro de muchas voces. No se puede, ni se debe rechazar, ni siquiera marginizar. Si la verdad es la meta del arte y de la justicia, el canto hispano debe oírse en este continente americano".

Tiene cruz y no es cristiano

Camilo se despertó temprano. Había dormido y soñado bien. Se sentía tan a gusto, tan satisfecho, boca abajo como dormía, que se quedó largo rato gozando del amor de la cama, abrazado de la almohada. Era una delicia recibir las caricias de las sábanas. Se entregó en total a la voluptuosidad del momento, como lo hacía todas las mañanas.

Tenía la sensación de que flotaba por el aire por encima de los tejados como una hoja perezosa, una pluma de aventura. Algo así como si volara por el mundo en una alfombra mágica.

Lento y sensual se volteó de espaldas. Abrió los ojos. Se quedó absorto mirando un cielo azul y unas blancas nubes que pasaban por los lados. Esto le vino tan de repente, tan de sorpresa, que ni supo analizar lo que veía. Después, tarde, se dio cuenta de que el viento le estaba dando en la cara. Todavía no caía en la cuenta.◊

se daba cuenta

Se incorporó en la cama. No creyó lo que vio. Era increíble. ¡De verdad iba volando por el aire! Por un lado, muy, muy abajo, se veía la ciudad. Por el otro, también muy abajo, se veían los campos. El iba embarcado en su cama. Un nudo en la garganta, un zumbido en los oídos, un grito detrás del ombligo.

extremado

El absurdo de aquello le produjo un susto soberbio.◊ No podía pensar, ni gritar, ni nada. Sólo pudo prenderse del colchón con todas sus fuerzas, las coyunturas de sus dedos blancas, temblorosas. Por allá dentro le revoloteaba una risa loca y un "¡ay que si me pudiera ver ella!" Pero ni la risa ni la esperanza salieron a la luz del día porque no hallaron por dónde.

Mirando todo esto del suelo y de lejos, el espectáculo tenía muchísimo de risa. Camilo era camanauta, y su cama era su camanave. O tal vez Camilo era un caballero volante, y su colchón era Colchinante.* Verlo así, lanzado por el espacio, era para morirse de la risa, es decir, si uno no fuera Camilo. Él se estaba muriendo, pero no de la risa.

Lo que pasó es que un feroz tornado descendió sobre la zona. La violenta tormenta destrozó casas, desenraizó árboles, causó

From *El Cóndor And Other Stories*. Houston: Arte Público Press, 1989, 132–38.

*Referencia a Rocinante, caballo valiente de Don Quijote.

muertes. Fue una verdadera hecatombe.◇ Estas convulsiones de la atmósfera a veces producen resultados estrafalarios.◇ Ocurren cosas que parecen mentira.

matanza
excéntricos

Esta vez fue así. Camilo estaba tranquilamente dormido en su dormitorio del segundo piso. El poderoso viento le arrancó el techo a su casa, pero lo hizo tan callada y delicadamente que Camilo no despertó. Luego, el torbellino, al parecer con cuidado y cariño, recogió el colchón con su ocupante dormido, y se lo llevó por el espacio.

Camilo despertó, se sentó en la cama, se prendió al colchón lleno de espanto. Cuando esto ocurrió, soltó la sábana que lo cubría y el viento se la llevó. Camilo se quedó sin un solo trapito, desnudo, mondo y lirondo.◇

pelado

En la plaza del pueblo se había reunido un gran gentío. Todos apuntaban al cielo y comentaban agitadamente el nunca visto e inaudito milagro. ¡Platos voladores eran una cosa, pero colchones voladores eran otra, muy otra!

El colchón volador empezó a dar vueltas sobre el pueblo y a descender lentamente. Al acercarse, todos notaron que venía en la nave una criatura conduciéndola. Creció la conmoción. Todos convencidos que era un ser ultraterrestre.

El perverso viento, quién va a saber por qué, depositó el colchón en el centro de la plaza y en medio de la multitud con delicadeza, como si fuera cosa de Dios. Un helicóptero no habría podido aterrizar con mejor tiento y acierto.

¡Pobrecito Camilo! Allí estaba tieso y muerto de miedo. En pelotas, como en el momento en que nació. ¡Todos sus pudores a la luz y a la gente descubiertos! No tendría ya más secretos para las mujeres. Sus partes privadas eran ya públicas. Sus perfectos o desperfectos eran ya moneda del pueblo.

Hubo un largo silencio. Él como lelo. La gente estupefacta. Por fin alguien gritó. —¡Es Camilo!— Se desató un escándalo, una algarabía◇ imponderable. Todo el mundo hablaba, o reía, o gritaba al mismo tiempo. Algunos comentaban la maravilla excitados. Otros apuntaban con el dedo y hacían graciosos y acertados comentarios sobre sus dotes y prendas. Algunas mujeres se tapaban los ojos con las manos, dejando los dedos entreabiertos. Camilo como Buda moderno y flaco.

vocerío

A alguien se le ocurrió llamar a una ambulancia. Camilo cayó en sí lentamente. Pero aun cuando se percató de su situación no pudo moverse, ni siquiera para taparse sus ya mentadas partes. Su incapacidad y su vergüenza, más el susto pasado, lo estaban matando. Empezó a hacer pucheros. Las lágrimas siguieron. Los sollozos vinieron después.

confusión

Más barullo.◊ La gente creyó que venía herido, que estaba enfermo, que tenía dolores. Le hacían preguntas y él no contestaba. El llanto lo alivió y lo liberó de la parálisis que lo agobiaba. Se volteó boca abajo para esconder la cara y lo demás. El trasero de los hombres siempre es más decoroso y decente que el frente.

Más barullo que nunca. El escándalo se multiplicó. Aumentaron los comentarios. —¡Tiene una cruz en la espalda!— dijo alguien. "¡Tiene una cruz y no es cristiano!" Carcajadas, burlas, puntadas. Camilo, en su estado anonadado, recordó una adivinanza popular que rezaba:

Mariano está en el llano;
tiene cruz y no es cristiano.

La contestación era "el burro". La apelación le quedaba a Camilo perfectamente. Era verdad, digo, lo de la cruz. Tenía una raya vertical dibujada desde la nuca hasta el aparte de ciertas partes. Tenía otra raya horizontal que le cruzaba las espaldas. Así, como quemadas allí por fuerza solar o fuerza eléctrica.

Por fin llegó la ambulancia a sacarlo de su miseria. Un alma caritativa le dio su abrigo para que cubriera honestamente lo que honestamente debe andar cubierto.

En el hospital no le pudieron hallar ningún desperfecto. Camilo, una vez dueño de todas sus facultades, descubrió que no le dolía nada y que se sentía perfectamente bien. Al parecer, el tornado le hizo a Camilo lo que le hizo el viento a Albuquerque: puro aire.

Lo que mistificó a todos los médicos fue la cruz que Camilo llevaba encima. Nadie la pudo explicar. Lo soltaron y se fue a casa—muy pensativo. Se le ocurrió que ya no podría ir a nadar ni a hacer gimnasia. No podría lucir el torso por lo que llevaba en el dorso. Era un hombre marcado.

El día siguiente se fue a la oficina con la cabeza llena de los acontecimientos de ayer, el susto y la vergüenza en especial. Eso no lo olvidaría nunca.

Al acercarse al primer semáforo, por ensimismado que fuera, hizo la silenciosa e intensa oración que todos hacemos en esos casos: "¡No cambies!" La luz no cambió y siguió su camino sin percatarse del hecho. Al acercarse al siguiente semáforo, le imploró o le mandó: "¡Cambia!" La luz cambió. Esta vez casi lo notó. Así llegó a su oficina, los focos a su disposición todo el camino. "¡Qué casualidad!" se dijo sin darle importancia a la coincidencia.

Al regreso hizo la prueba conscientemente. Al acercarse a un semáforo concentraba su voluntad y su mirada en el foco y le daba la orden. Los focos obedecían. Llegó a casa sin tener que parar una sola vez. Se le ocurrió que él tenía un poder sobrehumano. La idea le pareció tan absurda que soltó la risa, y le atribuyó todo aquello a la casualidad.

Los semáforos se mostraron obedientes otra vez. La idea que ayer le había parecido ridícula ahora empezó a intrigarle. Se decidió a hacer la prueba.

El jefe de su departamento tenía una tremenda planta tropical con flores exóticas en su despacho que era el orgullo y el afán de su vida. La mimaba como si fuera la dama de sus amores. Le daba de comer las más finas golosinas, minerales, químicas y vitaminas. Le daba café y té de beber porque le habían dicho que a las flores del trópico les gustan esas bebidas. Le frotaba las hojas con óleos para que relumbraran. Le cortaba el pelo con tijeras de plata. Hubo quien dijera que de noche, para que no lo viera nadie, la bañaba con champaña. La planta era un pedazo del paraíso.

Este mismo vanidoso jefe le había hecho una mala jugada a Camilo. Llevaba la espina clavada. Ese día Camilo quiso buscar venganza. Con pretexto de asuntos profesionales se presentó ante su jefe y frente a la gloriosa planta detrás.

El jefe tenía la costumbre de no mirarle a los ojos a nadie cuando le hablaba. Asumía una postura fatua◊ y ponía los ojos en el cielo. Otra mala costumbre que tenía era que él era el único que hablaba. Esto le cayó a Camilo a la medida. Tuvo completa libertad para ensayar su posible potencia sin interrupción. Fijó la voluntad y la mirada en la inocente planta. Primero empezaron a marchitarse las flores y las hojas. Luego se chamuscaron.◊ Finalmente, se secaron.

vain

se tostaron

Si el jefe se hubiera fijado, habría visto una expresión de máxima incredulidad, total estupefacción, en la cara de Camilo. La espléndida mata detrás del jefe era ahora una hojarasca seca. El jefe no la había visto. Camilo balbuceó◊ algo, se excusó y salió disparado. Después de un rato las secretarias oyeron

babbled

un grito desesperado. Corrieron a ver. Encontraron al jefe llorando como un bebé apuntando con el dedo al seco y triste matorral. Como era justo, y como amante viudo, el jefe guardó luto. Camilo, cuando supo, sintió un contento absoluto. ¡Qué dulce es la venganza cuando llega a tiempo!

Después vino una temporada de experimentación, de pruebas y aventuras. No todas resultaron satisfactorias. Se detuvo un día en una pastelería. Quería comprar un pastel de cumpleaños para su hermanita. Había en la vitrina un pastel precioso que a Camilo le llenó el ojo. Como había mucha gente, Camilo tuvo que esperar su turno. Mientras tanto, y sin pensar en ello, se quedó mirando la elaborada torta con más de ordinaria concentración. De pronto, a través del vidrio, la torta empezó a humear, el betún◊ a derretirse. Luego explotó en llamas. Se quemó. No quedó más que un montoncito de cenizas. La gente se quedó atónita, descarrilada,◊ ante aquel acontecimiento. Nadie supo explicarlo. Camilo quedó sacudido. Esto fue totalmente inesperado. Se escabulló◊ sin que nadie lo viera, sin que nadie se diera cuenta.

icing

lost their bearings

se escapó

En el coche se quedó largo rato pensando. Ese poder misterioso que tenía y que esta mañana lo había llenado de ilusión, ahora lo llenaba de espanto. Era manifiesto que él no tenía completo dominio de esa fuerza, que esa potencia podía escapársele y causar daños. El no había querido quemar el pastel. Parecía que todo lo que tenía que hacer era concentrarse, fijar la atención en algo, y se desataba una poderosa dinamita que destruía o alteraba o dañaba.

Pensándolo más, concluyó que el tornado pasado había descargado sobre él, depositado en él una tremenda carga eléctrica o magnética que él llevaba dentro. Y ésta se disparaba a través de la mirada y la concentración. Se decidió a mirar y a concentrarse con mucho cuidado.

Pero siendo un tanto perverso, como lo somos todos, se divirtió a lo grande con sus nuevas dotes.◊ He aquí algunas de las burlas que les hizo a los amigos y a los enemigos. Al conferenciante aburrido, de pronto se le caen los pantalones. A las mujeres presumidas y vanidosas, se les desabrochan las blusas, o se les caen las medias. A los chicos malcriados, les da dolor de muela. Al vanidoso, se le vuelca el café o el vino. Al que se le atraviesa en el tránsito, se le para el coche. Al que domina la conversación, se le traba la lengua o le da tos. Al

poderes

que interrumpe, se le olvida lo que va a decir. Al que lo ofende o menosprecia, un repentino y feroz dolor de estómago. A las cajeras impertinentes, se les volvían locas las computadoras. Apagaba y encendía luces. Cerraba y abría puertas. Convertía el ascensor en yo-yo, o tú-tú. Camilo se divertía. Se reía y se burlaba como un niño con un juguete nuevo.

Quiso, al principio, ensayar sus nuevas dotes en las mujeres. En sus dulces fantasías se imaginaba que no habría una mujer que pudiera resistir. Se entretuvo largo con la idea. Pero no lo hizo. Le dio miedo. Miedo de hacerles algún daño irrevocable y permanente. A las mujeres en el trabajo les pareció que Camilo se había puesto esquivo y huraño◊ abruptamente, y se preguntaban por qué. No era eso. Era que tenía miedo de darles los ojos, que se le escapara la mirada. Hacía el amor sólo de noche y a oscuras. Lo que no dejó de extrañar a las damas, ya que no tenía nada que esconder.

insociable

Con el tiempo las burlas y las bromas empezaron a aburrirle, empezaron a parecerle infantiles, cosas de niño malcriado. Tuvo que admitir que su conducta carecía de carácter y de dignidad. En cambio el terror de causar una avería◊ desastrosa crecía en él de día en día. Vivía con el temor de alterar el orden natural de las cosas de tal manera que a alguien le costara la vida, la salud o la hacienda. Siendo esencialmente bueno, esto le mortificaba insistente y constantemente. A tal punto llegó su malestar que una noche se puso de rodillas y rezó: —¡Dios mío, quítame las dos cruces que me has puesto, una afuera y la otra adentro!— Nunca había un hombre rezado con tanta sinceridad.

daño

Se recató. Abandonó sus fechorías.◊ Desapareció la plaga de accidentes inauditos que había infestado la esfera en que Camilo se movía por los últimos meses. Nadie le había atribuído a él los curiosos desastres ocurridos y que traían a todo el mundo conmovido. El no le había contado su secreto a nadie. Todos sabían que tenía una misteriosa cruz y nada más.

picardías

Se encontró en el aeropuerto un día. Fue a recoger a su mamá que venía de alguna parte. Estaba en un balcón con mucha gente viendo a los aviones llegar. De repente alguien gritó: —¡Un avión encendido!— Todo el mundo miró adonde apuntó. Allá a lo lejos se veía un avión que dejaba una estela de espeso humo negro. Las llamas se extendían hasta la cola del aparato. Al acercarse a la pista era obvio que el avión se iba a estrellar.◊

despedazar

Camilo estrechaba el gaznate, queriendo indentificar el avión. Lo logró. ¡Era el de su madre! Se apoderó la emoción del cariñoso hijo. Rezó con todo su corazón: —Dios mío, dame las fuerzas para salvar a mi mamá y a los demás.

Concentró toda su voluntad y su mirada, con todas sus fuerzas, con todo su ser. Su esfuerzo fue tal que le dolieron la cabeza, las coyunturas◊ y los huesos. El avión envuelto en llamas y humo, a punto de estrellarse. De pronto, milagrosamente, se apaga el fuego, desaparece el humo, se endereza el avión y aterriza sin novedad.

joints

En ese mismo momento, y entre los gritos de alegría de todos, Camilo cae al suelo desmayado. El esfuerzo había sido demasiado. Le administraron primeros auxilios y pronto cayó en sí, débil y mareado, sí, pero enfermo no.

Nadie supo, ni la gente alegre que se bajaba del avión, ni la gente feliz que la recibía. Todos estaban conscientes de que habían presenciado un milagro. El piloto era el que más mistificado estaba. Un avión hecho una bola de fuego y fuera de control, de pronto, y por sí mismo, apaga las llamas, se estabiliza y se hace dócil y obediente. ¿Quién iba a explicar eso, primero, y quién lo iba a creer después?

Camilo recibió a su madre con más emoción de lo esperado. Ella abrazó a su hijo de la misma manera. Gracias a Dios, la vida era buena y rica. Camilo canturreó todo el camino a la casa. Allá dentro había nacido una esperanza.

Otro día, camino a la oficina, lanzó su acostumbrado pregón al semáforo: "¡No cambies!" La luz cambió y Camilo empezó a temblar de anticipación. Se acercó al otro: "¡Cambia!" No cambió. No cabía duda, ¡había perdido su potencia! La había gastado toda ayer en el aeropuerto. No le cabía la alegría en el cuerpo.

Dobló en la primera vuelta a toda velocidad para volver a casa. Entró en la casa corriendo, cantando y riendo, desabrochándose la camisa. Se fue directo al cuarto de baño y se miró en el espejo. ¡Su cruz había desaparecido! Allí mismo se puso de rodillas y le dio gracias a Dios por su liberación.

Celebró la redención con dos whiskeys bien fuertes y se fue a su trabajo, contento y satisfecho, otra vez dueño de sí mismo. En el camino iba cantando:

Camilo está bueno y sano,
no tiene cruz y es humano.

Preguntas:

1. ¿Qué tipo de narrador se encuentra en este cuento?
2. ¿Quién es el protagonista? ¿Cómo amaneció?
3. ¿En qué sentido es "camanauta"?
4. ¿Cómo se explica el que Camilo se encontrara volando en cama?
5. ¿Cuál fue la reacción del pueblo?
6. ¿Cuál fue la reacción de Camilo al volver en sí?
7. ¿Qué notó el pueblo en la espalda de Camilo? ¿Cómo se produjo?
8. ¿Cuál fue la primera manifestación de los poderes sobrenaturales de Camilo? ¿Qué le pareció a Camilo?
9. ¿Cómo se dio cuenta Camilo de que tenía poderes sobrenaturales?
10. ¿Qué incidente le reveló que no tenía entero dominio de sus poderes? ¿A qué conclusión llegó acerca del tornado?
11. ¿Cuáles son algunas de las burlas que les gastó a amigos y enemigos?
12. ¿Qué terror le preocupa? ¿Qué hizo?
13. ¿Qué sucedió en el aeropuerto? ¿Cuál fue el resultado de haber expendido tan concentrada energía?
14. ¿Cuál fue la causa de su alegría?
15. ¿Cuál le parece ser la actitud del narrador hacia Camilo?

Para comentar:

1. Este cuento tiene cierto parecido con el primer ejemplo de la narrativa española, *El conde Lucanor* (o *Libro de Patronio*) de don Juan Manuel (1282–1349?). En esta colección de cuentos, el conde Lucanor le pide consejo a su ayo° Patronio, quien, en vez de aconsejarle directamente, lo hace mediante un cuento a manera de ejemplo. Patronio concluye cada cuento con dos versos que resumen la moraleja del cuento. Adviértase que el cuento de Ulibarrí concluye de manera semejante. ¿Cuál sería la moraleja de su cuento?

   ayo: tutor
2. Este cuento, como los de don Juan Manuel, deriva del folclor o, por lo menos, se inspira en él. ¿Qué relatos folclóricos conoce Ud.?

Temas de composición:

1. Relate un cuento folclórico. Si Ud. no conoce ninguno, pídales uno a sus padres o abuelos, y ponga esta literatura oral por escrito.
2. Escriba una composición acerca de lo que Ud. haría si tuviera los poderes sobrenaturales de Camilo.

Dos caras

Voy a contarles la abigarrada◊ historia de dos amigos, casi hermanos. Uno bueno. El otro malo. Uno se queda. El otro se fue. Eran inseparables. Eran como hermanos. Uno, rico, el otro pobre. Una amistad entrañable. Necesidad por un lado. Generosidad por el otro. Beltrán era genial. Ambrosio, no lo era. Beltrán protegía y defendía a Ambrosio* en el campo de deportes, en la esfera académica, en el ruedo de joven hombría. Ambrosio siempre pendiente. Cada vez que Ambrosio resultaba herido, maltrecho y molido, Beltrán lo recogía, lo levantaba y lo animaba. compleja

Los dos tuvieron un éxito fantasmagórico con las mujeres. Por diferentes razones, claro. Salían de fiesta en el coche convertible de Ambrosio. Él adelante con su chica y conduciendo, hablando él más del tiempo. Beltrán atrás con la suya, callado y aguantando para siempre. A la luz de la luna, o en un elegante restaurante, la voz de Ambrosio resonaba y retumbaba. El silencio de Beltrán se oía y se escuchaba por encima del alarde y el escándalo que Ambrosio se fabricaba. Demasiado es demasiado.

Los dos fueron a Harvard. Uno fue con una beca ganada y merecida. El otro fue con la plata y la influencia de sus padres. En Harvard ocurrió lo mismo. Como siempre, Beltrán tuvo que sostener a su amigo, mantenerlo respetable, a pesar de sí mismo. La pasaron bien en esas tierras verdes de piedra y de frío. Siempre amigos, siempre hermanos.

Un día se graduaron. Los padres de Ambrosio asistieron a

From *El Cóndor And Other Stories.* Houston: Arte Público Press, 1989, 139–43.

**Ambrosio:* Ulibarrí escoge el nombre del protagonista de la novela (novella) "El curioso impertinente", basada en el motivo de 'los dos amigos' que Cervantes intercala en la primera parte de su *Don Quijote* (1605). En esta novela, Ambrosio quiere poner a prueba la virtud de su esposa, Camila, pidiéndole a su mejor amigo, Lotario, que trate de seducirla. Lotario responde que tal prueba sería una impertinencia, pero, después de las instancias de Ambrosio y por ser su amigo, consiente hacerlo. Camila resiste las súplicas de Lotario, mas, al darse cuenta de que ha sido puesta a prueba por su propio marido, se da a Lotario. La situación acaba en tragedia para todos. Al hacerse público el escándalo, Camila huye a un convento donde muere apenada; Ambrosio muere desesperado; y Lotario va a las guerras donde perece en una batalla. Hay un antecedente antiguo de este motivo en un episodio mítico de la *Historia* de Herodoto (Siglo V a.C.).

la ceremonia. Los de Beltrán, no. Las cosas eran evidentes. No habían cambiado. Uno feliz. El otro triste, como siempre. El último año Ambrosio se casó con una bella doncella de Boston, Maribel Wentworth. Quién sabe por qué. Quizás le hacía falta. Beltrán no se casó.

Los dos volvieron a Albuquerque. Ambrosio como presidente del banco de su padre. Beltrán como su vice-presidente. Beltrán casado ahora, con la dueña de sus amores que lo había esperado todos estos años.

El banco creció y enriqueció bajo la sabia mano del vicepresidente. Ambrosio recibía los honores y los buenos sabores de los triunfos económicos del banco. Beltrán se quedaba detrás de bastidores. Como antes. Como siempre.

Empiezan a surgir problemas. Un hombre pone al otro en sombra. No siempre se sabe cuál es cuál. La gente que sabe de esas cosas, sabe que es Beltrán el genio detrás del éxito. Ambrosio también lo sabe. A veces cuando está solo, y aun a veces, cuando recibe los aplausos de los demás, allí dentro hay una voz que le dice, "Si no fuera por Beltrán, tú no valdrías nada". Esto le muerde, le carcome. Le molesta y no le deja en paz. Una vocecita, nacida en su interior, le ha venido diciendo simpre algo que no quiso nunca escuchar y que ahora no quiere oír: "Eres caca, y más nada".

Esto no es todo. Desde los días de Boston la mujer de Ambrosio había sentido y mostrado una cierta predilección, una cierta atracción, por Beltrán. Lo buscaba en las fiestas. Cuando hablaba con él se le veía animadísima. Siempre le echaba en cara a su marido el nombre de Beltrán.

Todo esto, la seguridad de su propia incapacidad, los celos y la envidia produjeron en Ambrosio un violento tormento y un feroz rencor. Su creciente decadencia y su siempre presente dependencia trajeron consigo un incipiente alcoholismo. Tomaba demasiado, casi no comía ni dormía. Su mejor amigo, casi hermano, su brazo derecho, se le había convertido en su fantasía en su peor enemigo. Decidió matarlo.

Beltrán notó la tirantez que surgió entre ellos, el mal humor de Ambrosio, pero no le dio mucha importancia. Lo atribuyó todo al licor o a la enfermedad que parecía que tenía.

Una preciosa tarde de otoño Ambrosio convidó a Beltrán a ir a dar un paseo. Se fueron a la cresta de los Sandías. Los bosques se habían vestido de sus ropajes más finos y coloridos.

Había en el aire un algo de voluptuosidad, una cierta languidez,◊ que invitaba al sueño o al ensueño. *drowsiness*

Se bajaron del coche y se situaron en la misma orilla de la cresta. De allí se divisaba el gran valle del Río Grande con sus lejanos horizontes morados.

Inesperadamente, Ambrosio le da un empujón a Beltrán. Beltrán se va rodando por el lado empinado del risco, su cuerpo botando grotescamente de roca en roca, para descansar, flojo y suelto, a unos cien metros más abajo. Ambrosio se quedó largo rato contemplando el cuerpo inerte de su antiguo amigo.

Luego, deliberadamente, se subió en el coche. Manejó despacio, adrede, hasta llegar a un teléfono. Llamó a una ambulancia. Estaba seguro que Beltrán estaba muerto. Le contó a la policía que acudió cómo su querido amigo se había resbalado, y cómo él no había podido salvarlo. Mientras tanto, los ayudantes recogían el cuerpo sangriento, lacerado y lacio de Beltrán, milagrosamente vivo.

En el hospital le hallaron múltiples huesos rotos, contusiones, lacras de todo tipo. Pronto lo pusieron en la mesa de operaciones y le dieron transfusiones de sangre y suero.◊ Las operaciones duraron horas. Salió de allí vendado de pies a cabeza como una momia. *plasma*

Gracias a la magia de la ciencia y la tecnología, Beltrán vivió, aunque los primeros días su vida estuvo pendiente de un hilo. Su esposa y sus hijos le acompañaban de noche y día, pendientes ellos también de un imposible.

Su fuerte salud, su voluntad de vivir y su valentía moral fueron sacando al enfermo poco a poco del lado de la muerte al lado de la vida. Su recuperación fue increíble. El mismo personal médico se quedó impresionado con el milagro. Se le cerraron las heridas. Se le compusieron los huesos. Quedó como antes.

Con una excepción. Cuando le quitaron las vendas de la cara, la esposa y los hijos gritaron simultáneamente sin querer. Es que vieron una cara distorsionada, llena de cicatrices y lacras en todo sentido feas y monstruosas.

Beltrán no perdió el equilibrio. Insistió que le hicieran cirugía cosmética inmediatamente. Un buen cirujano lo hizo. Después de los días indicados, le quitaron las vendas. Esta vez Beltrán estaba perfecto, tan guapo como antes.

Pero no igual que antes. Su aspecto era totalmente distinto.

Beltrán hizo que le pusieran las vendas otra vez. Les rogó a los médicos que lo vieron que no dijeran nada.

Le encargó a su mujer que hiciera las maletas, que hiciera reservaciones por avión para todos y que cerrara la casa. El día siguiente Beltrán salió del hospital, con la cabeza completamente vendada, y se subió en un avión con su familia. Nadie lo volvió a ver.

Durante su larga estancia en el hospital, Beltrán formuló un plan de acción que no divulgó a nadie. Lo puso en operación al primer día. Se fue a Nueva York. Por correo clausuró◊ sus relaciones con el banco y vendió la casa.

cerró

En Nueva York se cambió el nombre a Fabián Abencerraje.† Con el pequeño capital que había acumulado, su talento para los negocios y su don de gente amasó una fortuna dentro de cinco años; su plan de acción estaba en plena función.

Allá en casa el banco de Ambrosio iba cuesta abajo desde que Beltrán se fue. Ambrosio sabía, sin poder impedirlo, que un cierto Fabián Abencerraje había venido comprando acciones◊ en el banco y que ahora era el accionista mayoritario. Ese misterioso comprador no había intervenido ni en lo más mínimo en los asuntos del banco.

stocks

A los cinco años volvió Fabián. Nadie lo conoció. Volvió viudo. Tenía 45 años. Encuentra a Ambrosio víctima de un alcoholismo desenfrenado, gordo y enfermo.

En el banco demanda una reunión de la mesa directiva para el siguiente día. En esa junta hace las siguientes declaraciones: que él ha adquirido control del banco, que él asumiría la presidencia, que Ambrosio ocuparía el puesto de tercer vicepresidente. Presentó un plan de construcción para el banco que había traído consigo. Al parecer el banco iba a sufrir una serie de

†*Abencerraje:* referencia al protagonista de una novela anónima, el *Abencerraje y la hermosa Jarifa*, probablemente compuesta en el siglo XV, y que Jorge de Montemayor intercala en su novela pastoril *Los siete libros de la Diana* (1561). En esta novela fronteriza, el joven moro Abindarráez, descendiente del linaje granadino de caballeros llamados los 'Abencerrajes', camino a visitar a Jarifa, es emboscado [*ambushed*] por cristianos. Después de derribar a varios cristianos, Abindarráez es finalmente tomado prisionero. Le ruega al caballero cristiano, Rodrigo de Narváez, que le dé libertad para acudir a su cita con Jarifa, dando su palabra de caballero de volver a la prisión. Rodrigo, impresionado por el valiente y enamorado moro, le permite seguir su camino. Después de su cita, Abindarráez regresa para ser puesto en prisión. Conmovido por su virtud y honradez, Rodrigo lo pone en libertad; y con esto el Abencerraje se casa con la hermosa Jarifa, y el moro y el cristiano se hacen amigos entrañables.

operaciones como si tuviera todos los huesos rotos y múltiples heridas. Iba a recibir también cirugía cosmética para cambiarle su aspecto por completo, e iba a cambiar de nombre. Iba a dejar de ser lo que era antes.

Ambrosio salió de la reunión destruido. Ese banco había sido su vida y su orgullo, como lo había sido de su padre y de su abuelo. Era lo único que le quedaba de su antigua arrogancia. Pensar en perder el banco era pensar en perderlo todo.

Fabián buscó a Maribel. Le reveló su identidad. Ella se quedó atónita mirándolo. Reconoció su voz. De pronto el volcán dormido, lleno de emociones suprimidas y de recuerdos apagados, se encendió y reventó en una erupción de rosas. Sin saber cómo, se encontraron los dos abrazados, besándose apasionadamente.

Fabián, que siempre había desviado las tentativas amorosas de Maribel por honesta lealtad, ahora se dedicó a enamorarla y ganarla. Lo hizo abierta, hasta ostentosamente. Quería que Ambrosio lo supiera, lo viera. No encontró dificultades en ambos lados. Su propio abogado le consiguió el divorcio. Pronto se supo que se casarían.

Esperó el momento oportuno. Un día encontró a Ambrosio más o menos sobrio, más o menos racional, y le dijo lo que sigue:

—Soy Beltrán, el fiel amigo que quisiste matar. He vuelto a cobrarte lo que me debes. Ya te quité lo que más quieres: tu egoísmo, tu amor propio, tu dignidad, el banco y Maribel. Lo único que queda es quitarte la vida. También te la voy a quitar a su tiempo y a mi manera. Por ahora me satisfago viéndote revolcar en la bazofia◊ que es tu vida. basura

Ambrosio no dijo una sola palabra, ni antes ni después. Esa noche se destapó los sesos con la 45 que había heredado de su padre junto con el banco.

Cuando Beltrán supo lo ocurrido, se quedó largas horas pensativo en su sillón ejecutivo. Por su mente flotaban pensamientos como los siguientes. Ustedes, los lectores, sabrán interpretarlos:

"Todo lo bello y lo bueno de Nuevo México es eterno. Todo lo malo y feo es pasajero. ¿Quién borrará de nuestros ojos y recuerdos las altas sierras, los altos cielos y amplios desiertos? ¿Quién va a apagar la lucida luz de nuestro sol y nuestra luna en nuestras verdes o nevadas alturas? ¿Quién va a desdorar el día o a desplatear la noche? ¿Quién se va a llevar el aroma y la sombra del pino, el color y el olor del sabino? Los crepúsculos que encienden el mundo. El chile verde que pica y quema. El chicharrón que huele a gloria. La tortilla caliente. Los humildes frijoles. La carne adobada. No, no, no. Eso no nos lo quita nadie. Eso es lo bueno. Eso es lo que se queda. Las tormentas, las sequías y los fríos vienen y se van. Eso es lo malo.

"La cortesía, la elegancia y la cultura son cosas heredadas. Transmitidas por la sangre, nutridas por la naturaleza y la crianza. Mucho de lo español y otro tanto de lo indio. Las viejas familias han conservado lo bueno y lo malo de ambos. Lo bueno debe quedarse y honrarse. Lo malo debe irse y despreciarse. Los recién llegados se quedan pasmados con lo bueno y lo noble, se quedan y se ennoblecen, se hacen nuevomexicanos, es decir, los buenos; los malos deben irse.

"Nuestro padre Martínez vive y vibra en nuestros recuerdos como valiente antecedente. Era atrevido y benévolo. El (nunca nuestro) arzobispo Lamy muere y muerde en nuestra memoria como bandido. Era racista y malévolo. Uno vivió y sigue viviendo. El otro murió y sigue muriendo. Uno nació para vivir. El otro nació para morir".

Preguntas:

1. ¿Quiénes son los protagonistas del cuento? ¿Podríamos establecerlos como protagonista y antagonista? Explique.
2. ¿Cuáles son las diferencias entre Ambrosio y Beltrán?
3. ¿Qué hicieron ellos después de graduarse en Harvard?
4. ¿A quién se debió el éxito del banco? ¿Quién recibió los aplausos?
5. ¿De qué se daba cuenta Ambrosio? ¿Qué hacía la mujer de Ambrosio?
6. ¿Qué se produjo en Ambrosio? ¿Qué decidió hacer y cómo? ¿Qué pasó?
7. ¿Cómo quedó Beltrán después de sus operaciones? ¿Cuál fue la diferencia?
8. ¿Qué plan llevó a cabo? ¿Qué nombre tomó?
9. ¿En qué condición se encontraba el banco?

10. ¿Quién era el accionista mayoritario?
11. ¿Qué hizo Beltrán/Fabián después de volver a Albuquerque?
12. ¿Qué le declaró a Ambrosio? ¿Qué hizo Ambrosio?
13. ¿A cuál de los personajes favorece el narrador? Explique.

Para comentar:

1. Comente la venganza de Beltrán. ¿Le parece apropiada o cree que debía haber perdonado a Ambrosio?
2. ¿De qué manera puede relacionarse este cuento con el bíblico de Abel y Caín?
3. Este cuento es una variante del motivo de los dos hermanos. ¿Qué cuento conoce Ud. que trate de este motivo?

Temas de composición:

1. Escriba una composición sobre la moraleja del cuento.
2. Relate un cuento que Ud. conozca sobre el motivo de los dos hermanos.
3. Vuelva a escribir el cuento desde el punto de vista de Ambrosio.

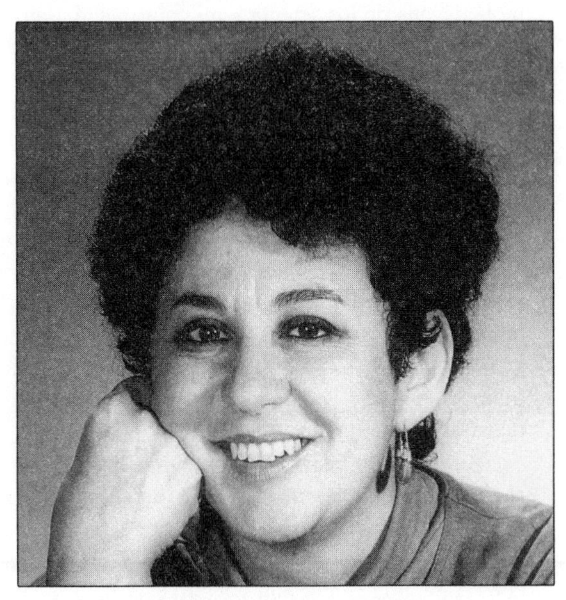

Roberta Fernández

Tal vez fue la época más feliz de mi vida fue cuando todo lo que hacía diaramente tenía que ver con la creatividad, cuando todos mis amigos eran artistas, bien fuera escritores, pintores, muralistas, compositores o administradores de organizaciones artísticas. La energía de cada uno se multiplicaba en una fuerza tremenda, una fuerza colectiva con una meta común: la transformación de la sociedad en que vivíamos. Eran los años finales de la década de los setenta y mi contribución personal se desarrollaba en varios lugares del área de la bahía de San Francisco. Trabajaba en el Museo Mexicano de San Francisco y dirigía un programa bilingüe de arte en las escuelas de Oakland.

Como parte de todo esto, leía mucho acerca de la creatividad y de las condiciones más favorables para su desarrollo. Mis lecturas solían verificar lo que ya sabía: a) que las personas creativas en sí tienen una motivación interior que les hace ver el mundo de una manera singular; b) y que, a pesar de las restricciones que la sociedad les impone, estas personas logran mantener la forma de vida que mejor les ayuda a expresar su visión singular. Gracias a esta motivación tenemos músicos, pintores, poetas —y su expresión creativa que tanto enriquece nuestras vidas.

Todo esto me parecía lógico. Sin embargo, me preguntaba si estas teorías no venían de una ideología de clase media y aún de una visión elitista. Me preguntaba cómo un niño de las favelas,◇ con corazón de músico, expresaría lo que sentía. O cómo una niña campesina y analfabeta podría entregarse a su propia visión del orden y de la belleza del mundo. Aun los niños de los barrios pobres en las capitales mundiales —¿cómo expresaban ellos sus necesidades artísticas? ¿Podían estos niños también seguir su llamado interior a pesar de las condiciones negativas de su vida?

barrios pobres

A través de estas preguntas, fui llegando a mis propias conclusiones; me fui dando cuenta de que todos buscamos una salida para expresar la creatividad que llevamos dentro. Al fin y al cabo el producto de esta búsqueda está vinculado a las diferentes capas sociales que le dan a uno su visión del mundo. A la vez, para bien o para mal, todas nuestras creaciones suelen ser juzgadas por los representantes de los valores hegemónicos.◇ Por eso, lo que el crítico reconoce como suyo y, por lo tanto, aceptable, se va categorizando como "arte verdadero". Y por eso también las creaciones del pueblo se miran como un arte

que imponen autoridad

menor, como un "arte folclórico". Y sin embargo, a mi parecer, son las expresiones que salen del corazón del pueblo las que suelen ser las más representativas de la conciencia colectiva y universal.

Estas ideas, más o menos abstractas, me hicieron pensar en las expresiones creativas de mi propia gente; y de todas estas preocupaciones fue naciendo la idea que liga los cuentos de *Intaglio: A Novel in Six Stories*, dos de los cuales van a leer en esta antología en su versión española.

De inmediato supe cuál sería la perspectiva que usaría en mis cuentos, pues en esos años estaba bastante molesta con el descuido que los escritores latinos habían prestado a las mujeres de nuestra cultura. Por eso decidí enfocar mis preguntas estrictamente en la cultura femenina para darles voz a las que aparentemente habían vivido como sombras oscuras y silenciosas. Me preguntaba cómo las abuelas y las bisabuelas habían expresado artísticamente sus propias preocupaciones. Y luego, cómo habían trasmitido estas expresiones culturales a las generaciones que les seguían.

Me daba cuenta que para los lectores quedaría la respuesta a otra pregunta: ¿cómo reaccionar a las acciones de las abuelas ya que su mundo era tan diferente al que nos ha tocado a nosotras? Es posible que queramos rechazar algunos de los valores de los antepasados porque ahora entendemos cómo esos mismos valores nos han perjudicado a ambos, mujeres y hombres. Sin embargo, estas personas son parte de nuestra historia colectiva; siguen afectando la manera en que pensamos y actuamos porque su historia sigue siendo más poderosa que la nuestra que aún está en proceso de transición y de promesa.

Amanda

I

cuentas · mother of pearl · poco frecuente

La transformación era su especialidad, y de georgettes, satines, shantungs, organzas, encajes y piqués hacía trajes estupendos, bordados de chaquira◊ que retocaba con una cinta plateada finita como un hilo. En aquel entonces estaba tan cautivada por las creaciones de Amanda que antes de dormirme solía conjurar visiones de su taller en donde bailaban luminosos giros de lentejuelas de conchanácar◊ rozando suavecito contra telas que ondulaban en espléndidas etapas de confección. Y allí, entre los tornasoles con su ritmo asegurante, ella se me iba haciendo más y más pequeña hasta que casi desaparecía en una manchita gris entre todos los colores y las luces. Luego, el murmullo monótono de la Singer y el cuchicheo burlón de Amanda se iban desvaneciendo también en una oscuridad espesa y silenciosa.

Por las mañanas, cuando tenía la oportunidad, me encantaba sentarme a su lado viéndole las manos guiar el movimiento de las telas hacia la aguja. Tanto me conmovía con lo que observaba que a veces me enmudecía y entonces por largos lapsos de tiempo nuestra única comunicación solía ser mi evidente fascinación con los cambios que ocurrían ante mis ojos. Después de mucho tiempo ella subía la vista, mirándome con sus gafas de aros dorados y me hacía la pregunta casi narcisista, —¿Te gusta, muchacha?

Ella no esperaba mi respuesta sino que comenzaba con sus cuentos de aquellas mujeres que iban a lucirle sus vestidos en el Blanco y Negro o en algún otro baile de esa misma onda. Y luego, serpenteando con la confianza de la persona que ha dado muchas vueltas a lo que por fin articula, Amanda me contaba historias recogidas de muchos de aquellos que habían llegado por estos lados desde hace ya mucho tiempo. Con estos cuentos me llevaba muy al pasado, aún antes de que el oro en la legendaria California y la indiferencia de los gobernantes norteños hubieran desengañado a los bisabuelos. Y mientras ataba un hilo que se le iba por allá o retocaba detalles por acá, yo me sentía obligada a hacerle una que otra pregunta como mi pequeña y rala◊ contribución a nuestra larga conversación.

Con la mayoría de la gente me soltaba hablando como

From *Revista Chicano-Riqueña* 10.1–2 (1982): 192–99.

cotorra◇ pero con Amanda temía no poderla entretener, y esto me asustaba aún más que las otras aprehensiones que ya comenzaba a tener desde los cinco o seis años. Lo malo era que cuando por fin me lanzaba con mis preguntas, inmediatamente me cohibía◇ sola, pensando que ella me creía una preguntona. Y como cualquiera se aburre de estos complejos, ella al rato volvía a su trabajo, ahora sí como si yo no estuviera a su lado. Y eran aquellos momentos cuando yo la observaba largamente, sintiéndome vencida por olas de frustración al verla tan ensimismada mientras que yo me moría de ansias de que me hiciera caso.

perico

me reprimía

La observaba toditita, mirándole el cabello castaño rojizo que, apartado por el centro y jalado hacia abajo, le cubría las orejas y le terminaba en la parte superior de la nuca, en la curva perfecta de un chongo◇ grueso. En su camisero gris de falda angosta y mangas de tres-cuartos, que usaba día tras día, me parecía aún más alta de lo que ya era. El frente de ese vestido tenía pequeñitas alforzas◇ verticales y una bolsa larga y angosta donde guardaba sus espejuelos. Siempre parecía traer la cinta amarilla de medir alrededor del cuello y, a lo largo de la abotonera, nunca le faltaba una hilera de alfileres que resaltaban por sus cabezas gruesas y negras. Yo, sin entender lo que pasaba, me sentía contenta con lo permanente de ese uniforme que ella se había creado para sí.

hairbun

pleats

Su día empezaba a las siete de la mañana y terminaba a las nueve de la noche. Con este horario, en dos o tres días podía terminar un vestido de boda o un traje de noche, que luego pasaba a manos de Artemisa para los bordados. Sin embargo, como no era una de esas personas que necesitan dedicarse únicamente a un proyecto, ella confeccionaba◇ varios vestidos simultáneamente y éstos estaban esparcidos por todas partes, unos colgando en un palo suspendido casi del techo, otros en ganchos sobre la orilla de las puertas y otros cuidadosamente extendidos en tres o cuatro mesas.

hacía

Dada su manera de ser, de vez en cuando hacía que una novia llegara tarde a su propia boda, respirando queditito porque Amanda no había tenido tiempo para poner el cierre y lo había tenido que coser a mano con la novia dentro del traje. Pero a su clientela no parecían molestarle mucho estas ocasionales faltas de cortesía, pues siempre volvían y volvían, desde Saltillo y Monterrey, desde San Antonio y Corpus Christi, y aún desde

Houston y Dallas. A estas que venían de más lejos les encantaba practicar su español muy en particular con Amanda, y ella se burlaba de ellas puesto que jamás les dio ninguna indicación de que ella dominaba también el inglés perfectamente.

Tocante a sus diseños, el patrón básico que Amanda empleaba podría ser una copia directa del *Vogue* o bien podría haber nacido de la fantasía predilecta de una de esas mujeres. De allí en adelante la creación era de Amanda y cada una de sus clientes confiaba que el diseño final le iba a agradar. Las delgaditas del Club Campestre de Monterrey o de Nuevo Laredo de vez en cuando la llevaban a las vistas◇ de Grace Kelly o de Audrey Hepburn para señalarle los trajes que deseaban, igualito como sus madres habían hecho con las de Joan Crawford o Katherine Hepburn. Al ver la expresión de estas mujeres mientras daban piruetas frente al espejo en su nueva ropa, yo me daba cuenta de que ninguna quedaba defraudada jamás, excepto, quizás las contadas novias sin cierre. De seguro que a mí nunca me desilusionó durante todo el tiempo que sentaba a su lado en solemne y curiosa atención, atisbándole◇ la cara por ver alguna señal de cómo había adquirido aquellos poderes singulares que tanto conmovían mi imaginación de niña.

películas

observando

Es que Amanda parecía tener un secreto, uno del que sólo hablábamos en tonos bajos entre nosotras, cuchicheando acerca de lo que estaba haciendo con sus hierbas secretas. No la creíamos hechicera pero siempre nos cuidábamos de lo que nos daba para comer y beber, y aunque nadie jamás había visto sus pequeños muñecos, no se nos quitaba la sospecha de que los tenía escondidos por algún lado, en réplicas perfectas de aquellas que por alguna razón le habían hecho la contra.◇

oposición

Nos parecía también muy sospechoso que entre sus pocas amigas había dos ancianas quienes venían a visitarla de noche. Estas dos nos alarmaban porque tenían facha de ser algo más que aprendices. Librada y Soledad eran unas viejas desdentadas que se tapaban de pies a cabeza con trapos negros. Además, llevaban al hombro un morral lleno de hierbas e infusiones, como hacían las brujas en mis libros. Sabíamos que si nos atreviéramos a mirarlas cara a cara, ellas nos absorberían toditito los secretos con aquellos ojos fríos y penetrantes que tenían.

Un día del año que la lluvia fue más fuerte que en los cuatro anteriores, haciendo que los charcos se expandieran con burbujas muy gordas, me encontraba sentada sola en el pórtico, escuchando el sonido que hacían en el techo las gotas espesas del agua. De repente alcé la vista y vi a Librada parada allí, envuelta en su rebozo café oscuro, mientras llamaba quedamente a la puerta.

—La señora le manda un recado a su mamá—, dijo mientras que mi corazón me retumbaba tan fuerte que su propio sonido me asustaba, y le dije que se esperara allí, por la puerta, mientras que yo iba a llamar a mi madre. Para cuando vino ella, Librada ya estaba adentro, sentada en el sofá. El pedido era que mi madre llamara a una de sus clientes, y mientras ella fue al teléfono, yo me quedé a solas con Librada. Me senté en el piso y me hice que jugaba con un rompecabezas, mientras que la observaba de reojo, dándome cuenta de que ella también me observaba. De pronto me preguntó cuándo iba a cumplir mis ocho años, pero antes de que me salieran las palabras, mi madre estaba de vuelta con una nota para Amanda, y con eso Librada terminó su visita. Sintiendo la tensión que se podía palpar en el cuarto, mi madre sugirió que fuéramos a la cocina a preparar un buen chocolate caliente.

Después de haberme tomado el chocolate, volví al pórtico y me recosté a leer uno de mis *Jack & Jill*. De repente, en lo que acomodaba los cojines, se me resbaló el brazo en una sustancia viscosa verde-gris y eché tal chillido que mi pobre madre se vino a mi lado como un relámpago. Pero, furiosa de que se hubiera tardado tanto, yo misma me limpiaba el brazo en el vestido mientras le gritaba —Mire lo que hizo la bruja—. Casi en cámara lenta me fue quitando el vestido, y cuando por fin me sentí libre de esa prenda, ella me mandó al baño, advirtiéndome que me enjabonara muy bien. Entretanto, se puso a limpiar lo que estaba en el sofá con periódicos, que luego llevó a quemar afuera, cerca de la vieja cisterna de ladrillo. Al salir del baño, me polveó muy generosamente con su talco fragancia-a-lavanda, y el resto de la tarde tratamos de adivinar el significado del episodio tan extraño. Ya que nada noticioso le pasó a ningún miembro de la familia durante los siguientes días lluviosos, mi madre insistía en que olvidáramos el incidente.

Pero yo no lo podía olvidar, y en mi próxima visita a casa de Amanda, le describí en detalle lo que había pasado. Ella no le quiso dar importancia al episodio y alzándose de hombros me dijo en tono burlón, —Pobre Librada, ¿por qué le echas la culpa de tal cosa?— Eso era todo lo que necesitaba para volver a mis atisbazos silenciosos, sospechando que ella también era parte de un complot intrigante cuyo contenido todavía no llegaba a descifrar. Pero en lugar de hacerme escapar de Amanda, estos incidentes me atraían más a ella porque tenía la clara sensación de que ella era mi único eslabón con una infinidad de posibilidades extraordinarias que formaban parte de un universo muy ajeno al mundo cotidiano de los demás. No sabía cuáles serían, pero tan convencida estaba de que había poderes singulares en esa casa que, siempre que iba por allá, me ponía mi escapulario colorado con listón negro y antes de tocar el timbre me persignaba con una de esas señales de la cruz todas complicadas.

Cuando terminaron las lluvias y la luna comenzó a cambiar de colores, comencé a imaginarme un traje dramático y temible que me podría hacer Amanda. Sin discutirlo con mis hermanos, me lo iba imaginando más y más siniestro y, finalmente cuando los sapos dejaron de croar, me sentí con suficiente valor para pedírselo.

—¿Oye, Amanda, me podrías hacer el traje más hermoso de todo el mundo? ¿Uno como el que una bruja le diera a su hija favorita? ¡Que sea tan horrible que a todos les encante!

—¿Y para qué diablos quieres tal cosa?— me preguntó con sorpresa.

—Nomás lo quiero de secreto. No creas que voy a asustar a los vecinos.

—Pues, mire usted, chulita, estoy tan ocupada que no puedo decirle ni sí ni no. Uno de estos días, cuando Dios me dé tiempo, quizás lo pueda considerar, pero hasta entonces yo no ando haciendo promesas a nadie.

Y esperé. Vi la canícula entrar y salir y, finalmente, cuando la lechuza voló a otros rumbos, me di por vencida, enojada conmigo misma por haber pedido algo que sabía de antemano no se me iba a hacer. Por eso, cuando Artemisa por fin vino a decirme que Amanda me tenía una sorpresa, me hice de lo más desinteresada y le contesté que no sabía si podía ir porque todo dependería de lo que quisiera mi madre.

II

Mientras esperaba que me abrieran la puerta, estaba muy consciente de que había dejado el escapulario en casa. Sabía, esta vez, que algo muy especial me iba a pasar porque desde afuera podía ver lo que por fin me había hecho Amanda. Montada en un maniquí de niña se veía hermosa una capa ondulante de satín negro que suponía me iba a llegar a los tobillos. Sus ojales chinescos protegían unos botones pequeñitos que hacían una hilera hasta las rodillas y un sobrepuesto de piel negro se escondía por adentro del escote del cuello. —Es de gato—, Amanda me confesó, y la piel me hacía cosquillas en el cuello mientras ella me abotonaba la capita. Las mangas bombachas◊ anchas quedaban bien ajustaditas en las muñecas, y de la parte superior de ambos puños caía una garrita◊ de gato sobre el dorso de la patita mano, exactamente hasta los nudillos. Debajito del cuello, al lado izquierdo, había un corazón pequeñito abultado de terciopelo, color guindo,◊ del cual parecían chorrear gotas rojizas en rojo forma de cuentas traslúcidas.

Ella me ajustó la caperuza redonda e hinchada sobre la cabeza y me hizo ver cómo una hilera de alforcitas hacía que la caperuza me sentara como corona, muy pegadita al cráneo. A la orilla de la caperuza, sobre la parte que quedaba por la frente, Amanda había cosido plumas negras de pollo, las cuales casi me tapaban los ojos, y entre pluma y pluma había aplicaciones◊ *appliqués* de unos huesitos muy delicados que rozaban suavecitos sobre las mejillas. Amanda me dijo que no le temiera a los huesos, pues venían de los pájaros que habían matado y abandonado los gatos en el jardín. Con esto, me sugirió que caminara alrededor del cuarto para poder ver cómo me sentaba la capa.

Al moverme, las garritas de gato me rozaban las manos y los huesos de pájaro me hacían cosquillas en la cara, igualito como me imaginaba debían sentirse los copos de nieve. Entonces, Amanda me puso un collar que me llegaba hasta la cintura. Ese también era de huesos de pájaros ensartados en un hilo finito y luminoso, y al azar, entre los huesitos, había unos cascabeles.

Levanté los brazos y bailé alrededor del cuarto, y el sonido de las campanitas hacía una dulce melodía contra el silencio. En uno de esos giros frente al espejo, me di cuenta de que Librada estaba sentada en el cuarto contiguo, riéndose quedamente. Al instante me fui a ella y le pregunté qué pensaba de mi capa.

—Hijita, pareces algo del otro mundo. Mira que hasta me acabo de persignar. Me da miedo nomás en pensar del montón que te vas a llevar contigo al infierno. ¡Que Dios nos libre!

Siendo ésta la primera vez que miraba a Librada, de repente sentí la necesidad de entregarme a toda la emoción que me embargaba◊ en ese instante, y el cuarto ya no tenía suficiente me dominaba espacio para lo que sentía. Así que abracé a Amanda, la besé dos, tres, cuatro veces y luego dramáticamente enuncié que tenía que enseñarle esta creación, la más maravillosa de todo el mundo, a mi madre.

Salí precipitadamente hacia la calle, esperando no encontrarme con nadie, y puesto que la suerte sería mi compañera por varias horas, logré llegar a mi casa sin tropezarme con ningún alma. Llegando a la puerta de la cocina, oí voces. Esperé unos momentos, luego toqué muy recio, y en un movimiento instantáneo, abrí la puerta, entré con los brazos extendidos y sentí el latido de mi corazón ondular al ritmo de las plumas, los huesos de pájaros y los cascabeles.

Después de un silencio inicial, mis hermanas se pusieron a llorar casi histéricamente y mi padre se volteó a consolarlas. Ya mi madre venía hacia mí, con una cara que jamás le había visto. Dio varios suspiros y luego me dijo en voz baja que nunca más me quería ver de tal estilo. Su expresión me asustó y por eso inmediatamente me quité la capa, pero no sin protestar quedamente de cómo ciertas gentes estaban tan ciegas que no podían ver lo mágico y lo extraordinario aun cuando lo tenían merito en la cara.

Acaricié mi capa encantadora, observando detenidamente los hoyos pequeñitos en los huesos de pájaro, mientras que con las yemas de los dedos tocaba las puntas de las garras de gato, y al deslizar las cuentas debajo del corazón, sentí que en esa noche gloriosa, cuando linternas lucían su verde más verde que nunca, en esa noche calmada y transparente, dormiría cobijada por la capa cálida y única que Amanda le había hecho a la última novicia de una eterna cofradía.

III

Más tarde, después de que ya los Judás* habían ardido y los espirales de luces volaban por todas partes, abrí los ojos lentamente a la luna llena que me iluminaba la cara. Instintivamente me llevé la mano al cuello y rocé los dedos contra la piel de gato. Necesito salir afuera, pensé, mientras me resbalaba de la cama y me dirigía en puntillas hacia la puerta de atrás en busca de lo que no estaba adentro.

Por mucho tiempo estuve meciéndome contra la espalda de

*Durante la semana santa se prenden fuegos artificiales que al quemarse forman efigies de Judas.

una silla de patio, comunicándome con la luna y con todos los alrededores familiares que resplandecían con la vibración luminosa del vasto universo, y allá en la oscuridad de la distancia, el canto constante de las chicharras y de los grillos◊ reiteraba la permanencia asegurante de todo lo que me rodeaba. Pero a nadie le toca gozar de tales poderes por largo tiempo, y la visión de transcendencia se destruyó con mi propio grito al sentirme estrujada por dos manos que me sacudían por detrás una y otra vez. —¿Qué haces acá afuera? ¿No te dije que te quitaras esa cosa tan horrible?

locusts and crickets

De nuevo veía a mi madre con desafío pero inmediatamente sentí como antes, que ella se hallaba más inquieta que enojada y me di cuenta de que era inútil continuar de esta manera. Muy despacio desabroché los pequeñitos botones negros de su cordoncito entrenzado y me fui quitando la capa, por lo que creía ser la última vez.

Al pasar los años ya no había tiempo para soñar con charcos chocolate-lila ni lechuzas blancas en la noche. Desapareció también la capa después de aquella triste-dulce experiencia única de la perfección del universo. Hasta llegué a dudar si no había inventado aquel episodio tal como había hecho con tantos otros en aquellos días de excitantes posibilidades sin límite.

En realidad, cuando me invadían como un intruso necio y malvenido las memorias de la capa, siempre trataba de zafarme de ellas, pero por más que quería olvidarlas, esas memorias persistían, y una tarde de lluvia dominical se me pusieron más encimeras que nunca. Quizás el tedio del momento tuvo algo que ver con esto, ya que resultaba ser una de esas tardes aburridas de pueblo cuando aún los relojes se paran en asentimiento.◊ Haciendo la lucha por no sofocarme en el ambiente, decidí esculcar◊ en las cajas y los baúles viejos, amontonados en el ático.

acuerdo

buscar

Nada de interés parecían contener aquellas cajas, cuando de repente me encontré un bulto que prometía mucho más que los demás, uno al que ni el papel de china amarillento podía ocultarle lo que era. Desenvolviéndolo con un cuidado rápido, di un suspiro de alivio al enfrentarme con esa capa con que tanto había soñado. Me salieron las lágrimas mientras pasaba los dedos por cada uno de sus detalles y me sentía repleta de felicidad al ver como todavía estaba tan linda como había estado en aquel día único cuando me la había puesto. Sólo la piel de gato había cambiado, endurecida un poco por la sequedad del baúl.

Una vez más me maravillé de los dones de Amanda. La capita negra era tan obviamente una expresión de amor genuino que sentí lástima de todo lo que se había perdido durante los años en que había estado guardada. Con mucho cuidado la saqué del baúl, preguntándome por qué mi madre no habría cumplido su amenaza de quemarla y de inmediato sabiendo muy bien por qué no lo había hecho.

De ese entonces le di espacio a la capita entre mi colección de pocas pero predilectas posesiones que me acompañaban por dondequiera que iba. Hasta le mandé hacer un maniquí de trapo que, vestido de capa, guardaba un puesto céntrico en cada casa o apartamento en que yo hacía hogar. Al paso de los años, la capita seguía manteniéndose como nueva e iba creciendo en significado porque ya no me podía imaginar que alguien jamás volviera a tomarse el tiempo de crearme algo tan especial; sólo Amanda lo había hecho en aquellos días espléndidos de pletóricas◊ gardenias, cuando nuestros mundos coincidieron por unos breves momentos de dulce plenitud.

abundantes

Cuando de nuevo llegó el final, casi ni lo pude soportar. Rumbo al oeste, igual que todos los demás, se me perdió la maleta en que llevaba la capa y por acá nadie podía entender por qué la pérdida de algo tan pintoresco como una capa negra con plumas de pollo, huesos de pájaro y garras de gato podía hacer que alguien se lamentara de una manera tan total. Su falta de comprensión me hacía, al contrario, más consciente de lo que ya no era, y por meses después de haber llegado a estas costas nebulosas, me despertaba viendo lentejuelas de conchanácar que giraban luminosamente en la oscuridad.

Allá en mi pueblo Amanda pronto cumplirá los ochenta, y aunque hace años en que no la veo, últimamente he vuelto a soñar con el encanto que sus manos prestaban a todo lo que tocaban, especialmente cuando era yo muy pequeñita. Para celebrar nuestros cumpleaños, mi padre, ella y yo teníamos una fiesta que duraba tres días y durante ese tiempo mi padre hacía la armazón de carrizo◊ para un papalote◊ al que Amanda ataba uno que otro pedacito de marquisette◊ con cordones de ángeles, los que mi padre después sostenía mientras que yo flotaba en el papalote, volando sobre los arbolitos y las plantas; y era todo tan divertido. No recuerdo el año exacto en que cesaron esas

reed frame / cometa (*kite*) / mesh

festividades ni tampoco lo que hicimos con todos esos regalos talismánicos, pero me propongo encontrarlos entre los baúles y las cajas que mi madre guarda en el desván la próxima vez que vuelva a casa.

Preguntas:

1. ¿Quién es la narradora? ¿Cuántos años tenía cuando transcurrió la acción del cuento?
2. ¿Qué describe? ¿Qué le encantaba?
3. ¿Qué le contaba Amanda?
4. ¿Por qué se sentía frustrada ante Amanda?
5. ¿Por qué tenía Amanda tan grande clientela?
6. ¿Qué sospecha tenían la narradora y sus amigas acerca de Amanda?
7. ¿Quiénes visitaban a Amanda por la noche? ¿Cómo eran?
8. ¿Qué sucedió cuando vino Librada a casa de la narradora con el encargo de Amanda?
9. ¿Qué respondió Amanda cuando la narradora le contó lo de Librada? ¿Por qué seguía visitando a Amanda? ¿Qué se ponía al visitarla?
10. ¿Qué le pidió la narradora a Amanda?
11. ¿Qué había dejado en casa la narradora cuando Amanda llamó por ella? ¿Cómo es la vestimenta que Amanda le hizo?
12. ¿Cómo reaccionó su madre al ver la capa?
13. ¿Cómo durmió aquella noche? ¿Qué sensaciones tenía al salir al patio durante el silencio nocturno?
14. ¿Qué hizo su madre? ¿Por qué llegó a dudar la narradora de que había inventado el episodio?
15. Más tarde, ¿qué encontró en un baúl? ¿Por qué no la había quemado su madre?
16. De aquel entonces, ¿qué hacía la narradora con la capa? Por fin, ¿qué se hizo de la capa?
17. ¿Qué es lo último que recuerda la narradora de Amanda?
18. ¿Qué espera encontrar la narradora en su próxima visita a casa?

Para comentar:

1. ¿Quién es la protagonista del cuento? Explique.
2. "... dormiría cobijada por la capa cálida y única que Amanda le había hecho a la última novicia de una eterna cofradía". Comente el punto de vista de quien pensaba esto. ¿Es lo que pensaba la narradora en aquel entonces, o lo que piensa la narradora ya adulta y recordándolo? Encuentra Ud. ironía en este pasaje?
3. ¿Cree Ud. en los poderes de los curanderos? ¿De veras existen las brujas?

Temas de composición:

1. Cuente un episodio de su niñez que jamás olvidará. ¿Por qué ha sido tan decisivo en su vida?
2. Cuente sus propias experiencias o las ajenas◊ con el curanderismo, la brujería, la santería.

las de otros

Zulema

yo ya enterré a tus muertos
bajo un trigal al viento
Lucha Corpi

Lo que oyó Zulema aquella mañana en 1914 le cambió la vida, y desde ese año tuvo que enfrentarse a las consecuencias de lo que había escuchado aquel remoto martes otoñal. Durante toda la noche anterior había escuchado los tiroteos esporádicos de los Federales luchando con los Villistas. El ruido y la cama poco conocida la despertaron mucho antes de que el repique de las campanas de San Agustín diera su llamada cotidiana◊ a los parroquianos. A las seis de la mañana, cuando los primeros sonidos del campanario resonaban a la distancia, Zulema se levantó e inmediatamente se hincó a decir sus rezos matinales. Oyó a Mariana en el cuarto de al lado y pensó que los disturbios de la noche también la habían levantado un poco más temprano de lo que acostumbraba.

diaria

Mariana se veía diferente esta mañana, con los ojos hinchados y algo tensa mientras preparaba el café y las tortillas de harina. Zulema creyó que había interrumpido a su tía al entrar a la cocina a pesar de que Mariana instintivamente había dejado el comal para saludar a la niña con un beso. —Te tengo muchas noticias—, Mariana había susurrado a la vez que abrazaba el cuerpecito de Zulema. Y así fue como Mariana le contó la historia.

La voz le salía un poco falsa y era obvio que trataba de mantener una cara libre de emoción. Pero no dejaba de dar impresión de gran cansancio. Después, cuando Zulema trataba de recordar la escena, lo único que podía captar era la palidez de Mariana y su voz temblorosa. En este tono Mariana le había dicho que su nuevo hermano por fin había llegado durante la noche, cansado de su viaje pero contento, gordito y lleno de vida.

La noche había estado repleta de actividad, Mariana continuó diciéndole. Además de los tiroteos al otro lado, también había venido un mensajero desde San Antonio pidiendo que Isabel se fuera a cuidar a Carmen, quien sufría de una pulmonía

From *Revista Chicano-Riqueña* 11.3–4 (1983): 127–38.

muy grave. Isabel se había ido en seguida con el mensajero, dejando al recién nacido con el resto de la familia. Tan pronto que se mejorara Carmen, ella regresaría a casa. "Dale a mi Zulemita y a mi Miguelito un beso y diles que pronto volveré". Según Mariana ésas habían sido las últimas palabras de su hermana Isabel.

—Tú te quedarás conmigo por un rato—, le dijo a Zulema. Miguel se quedaría con su padre y la abuela, y el recién nacido se iría con doña Julia quien vivía al cruzar la calle. Ella también tenía una criaturita a quien todavía estaba amamantando. Tal como lo presentaba Mariana todo había quedado arreglado.

II

Pasaron treinta y cinco años. Luego, sentada en el suelo de la recámara de Zulema, respaldada contra unos almohadones que me había hecho, yo oía muchas versiones de lo que años después reconocería como la misma historia. Durante aquellas visitas escuchaba la voz profunda y serena de Zulema con la que me contaba un cuento tras otro. Llenaba el cuarto de personajes fantásticos con excentricidades muy peculiares quienes seguían girando en mi propia imaginación acelerada. Muchos de sus cuentos eran simplemente versiones de los que había oído de Mariana, pero la mayoría de sus narraciones las había inventado ella misma. De tarde en tarde Mariana nos acompañaba, silenciosa en su mecedora y con los ojos cerrados.

Mariana a veces abría los ojos, se apoyaba en el brazo de la mecedora para escuchar mejor y luego movía la cabeza de lado a lado para corregir a Zulema. —No, no fue así—. Y se dirigía hacia mí con su propia versión del cuento que acabábamos de oir. Me solía ser difícil decidir cuál de las narraciones me gustaba más por que cada una tenía su toque con la descripción y sabía exactamente dónde hacer la pausa para el máximo efecto, pero supongo que en ese entonces creía que la "bola de años" de Mariana—tal como se refería a su edad—le daba una ventaja sobre Zulema.

Poco a poco me fui dando cuenta de que Zulema tenía un cuento favorito, el de la soldadera Victoriana quien en la cumbre de la revolución se había venido a este lado a esperar a su novio Joaquín. Por un tiempo la gente que venía de su pueblo en Zacatecas le confirmaba su fe en que Joaquín todavía estaba vivo, pero, al pasar los años, todo el mundo simplemente se fue olvidando de Victoriana. Ella continuó esperando hasta aquella tarde inesperada cuando, después de treinta años, la gente la encontró sentada en la misma silla en donde había iniciado su espera, cubierta de telarañas y polvo rojizo, con su rifle mohoso◊ a los pies y una expresión resplandeciente en la cara. *rusty*

Nunca me cansaba del cuento de Zulema puesto que cada vez que me lo decía hacía como si fuera la primera vez que me contaba de Victoriana y ella retocaba los hechos con unos que otros detalles más. El clímax, sin embargo, era siempre el mismo y me describía cómo Victoriana no había podido reconocer al hombre cuya memoria había amado durante todos esos años, pues cuando los periódicos habían publicado la historia de Victoriana, Joaquín había venido a verla de pura curiosidad. Y resultó que ella no lo había distinguido de todos los demás visitantes a quienes había saludado esa tarde. Él, ya no siendo el campesino de quien ella se había enamorado sino un negociante bastante conocido, se había divertido y avergonzado a la vez por todos los mosquitos y las mariposas que ella llevaba en las telarañas que cubrían, como una patina, su melena bien plateada.

Zulema concluía el cuento: Victoriana abordaba los Ferrocarriles Nacionales Mexicanos y los fronterizos se despedían tristemente de la figura espléndida y extravagante que había roto la rutina de sus vidas por un instante. Victoriana hacía ondular un pañuelo blanco al ritmo del movimiento del tren que la llevaba a su pueblo dode pensaba localizar a los parientes a quienes había visto por última vez en Bachimba, reclamando sus rifles y cabalgando hacia la distancia antes de que la fuerza de la revolución les controlara el destino.

Finales desconocidos, vidas inconclusas. Esos eran los temas de casi todos los cuentos de Zulema aunque yo no podría decir cuándo comencé a darme cuenta de esto. El día en que cumplí seis años sentí que algo había cambiado, puesto que Zulema pasó de la fantasía a la biografía y por primera vez me mencionó a Isabel. Sacó una fotografía desde su misal y me la mostró. —¿Sabes quién es?

De immediato reconocí la foto como una copia de una que tenía mi madre. —Es tu mamá—, le respondí en seguida. —Mi abuelita Isabel.

Cuántas veces no había abierto y cerrado el primer cajón del armario de mi madre para poder lograr un vistazo de la joven en su blusa de encaje que me miraba con una mirada suave y directa. Jamás me habían hablado acerca de ella. Sólo sabía que era la madre de mi padre que había muerto al dar a luz a mi tío Luis.

—Murió cuando tenía veinticuatro años. Yo tenía seis entonces—, Zulema me dijo en una voz quedita. —Mariana de veras me tomó el pelo diciéndome que mamá se había ido con la tía Carmen.

Con la foto al pecho, Zulema comenzó a dar un suspiro tras otro y de repente lloraba sin control. Entre lágrimas, me contó cómo había esperado a su madre todos los días de aquel primer invierno cuando Isabel se había ido sin ninguna despedida. Cuando oía pasar gente por la calle, corría a la puerta a averiguar quién era. El ruido del tranvía que pasaba frente a la casa la alertaba a la posibilidad de que su madre viniera en él, y cada vez que veía a Julia amamantar al bebé, se preguntaba si Luisito no echaba de menos el sabor de su propia madre. Comenzó a sentirse abandonada y a hablar de sus sentimientos. Sin embargo, todos mantenían la historia que Mariana le había contado. ¿Cuándo, cuándo, cuándo va a volver? le preguntaba a la tía, y Mariana por fin le había contestado: —Cuando termine la guerra, volverá.

Y así fue que la pequeña Zulema a los ocho años se interesó en la guerra. Por la noche cuando oía los tiros o las ambulancias, sollozaba contra la almohada hasta que se quedaba dormida. Al oír las cornetas militares por la mañana, se quedaba tiesa◊ por unos instantes. En las tardes, después de su clase, se iba caminando cerca del río para poder mirar hacia la nación al otro lado, abrumada por la guerra. Cerraba los ojos y suplicaba con todo su ser que terminara el conflicto y, entonces, siempre veía a su madre acercársele con los brazos extendidos. Zulema, sin embargo, no podía fiarse de esa imagen porque sabía que la guerra no estaba para terminar. Todos los días se daba cuenta de toda la gente que seguía cruzando el puente con todos sus efectos en carretones o en maletas de todo tipo o hasta en morrales al hombro, cansados y gastados por las angustias personales que ellos también estaban pasando. A veces su padre le daba trabajo en la marqueta◊ o en el rancho a algunos de los recién llegados, y entonces Zulema aprovechaba la oportunidad para hacerles preguntas acerca de la guerra antes de que ellos siguieran más al norte. Nadie tenía la menor idea de cuándo terminaría la

rígida

market (ang.), mercado

revolución y había una que otra persona a quien ya no le importaba lo que pasaba excepto en la medida en que los hechos le estaban cambiando el curso de su propia vida. Su preocupación principal se enfocaba en la muerte y en la destrucción que tomaba control de todo.

Oyendo tantos episodios en los cuales la muerte predominaba, Zulema se iba poniendo aprehensiva. Entre más oía a los refugiados, más iba asociando las experiencias de ellos con la pérdida de su madre y lentamente comenzó a dudar de la asociación entre el regreso de Isabel y el final de la guerra.

Un día trató de contarle a Carmela—quien acababa de empezar a trabajar en casa—de su madre y se dió cuenta de que ya no tenía una imagen clara de ella. La memoria misma comenzaba a hacerse memoria y ésta ya se iba borrando en los detalles más inesperados.

Ya para el día de su cumpleaños en 1917 estaba lista para echarles la lanza◊ a todos, y cuando los tenía a su alrededor les dijo que sabía que la guerra supuestamente había terminado y sin embargo su madre no había vuelto. —Sé que se perdió—, dijo muy deliberadamente y luego, mirando a Mariana, anunció con un tono de finalidad, —Yo ya no tengo mamá.

hacerles saber

Y ese mismo día comenzó a contar sus cuentos. Se llevó a Miguelito y a Luisito a su cuarto y los sentó en el suelo; ella se recostó sobre la cama mirando al techo. —Les voy a contar un cuento de nunca acabar—, empezó mientras narraba su versión de la Bella Durmiente, a quien la había encantado su madrastra malvada. De este encanto la iba a despertar el beso de un maravilloso príncipe pero eso no pudo suceder. Se dirigió a sus hermanos y les preguntó si sabían por qué el príncipe no había logrado encontrar a la Bella Durmiente. Sin darles la oportunidad de contestar puesto que éste era su propio cuento, ella continuó con gestos melodramáticos.

El príncipe no pudo encontrar a la Bella Durmiente, decía en voz baja, porque cuando él apenas empezaba su búsqueda estalló una revolución y le llegó la noticia de que Emiliano Zapata le iba a confiscar su caballo blanco. Así es que el príncipe tuvo que irse a pie y, como no estaba acostumbrado a valerse por sí mismo, no tenía ninguna idea de cómo llegar a su destino. Decidió regresar a su castillo, pero cuando se acercaba a él, vio que los revolucionarios lo habían volado a cañonazos. Ellos habían declarado también que él ya no podía ser un príncipe sino que ahora era una persona como todas las demás. Así que no pudo lograr su misión y la pobre Bella Durmiente se quedó allá en el bosque totalmente olvidada. Llegó el día en que nadie se acordaba, ni mucho menos se preocupaba, de los problemas de aquella pobrecita Bella Durmiente tan tonta que había pensado que necesitaba vivir en un castillo con un príncipe. Así es que sin darse cuenta de las repercusiones de sus acciones, los revolucionarios habían logrado deshacerse de todos los príncipes igual que de todas las mimadas Bellas Durmientes.

clase

Me pasé aquella tarde esuchando a Zulema recitar cuentos de esta índole◊ uno tras otro, interrumpidos por lágrimas y frecuentes lapsos en el silencio. Desde que era niña, me decía, a sus hermanos no les gustaban sus tramas porque las consideraban extrañas. A veces hasta encontraban sus finales mórbidos. De vez en cuando había tratado de contarle sus cuentos a su padre pero él no tenía el menor interés en ellos. Mariana, quien tal vez mejor entendía lo que ella trataba de decir, pensaba que tenía derecho de cambiarle sus finales. Por eso Zulema había sentido la falta de audiencia y se había tenido que tragar sus cuentos durante todos esos años. Yo era la única que la había dejado contarlos exactamente como los quería decir.

—Zulema, a mí me gustan tus cuentos—, yo le aseguraba, deshaciéndole las trenzas para luego peinarla con mis pequeños dedos.

a hairpiece popular in the 1940s

La miraba a través de mis propias lágrimas. Zulema no se parecía a Mariana ni a la Isabel de la foto. Ella solía verse bastante ordinaria, con su pelo apartado por el centro y plegado en dos trenzas gruesas que sobrecruzaba en estilo tradicional al frente de la cabeza. No se parecía a mi madre tampoco, quien lucía el estilo del día con su cabello peinado hacia atrás cubriendo una rata postiza◊ que llevaba prendida al margen del cráneo. A mí me gustaba más el cabello de Zulema y me encantaba destrenzarlo y luego cepillarlo hasta que le sacaba todas las ondas, haciéndolo llegar hasta su cintura.

Esa tarde le presté una atención muy especial y le trencé un listón rojo de satín que la hacía más linda. Durante el rato en que yo le hacía sus toquecitos de belleza, ella continuaba con la narrativa que no había compartido por tantos años. Se olvidó de la elaboración que solía darle a sus otros cuentos y, al describir el acontecimiento principal de su vida, fue directa y tersa. No culpaba a Mariana ni a su padre ya que ellos obviamente habían esperado protegerla del mismo dolor que le habían causado. Poco a poco, me decía, se le fue acabando la esperanza de poder ver a su madre de nuevo y para los doce años dejó de creer en su regreso. Sin embargo, a veces, al abrir alguna puerta en casa de su padre, tenía la sensación de que Isabel estaba sentada en su sillón. Otras veces, sólo por un instante, veía a una figura luminosa con un niño en los brazos pero no lograba verles la cara por el brillo que irradiaba de ellos. Más o menos por esos días fue cuando comenzó a abrir de par en par todas las puertas de la casa. Se fue fascinando también con los baúles y las cajas que estaban guardadas en el sótano.

Un día cuando visitaba a su padre y a Amanda, Zulema se halló sola en el despacho del padre. Comenzó a esculcar en el escritorio y de repente en uno de los cajones, debajo de algunas fotos y álbumes, encontró lo que había andado buscando sin darse cuenta durante todos esos meses. Allí estaba una esquela◊ con sus márgenes negros y letras grabadas. La agarró y leyó: *ISABEL MENDOZA CÁRDENAS, esposa de José María del Valle—1890–1914.* Leyó las palabras muchas veces sin emoción. Luego siguió con el resto del anuncio. Éste indicaba que la sobrevivían tres hijos, Zulema, Miguel y Luis.

obituary

Zulema dejó la esquela en el mismo sitio, tal como la había encontrado. Después de esa tarde dejó de abrir puertas y cajas, aun hasta en casa de Mariana. Comenzó a levantarse a las seis de la mañana para poder asistir a misa en San Agustín donde se quedaba hasta las ocho y media cuando tenía que irse a la escuela. Sin darse cuenta, fue perdiendo interés en lo que pasaba en sus clases y un jueves decidió quedarse en la iglesia todo el día. Por varias semanas se sentó en la inmensa iglesia donde el incienso le suavizaba las memorias y las velas que iba encendiendo le aclaraban la oscuridad. El Padre Salinas comenzó a notar que las velas iban desapareciendo y que sus parroquianos no estaban dejando suficiente dinero para cubrir el costo. Al siguiente día encontró a Zulema sentada en la primera fila mirando a la Virgen con el niño Jesús. Luego la vio prender unas dos o tres velas a la vez, y cuando éstas se acababan en sus veleros verdes, observaba que encendía otra más.

Casi al mismo tiempo que el Padre Salinas le hablaba a Mariana de los gastos eclesiásticos, la maestra visitó a José María. Él ni discutió el asunto con su hija sino que habló directamente con la cuñada. Mariana entonces le dijo a Zulema que su padre quería que ella se quedara en casa puesto que ya no podían fiarse de ella. De hoy en adelante tendría que ser acompañada o por uno de los primos o una de las tías.

A Zulema en realidad no le preocuparon las restricciones ya que jamás se había sentido objeto de tanta atención. Mariana comenzó a enseñarle cómo hacer platos tradicionales. Para el mole necesitaban pasarse buena parte de un día moliendo las semillas de ajonjolí◊ en el metate igual que las semillas de cacao y los cacahuates. Mientras preparaban los ingredientes para la salsa y antes de empezar a cocinarla, salían al gallinero a escoger dos o tres pollos bien gordos. Zulema aprendió pronto a torcer el pescuezo del pollo antes de cortarle la cabeza con un machetazo bien dado. Le encantaba preparar la capirotada y la leche quemada para el postre, y la primera vez que preparó toda una cena para doce personas gozó de todos los cumplidos que recibió, especialmente por su riquísima fritada de cabrito.

sesame

Doña Julia le enseñó a tejer blusas y guantes con gancho lo mismo que manteles y sobrecamas que hacía para regalos de primera comunión, de fiestas de quinceañeras y de boda. Cuando ella cumplió los quince años fue festejada con un baile al cual asistieron todos los parientes, sus amigos y los amigos de su padre, quienes bailaron a la música de un combo local con la feliz festejada hasta la madrugada.

Esa fue la primera vez que conoció a Carlos con quien bailó muchas veces durante el transcurso de la noche. Pocos días después, él fue a pedirle permiso a José María para visitar a Zulema en casa. Sus amigas comenzaron a molestarla con bromas de la edad acerca de novios. Hasta las amigas de Mariana que se reunían de vez en cuando a coser sus colchas le comenzaron a preguntar acerca de Carlos. Zulema se sonreía tímidamente mientras se concentraba en las puntadas. Su primera colcha fue de felpa blanca por un lado y de satín por el otro. Ésta se la regaló a su prima Elena cuando nació su tercer hijo. Después de unos meses comenzó a llenar su propio baúl con sus obras, y cuando se casó con Carlos llevó a su casa todo lo necesario para empezar una vida nueva.

Tan pronto como tuvieron su primer hijo, Mariana se vino a vivir con ellos y por más de veinte años los tres habían visto a la familia crecer y luego empequeñecerse de nuevo cuando los hijos mayores se habían ido a estudiar a Austin y la hija menor se había casado, como su madre, a los diez y siete años.

Zulema había tratado de involucrar a cada uno de sus hijos en sus cuentos, pero a los cuatro les habían parecido tontos y repetitivos. Así que no fue hasta que yo comencé a hacerle pedidos diarios de sus recitaciones que ella comenzó a considerar las razones de los varios huecos en su vida.

—Es lo que más me ha gustado: contar cuentos—, me decía. Se había calmado durante el transcurso de la tarde que ya había entrado en estado crepuscular.

—A mí también—, me sonreí mientras le estiraba los listones rojos.

En ese momento se abrió la puerta y mi prima Marcia prendió la luz. —¿Qué están haciendo ustedes dos sentadas en la oscuridad? Ay, mamá, te ves tan chistosa con esos listones.

—No es cierto—, la contradije. —Se ve muy linda.

Marcia rechazó mi comentario con un movimiento de la mano. —Ustedes dos, siempre con sus juegos de fantasía. Vénganse. Traje una charola de pollo frito y ensalada de papa. Ahora mismo voy a poner la mesa. ¿Vienen a cenar con nosotros?

—Horita vamos—, le contestó Zulema. —Déjanos terminar aquí.

En el instante en que quedamos solas, Zulema me miró fijamente.

—Vamos a guardar todo esto en secreto. Pobre Mariana. Hace tanto tiempo que murió mamá. Ya ni para qué andar haciendo borloteos.◇ *making a fuss*

III

Por la cuarta vez releí lo que había escrito para el día 16 de abril. Cambié unas cuantas palabras, luego cerré el cuaderno, frotando la lisura de la cubierta de cuero y recordando lo feliz que había estado cuando Mariana y Zulema me regalaron el cuaderno la Navidad pasada.

Esta tarde el sol brillaba muy fuerte y como en la prisa para salir a la estación de camiones, se me olvidaron los lentes oscuros, tuve que cerrar los ojos contra el deslumbramiento de la tarde y traté de dormirme. Después de unos minutos abrí los ojos de nuevo, esta vez para averiguar la hora. Todavía nos faltaban dos horas y media para llegar. Del asiento vacío a mi lado tomé la revista que había comprado en la tienda del Greyhound en San Antonio y las hojeé. Noticias de Cuba,

Vietnam y Laos. Una foto sonriente de Barbra Streisand y otra chistosa de los Beatles.

Me recargué contra la ventana y extendí las piernas sobre los dos asientos. Desde esa posición podía ver a los otros pasajeros. La mujer que iba dos filas hacia mi izquierda me recordaba a la madre de Florinda con su pelo bien rastrillado. Volví a cerrar los ojos.

Todavía no había conocido a la madre de Florinda pero, por lo que me había contado mi hermana, tenía una idea muy clara de cómo se veía el día en que había abandonado Cuba hacía cinco años. Durante el año que había preparado la salida se había dejado crecer el pelo lo más que pudo. Y el día en que salieron se hizo un peinado muy extravagante al estilo moño francés. La parte que quedaba cubierta la había dividido en tres secciones. Primero se había hecho un moño pequeñito que había sostenido con unas horquillas encrustadas de joyas, una verdadera fortuna me habían dicho. Este pequeño moño fue cubierto por otro más grande, también sostenido por más horquillas con joyas. La capa de encima fácilmente cubría las joyas pero el escondite iba todavía más protegido por una capa de laca◊ bien dura. Casi como para burlarse del destino se había decorado el peinado con mariposas de gaza blanca y color de rosa que iban atadas al cabello con unos alambritos muy finitos.

lacquer

Según Florinda su madre se veía tan ridícula que nadie la había tomado en cuenta, y por eso logró hacer el papel de contrabandista. Con lo que había sacado, la familia estableció una pequeña tienda de telas que, cuatro años más tarde, ya tenía bastante éxito.

Abrí los ojos para ver a la señora a mi izquierda. "Coño", pensé al encender un cigarrillo. Debido al ángulo con que me pegaba el sol, el humo del cigarrillo parecía hacer espirales de niebla tupida. Me quedé viendo esas vueltas de humo que ondulaban como los vapores tumultuosos que le dificultaban la búsqueda de su padre a Juan Preciado en la película que acababa de ver la semana pasada. En realidad la obra de Rulfo tenía mucho que ver con este viaje que estaba haciendo ahora mismo.

—Esta es mi novela favorita—, les había asegurado a Zulema y a Mariana, —aunque hay mucho en ella que sé que no entiendo muy bien—, y con esto las había presentado a los espíritus de Comala durante mis vacaciones de Thanksgiving.

Por tres días estuvimos leyendo de los ejemplares de *Pedro Páramo* que les había traído de regalo. Mariana y yo hacíamos la lectura en voz alta y de vez en cuando Zulema también tomaba su turno. Mientras comentábamos la lectura, Mariana había sacado su botella de Chivas Regal y entre sorbitos de whiskey tratábamos de sacarle sentido a los pasajes más intrigantes. A Mariana, en particular, le gustaban los personajes del Rancho Media Luna ya que ellos formaban parte de un período que ella todavía recordaba bien. Y Zulema, tal como lo había anticipado yo, se había identificado con el personaje de Dolores cuyo destino también había sido afectado por la muerte prematura de su madre.

—Los espíritus siempre siguen afectando a los que les sobreviven—, Mariana lamentó. —Aquí mismo tenemos el ejemplo de Zulema, quien sufrió tanto después de la muerte de Isabel.

Zulema y yo nos miramos una a la otra. Después de cincuenta años de la muerte de su hermana, Mariana había decidido romper el silencio.

—¿Por qué dices eso, Mariana?— le pregunté casi en susurro.

—Es que los murmullos se ponen más fuertes cada día—, ella había contestado, extendiendo las manos sobre la silla. Cerró los ojos y comenzó a moverse en la mecedora con determinación. La conversación había terminado; por lo menos no quería más preguntas. Después de unos cuantos segundos se paró y nos dio una mirada intensa a la vez que murmuraba, —Ya es tiempo—. Y dijo que nos iba a llevar a la tumba de Isabel.

Rumbo al cementerio llevamos un silencio abrumador. Yo me hacía pregunta tras pregunta. Como el resto de la familia, yo también había sucumbido casi totalmente a la historia de la partida de Isabel y ni había preguntado jamás dónde estaba sepultada. Por quince años, desde el día en que Zulema me había contado su versión de la muerte de su madre, yo había separado a Isabel del mundo corporal y la había colocado en el reino de los espíritus. No podía imaginarme lo conmovida que debería de estar Zulema. Ella no había dicho ninguna palabra desde el instante en que Mariana mencionó a Isabel.

—Vamos por este camino—, Mariana nos señalaba la parte vieja del cementerio, por donde nos llevaba, hasta que llegamos al lado de una tumba con un ramillete de caléndulas en un bote rojo de lata. Éste estaba medio enterrado al frente de la lápida sepulcral que conmemoraba la vida y la muerte de "Isabel Mendoza Cárdenas, quien nació en 1890 y murió en 1914".

Me acerqué a Zulema y vi que le temblaban los labios. Luego comenzó a hacer gemidos. Mariana también se le arrimó para abrazarla. Luego apoyó la cabeza contra el hombro de Zulema.

—Yo nunca supe cómo remediar lo que pasó—, dijo Mariana sencillamente. Era obvio que quería contarnos lo que había pasado y, como le dolían las piernas, caminamos unos metros a una sillita blanca de hierro forjado. Las tres nos mantuvimos en silencio por un rato. Por fin Mariana comenzó a contarnos del dilema que había pasado cuando la familia la había escogido para transmitirle a Zulema la historia que habían inventado de la muerte de Isabel. Desde el principio había hecho ajustes cuando, en lugar de asistir a la novena para su hermana, se había quedado en casa con Zulema. Y cuando la niña había comenzado a mostrar su desconfianza, ella había empezado a dudar la decisión de protegerla de la realidad.

Pero después de un tiempo, decía Mariana, ellas mismas casi habían aceptado la historia como verdad, y tácitamente creían que sería mucho más difícil ajustarse a una nueva realidad que seguir con lo que ya estaba en desarrollo. —No sabía qué hacer—, Mariana nos seguía repitiendo.

También nos contó de sus visitas semanales al cementerio que le ayudaban a mantener viva la memoria de Isabel. Por años se había salido a escondidas para venir en camión con su ramillete de tres caléndulas que ponía en un bote limpio de Folger's. Al pasar los años sus visitas se hacían más esporádicas. Sin embargo, la semana pasada había traído el pequeño ramillete que acabábamos de ver.

Señalándole a Mariana sus piernas reumáticas, le preguntaba como había podido mantener durante tantos años la manera que había escogido para honrar a su hermana.

—No ves que, si uno tiene la posibilidad de escoger, entonces uno simplemente actúa de acuerdo con lo que sabe que se tiene que hacer. Es todo—, afirmó.

Durante el resto del día yo trataba de juntar todas las diferentes partes de la historia para sacarles sentido. En unas páginas sueltas comencé a escribir trozos largos acerca de Mariana, Isabel y Zulema. Al volver a mi cuarto en el dormitorio seguí con lo que había empezado y un día en la primera semana de diciembre metí todas mis notas en un sobre y se las envié a Mariana y a Zulema con instrucciones de que me guardaran las páginas. El resultado de estas notas fue mi diario encuadernado en cuero, color borgoña.

Lo busqué en el asiento a mi lado y al tocarlo abrí los ojos. Acabábamos de llegar. Mientras el camión cruzaba las calles en rumbo a la terminal, yo cogí mis maletines y me fui acercando a la puerta. Tan pronto llegamos a la terminal, vi a Patricia en su pequeño Volkswagen.

—Espero no llegar tarde. ¿Está viva todavía?— le pregunté a mi hermana al abrir la puerta del carro.

—Pues se ha estado manteniendo con un hilito pero no creo que va a durar mucho más—, me contestó al arrancarse hacia el hospital. —Esta mañana tuvo otro ataque de corazón y el médico no piensa que va a sobrevivirlo.

IV

Sentí el olor del incienso y el murmullo de rezos tan pronto que abrí la puerta del cuarto 306. El Padre Murphy echaba el agua bendita y recitaba los versos del último sacramento sobre el cuerpo en el lecho. Mi madre me tomó la mano y dijo muy quedito, —Murió hace unos quince minutos.

Sentía que todo el mundo me veía mientras caminaba hacia el lecho. Me agaché para besar las mejillas bien lisas y por largo rato miré el cuerpo sin decir nada. Y de repente me di cuenta de lo que tenía que hacer.

Me fui en el carro de mi hermana al otro lado del río a la iglesia por la primera plaza donde muchas veces había visto las ofrendas de milagros prendidos con alfileres a la ropa de los santos. En la tienda de artículos religiosos que estaba al lado de la iglesia encontré en venta muchísimos milagros que venían en diferentes tamaños, formas y materiales. Los grandes no me interesaban y sabía que no podía comprar los de oro. Así es que de los milagros de lata de media pulgada escogí cuidadosamente los que venían en formas de perfiles humanos, corazones ardientes y lenguas alumbradas. La voluntaria de la tienda se sorprendió cuando le dije que quería cinco docenas de cada uno, pero después de su reacción inicial esperó con paciencia mientras que yo hacía mi selección y fue poniendo los milagros en tres bolsitas de plástico.

Volví al carro y me dirigí al mercado de flores donde escogí varias docenas de caléndulas. Les pedí que me las dividieran en ramilletes de tres flores y las amarraran con listoncitos blancos. Las flores casi llenaron el asiento de atrás y el inspector de la aduana comentó sobre mi ofrenda de flores "para los muertos". Al volver a este lado me paré en una papelería donde compré velas coloradas perfumadas de canela. Ya en rumbo a Brewster Funeral Parlor, donde pensaba dejar mis compras por unas horas, pasé en frente de una "discolandia". Pronto puse los frenos, me estacioné al lado y entré corriendo a preguntar si tenían unos discos, en blanco, tamaño 45. El dependiente me dijo que tenían tres tales discos de una orden especial que ya tenía mucho tiempo en la tienda. Después de que él los encontró, volví al carro.

Por fin llegué a la funeraria donde le tuve que explicar al administrador lo que proponía hacer. Él por fin me dio permiso de llevar a cabo mis planes pero solamente después de explicarle todos los detalles por lo menos cinco veces.

A la hora en que habíamos quedado de acuerdo volví a la funeraria y por tres o cuatro horas me dediqué a mi labor. Sabía que después de medianoche el cadáver estaría listo para ser vigilado por la familia y los amigos. Me dolía la espalda de estar doblada por tanto tiempo pero continué cosiendo los milagros en el satín que cubría el interior del ataúd.◊ Con tres pespuntes◊ apretados pasaba el ojito de cada figura de lata para hacer tres arcos en el satín —las caritas quedaban en la fila de afuera, las lenguas quedaban por en medio y los corazones formaban la fila de adentro. Cuando terminé con los milagros, di unos pasos hacia atrás para mirarlos desde otra perspectiva. Me parecían hermosos, cada uno con su listoncito pequeñito rojo. Imaginaba cómo, una vez cerrado el ataúd, desde adentro se vería esta magnífica belleza de colores.

coffin

stitches

Luego arreglé las caléndulas en una auréola alrededor del cadáver. Puse las velas en una fila en frente del ataúd con el propósito de que sus olores rompieran los confines del espacio. Finalmente puse los tres discos al lado izquierdo del cadáver. —Llénalos con tus cuentos favoritos—, le murmuré, tocándole la cara.

Una vez terminada mi labor me quedé sentada en la semioscuridad dejándome llevar por el mesmerismo del olor de las flores y el resplandor perfumado de las velas.

Por fin me levanté y caminé hacia el ataúd. Los milagros

se veían espléndidos pero de todos modos no sabía cuál sería la reacción de la familia. Me quedé viendo a la figura tan querida por última vez y luego salí de la funeraria, sabiendo que no iría al entierro al día siguiente.

Tan pronto como llegué a casa comencé a escribir en mi cuaderno color borgoña. Por dos días estuve escribiendo hasta que llené todas las páginas. Luego le pasé el libro a Patricia pidiéndole que leyera lo que acababa de terminar.

Empezó en la primera página y leyó por varias horas. A veces veía que movía la cabeza de lado a lado y casi hacía sonidos para sí misma. Cuando terminó, cerró el libro pero dejó una mano sobre él.

—No—, me dijo. —No fue así—. Mientras hablaba le cruzó por la cara una expresión de desaprobación. —Esto no ha sido de ninguna manera como lo has presentado. Has hecho una mezcolanza de algunos de los cuentos que te contaron Mariana y Zulema, que en primer lugar tal vez ni eran ciertos. Yo he oído otras versiones de la Tía Carmen y aún de Zulema. No creo que Mariana jamás se reconocería si le enseñaras lo que tienes aquí.

—Pues yo no entiendo lo que estás tratando de decir—, continuó Patricia, —pero protesto porque lo que tienes aquí no es lo que pasó.

Preguntas:

1. ¿Qué importancia tuvo una mañana de 1914 en la vida de Zulema? ¿Qué está sucediendo en la exposición del cuento?
2. ¿Quién había nacido por la noche? Según Mariana, ¿adónde se había ido Isabel, su hermana y madre de Zulema?
3. ¿Cuántos años habían pasado desde aquella mañana de 1914? ¿Quién es la narradora y cuantós años tenía en esta época?
4. ¿Qué le contaba Zulema a la narradora? ¿Qué decía Mariana de los cuentos de Zulema?
5. ¿Cuál era el cuento favorito de Zulema? ¿Cómo eran los temas de sus cuentos?
6. ¿Qué le mostró Zulema? ¿Quién era?

7. ¿Qué le contó Zulema a la narradora acerca de su madre? ¿Por qué le interesaba tanto la revolución?
8. ¿Cómo se volvieron sus memorias de su madre? ¿Qué llegó a aceptar y qué comenzó a hacer?
9. ¿Cómo era la versión de la Bella Durmiente que Zulema contaba? ¿Qué opinaban sus hermanos de los cuentos?
10. ¿Qué encontró Zulema en el escritorio de su padre? ¿Qué efecto tuvo este descubrimiento en ella?
11. Para distraerla de su pena, ¿qué se le comenzó a enseñar?
12. ¿Con quién se casó Zulema? ¿Qué les parecieron sus cuentos a sus hijos?
13. ¿Qué iba escribiendo la narradora en el cuaderno que le regalaron Zulema y Mariana? ¿Sigue siendo una niña la narradora? Explique.
14. ¿Qué recuerdos tuvo a bordo del autobús? ¿Cuál era el motivo de su viaje, y adónde iba?
15. ¿Cómo habían pasado la narradora, Mariana y Zulema unas vacaciones de Thanksgiving°?
16. ¿Cuál fue el resultado de esta lectura y comentario?
17. ¿Adónde los llevó Mariana?
18. Al llegar a su pueblo, ¿adónde se dirigió la narradora?
19. ¿Cómo arregló el ataúd de Zulema? ¿Por qué puso discos en blanco dentro del ataúd?
20. ¿Qué hizo después de salir de la funeraria?
21. Comente la ironía de la conclusión.

Acción de Gracias

Para comentar:

1. Para Ud., ¿cuál es el tema del cuento? Explique.
2. La estructura del cuento.
3. El punto de vista de la narradora.
4. El doble proceso de rememoración y la duplicación interior en el cuento.

Temas de composición:

1. Refiera los recuerdos que Ud. tiene de un pariente suyo. Utilice el mismo punto de vista del cuento.

2. Relate algún aspecto de la historia de su familia.
3. Exponga su versión del tema del cuento.

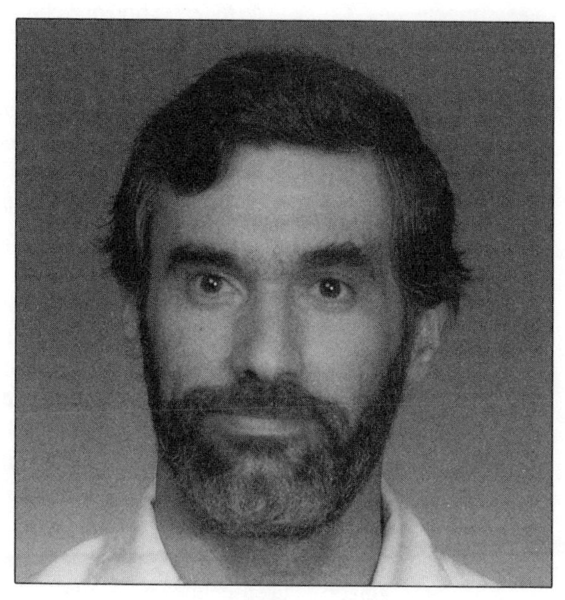

Pablo La Rosa

Nací en la ciudad de Cárdenas (no porque viviéramos allí, sino porque allí había hospital), provincia de Matanzas, isla de Cuba, durante el gran huracán de octubre de 1944. Quizás por eso me parece que no actuamos con tanto libre albedrío como la gente piensa. El ciclón de la vida nos bate, nos arremolina por el aire y nos suelta en orillas absolutamente inesperadas y desconocidas. Como la del exilio perpetuo. Como la de escribir cuentos. Como la de tener un hijo que compone música rock y dos hijas que además de violón y violín tocan claves y tumbadoras.

Tuve la fortuna (otra vez el destino) de pasar la niñez en un lugar casi tan maravilloso como Macondo en su época antes de la muerte: la playa de Varadero. Ya que la situación política me ha impedido el regreso, he viajado por medio mundo buscando su doble: México, España, islas del Caribe, Colombia, Brasil, Australia ... Durante uno de esos viajes, perdido, desorientado y desolado, empecé a escribir las descripciones del paisaje interior que luego resultarían en *Crónica*. La idea del cuento cuajó al regreso de aquel viaje, mirando un programa de Jacques Cousteau acerca de los pulpos.◊ Sentí una gran afinidad entre esa criatura evasiva y mi "persona" de entonces, tal vez algo parecido a lo que sintió el narrador de *Axolotl** al verse reflejado en el acuario. Porque no creo que los miles de millones de años de nuestra evolución hayan borrado los nexos más primitivos con el resto del mundo animal y vegetal.

octopuses

Me he refugiado en la enseñanza de idiomas y literatura (actualmente soy profesor en Baker University) después de probar diversos empleos, y posiblemente algún día pruebe otra cosa, porque me gusta probar. Soy un fotógrafo regular y toco instrumentos percusivos además de la guitarra en dos grupos folclóricos. Algún día me gustaría hacer cine. También quisiera inventar algo práctico para el uso de la humanidad, tal como un tanque de inodoro que no gastara tanta agua, porque no estoy muy seguro si la escritura ayuda al prójimo a vivir más cómodamente.

Aunque también escribo en inglés, no puedo dejar de escribir en mi idioma natural. Es difícil hacerlo ya que no es el lenguaje de la cultura dominante, pero me parecería una traición a mí mismo si por lo menos no lo intentara. Hay temas que sólo

*Cuento de Julio Cortázar. Véase "Carta de Julio" de Elías Miguel Muñoz.

puedo explorar en mi lengua primera. Hay voces que llegan desde la lejanía en lo que llamamos español, y mi deber es fijarlas en papel y tinta. Al parecer es una necesidad que muchos hispano-americanos comparten, de otro modo esta antología no existiera.

Crónica del pólipo argonauta

De todos los animales marinos y terrestres de que se tiene noticia, quizás sea el pólipo◊ uno de los menos comprendidos y más temidos por el ser humano. Criatura sin espinazo, de cabeza desproporcionadamente enorme y ojos escurridizos,◊ el pólipo prefiere arrastrarse furtivamente por fondos de agua turbia y encuevarse donde la luz apenas penetra las tinieblas. Pese a su aspecto amenazante, dicho cefalópodo es un ente inofensivo que se alimenta de débiles formas vitales atrapadas por hileras de ventosas◊ escondidas en el lado inferior de los tentáculos, los cuales llevan la presa a la pequeña boca provista de una lengua filosa a manera de lima que sirve para triturar los crustáceos, su manjar◊ predilecto. No es, por tanto, el monstruo feroz y antropófago◊ de las exageradas leyendas de antiguos marineros y pescadores. En efecto, el pólipo evita toda confrontación con seres superiores, y cuando se siente en peligro o acorralado su pellejo cambia de color y sus propulsores emiten chorros de tinta que ciegan al enemigo y encubren su retirada. Sin embargo, es en el extraño modo de copular donde nuestra naturaleza se revela con más nitidez.◊ Esto ha sido documentado por un verde y famoso explorador submarino, aquél que ha filmado las más inverosímiles eyaculaciones acuáticas, desde los torrentes espumosos de la ballena de esperma hasta las gotas insolubles y aceitosas del desgraciado cangrejo.

especie de pulpo o molusco
furtive
suction cups
comida
man-eater
claramente

* * *

Comencé a sentirme como un pólipo a los pocos días de dejar a mi esposa e hijuelos. Al principio me sentía como un pulpo desarraigado, por así decirlo. Desconozco el número de ventosas de que disponemos, pero después de abandonar a la familia me parecía que los tentáculos de pronto no tuvieran donde adjerirse y giraran sin sentido, como hélices◊ a la deriva en un mar de viento. El único apoyo con que contaba era mi propio cuerpo, flácido y resbaladizo. No sé cuánto tiempo podrá sobrevivir un pólipo así en el vacío.

propellers

No es la primera vez que me voy de mi madriguera.◊ Ya lo había hecho dos veces y en ambas ocasiones regresé antes de cumplirse el mes como un perro arrepentido, pero esas ex-

animal den

Spanish version of "Chronicle of the Argonaut Polypus," *The Americas Review* 18.2 (1990): 7–12

cursiones me sembraron como una nostalgia de libertad dentro del cuerpo que no han podido saciar ni mi mujer ni mis hijos. Ella se cree culpable, pero estoy seguro que lo mismo hubiera pasado con cualquier consorte. La pólipo hembra defiende los ovos fertilizados hasta la muerte, no abandona la cueva ni para alimentarse hasta que los críos surgen de su estado embriónico mientras que el macho continúa su existencia nómada por los desiertos marinos, inyectando a cuanta hembra en celo◇ se encuentre a su paso. Pero yo ya no puedo fecundar overas,◇ pues el semen mío es tan estéril como los fondos arenosos del Mar Muerto.

in heat

egg clusters

Para tratar de recordar quién soy, o por lo menos quién era hace unos meses, abrí el pasaporte y repasé mis datos vitales. Todavía parezco humano en la foto. Mi mujer siempre alegó que tengo los ojos esquivos y tiene razón; jamás he podido mirar de hombre a hombre el ojo de la cámara. Efectivamente, son ojos de pólipo o por lo menos de calamar.

Debo haber mutado mucho en este lapso. La primera vez que cambié cheques la cajera me trató como a cualquier turista, comprobando descuidadamente la firma de los cheques con la del pasaporte. Pero la última vez el cajero me hizo firmarlos por delante y por el dorso mientras escrutaba la foto, sospechando sin duda que yo había robado los documentos. Al fin me dio el efectivo◇ después de anotar el número del pasaporte y el hotel donde estaba hospedado. Le di las señas de un hotel ficticio, con nombre de pirámide o ruinas precolombinas.

cash

Según el sello de la visa crucé la frontera hace poco más de dos meses. El día primero me pagaron y del banco salí derecho para la terminal de autobuses. Además de ser más económico, prefiero este modo de transporte por el tipo de gente que lo utiliza. Fue precisamente en un autobús donde conocí a la hembra que me enseñó a usar el hectocótilo de manera rudimentaria. Pero de eso hace años y yo no vislumbraba mi destino; el caso es que después de cuarenta horas llegué a la capital de este país subdesarrollado. Decidí venir aquí porque con dólares puedo vivir holgadamente por mucho más tiempo y porque en pocas horas podía llegar al mar si se me antojaba (siempre he sentido una necesidad tremenda de estar cerca del mar y nunca pude explicarme por qué hasta ahora). Pero el verdadero motivo por el que vine fue para hundirme en un *déjà-vu* cultural. Las sociedades de países subdesarrollados imitan las modas y costumbres que estuvieron en boga hace cinco o diez años en los países ricos y pensaba que tal vez pudiera aprovecharme de otra revolución sexual. Hasta hace poco había tenido la suerte de un pinche◇ monje.

miserable

Parece que la revolución sodomita antecede a la heterosexual. Los homosexuales no me han dejado tranquilo desde que llegué. Piensan que como ando solo probablemente soy de los suyos. Me han invitado al cine y a bailar, empero me han ofrecido dinero. En fin, les agradezco su interés fraternal, pero debían comprender que nosotros los pólipos estamos estrictamente restringidos a la copulación entre sexos. En un pasado no muy remoto yo hubiera reaccionado violentamente ante esta afrenta a mi masculinidad. Sin embargo, ellos son de los pocos que no me tienen asco y por eso no me importa tanto lo que para muchos sería intolerable.

Hasta el otro día las únicas mujeres que no me rehuían eran las pordioseras.◇ Ni las rameras◇ se me acercaban. Estaba desesperado, las ventosas se chupaban las unas a las otras bajo la ropa a falta de un cuerpo ajeno donde afianzarse.◇ Fui a los museos de antropología, a los museos de arte moderno, a las librerías vanguardistas donde debieran conglomerarse esas hembras precursoras de la revolución erótica, pero no lograba hacer contacto con ninguna. O no las hay en este país, o todavía están en la fase clandestina.

beggars / prostitutes

agarrarse

Por fin una tarde la conocí. Soy un pólipo romántico y creo en el destino. Estaba al acecho en un café al aire libre fingiendo leer una revista de poesía cuando tuve un presentimiento. Alcé la vista justo a tiempo para que nuestras miradas se cruzaran. Se detuvo con el pretexto de leer la carta y luego se sentó a la mesa contigua con mucha naturalidad. Pidió un capuccino y yo seguí hojeando la revista, haciéndome el desinteresado. Al fin no pude prolongar la farsa y le pregunté si estaba viajando sola, pues sin duda era extranjera. Estuvimos charlando más de una hora, al cabo de la cual me dolían las cuerdas vocales. Entonces creí que era porque hacía semanas que no conversaba con nadie, pero ahora sé que estoy perdiendo la facultad de hablar.

No sólo la voz. Los procesos mentales me fallan y con ellos el lenguaje mismo; cierro los ojos y lo único que veo son paisajes sumergidos, esqueletos de caravelas hundidas en el Mar de las Antillas o ánforas◇ jónicas que alguna vez me sirvieron de albergue◇ en el Mar Rojo o Mediterráneo. Temo que pronto

vaso de cerámica / habitación

deje de ser humano por completo y que no sepa aprovechar la tinta de mis propulsores y que esta crónica quede inconclusa.

Esa noche no dormí. Fui absolutamente franco y le pedí que pasara la noche conmigo. Lo pensó brevemente y contestó que estaba muy cansada, pero que le gustaría verme al día siguiente. Por la mañana la fui a buscar al hotel a primera hora. El encargado no me permitió subir a la habitación; la llamó por teléfono y no me quitó los ojos de encima mientras la esperaba. Cuando por fin bajó la tomé de la mano y la llevé a un parque cercano. Se lo conté todo, que era casado y que tenía hijos, que estaba desesperado, que creía que me estaba convirtiendo en pólipo. Al final de mi confesión me acarició el cabello y se quedó pensativa. Entonces se le iluminaron los ojos azules y dijo:

—Tengo una idea. Vámonos para el mar esta tarde. Allí podremos conocernos mejor.

* * *

Tengo la mente cada vez más difusa, en un estado verdaderamente digresivo. Se debe notar porque la gente me mira con temor y hasta los vendedores callejeros dan rodeos para esquivarme. Desde que ella desapareció apenas salgo del hotel. Sólo salgo para saciar la sed a agua de mar que me hurga las entrañas y para tomar mi sopa de mariscos a mediodía en un restaurante de la bahía. Por las noches permanezco cavilando◊ hasta muy tarde, hasta la hora del lobo,◊ cuando el único ruido que se percibe es el de las ratas y las olas que devoran los cimientos del puerto. Voy al baño y me sorprende el espejo, veo un rostro sorprendido y desfigurado que no concuerda con el recuerdo de mí mismo, porque he estado evolucionando al revés y lo que fui hace años o meses ya no tiene semblanza alguna con lo que soy ahora. Apago la luz y paso largos ratos chupando el borde de la sábana. Entonces me agobian los deseos y quisiera masturbarme hasta el olvido, pero los pólipos estamos condenados a copular no obstante los numerosos tentáculos. Además, he perdido el hectocótilo y he de esperar hasta que me crezca otro.

pensando

crepúsculo

¿Cuánto tiempo se demorará en crecerme el próximo? Temo que esta cavidad sea permanente y que yo esté condenado a ser un pólipo eunuco, que esta masa cuajada de vasos sanguíneos no sepa descifrar la codificación genética de la regeneración hectocotilar y que haya sido truncado para siempre por esa hembra traicionera. Me trajo al mar para que la impregnara, mas no sabe que el mismo día que mi último hijo nació los cirujanos me extirparon los vasos seminales. Me la imagino encuevada en alguna gruta cercana a la costa, aguardando inútilmente el nacimiento de millares de nuestros críos.

El viaje en autobús lo hicimos en silencio, ella dormitando contra mi hombro, yo palpándola de vez en cuando para comprobar que no era un sueño. Tenía la sensación de ser un espectador de cine mudo, de que el paisaje de pedruscos y milpas malnutridas no era más que una ilusión proyectada sobre la ventana. A medida que descendíamos hacia la planicie costera mi esqueleto se reblandecía; cada vez que una bocanada de brisa cargada de salitre me quemaba el olfato, mis tejidos se diluían.◊ Cuando vi el mar a lo lejos entendí que este viaje no tendría vuelta. Debo haberme estremecido pues ella se despertó y me acarició.

tissues would dissolve

Agarramos un taxi y le pedí al chófer que nos llevara a un hotel de segunda que tuviera playa. En la hoja de registro puse que éramos casados, pero la encargada me miró con incredulidad socarrona. Le pedí que nos diera una habitación sin aire acondicionado, una que tuviera muchas ventanas. Después de informarme con ironía que las habitaciones climatizadas no costaban tanto insistió que le pagara por adelantado.

Pasamos tres días de aprendizaje penoso. Yo creía que yo hacía el amor estupendamente, pero lo hacía a lo humano y ella tuvo que enseñarme cómo lo hacen los pólipos. En cuanto el botones◊ nos dejó solos en la habitación la estreché apasionadamente y traté de besarle la nuca. Ella me rechazó y la solté perplejo. La miré fijamente pidiendo una explicación, pues yo había pensado que no tendríamos que perder el tiempo en juegos psicológicos pueriles.◊

bellhop

de niños

—Me da más placer sumergirme en un baño tibio que la manera en que los hombres hacen el amor—, dijo.

Le contesté que no entendía.

—Quiero decir que casi todos los hombres hacen el amor como si estuvieran echando carreras. Se sofocan mucho para llegar a la meta cuanto antes.

Sus palabras me avergonzaron. Recordé ciertas escenas torpes de copulaciones relampagueantes cuando era adolescente.

—No tengas pena, no es culpa tuya. Desnúdate.

Nos desnudamos sin tocarnos. Yo estaba acostumbrado a

desnudar a la mujer como requisito indispensable del rito y tuve que hacer un esfuerzo supremo para mantenerme en mi lugar. Entonces mandó que me sentara a un extremo de la cama y ella se sentó en posición yoga al otro extremo. Nos miramos en silencio por más de una hora. El sol estaba a punto de ponerse y el rumor de las olas nos hipnotizaba. Observé que su piel cambiaba de matices y que dos círculos rojos se formaban en torno a sus ojos. Mi cuerpo comenzó a deslizarse hacia ella. Nuestros tentáculos se encontraron y se reconocieron con timidez al principio, luego los míos recorrieron su cuerpo blando de cefalópodo y nos enlazamos. Sentí que su vientre se abría y se ensanchaba debajo del mío, dejando que el hectocótilo se internara hasta la base. Permanecimos inmóviles por mucho tiempo. Cuando nos separamos el sol se había puesto hacía horas.

Encendí la luz. Ella había vuelto a su forma humana. Me miré al espejo aterrorizado, pero yo también había recuperado mi figura de hombre. Nos vestimos y salimos a la calle, cómplices de un secreto incontable. No habíamos probado bocado desde esa mañana y teníamos hambre. Encontramos un restaurante al aire libre y nos sentamos a una mesa apartada del bullicio. El camarero se acercó con la carta.

—Ya sabemos lo que queremos—, dijo mi amante. —Coctel de ostiones y paella a la valenciana para los dos.

Me miró con sus ojos de mujer, insondables y azules como el mar.

* * *

No me queda mucho tiempo. Esta mañana una indígena que le estaba dando la teta a su crío me llenó de nostalgia mamífera. Les escribí una carta a mis hijos pero después de leerla me di cuenta que sólo decía falsedades románticas. La rompí.

* * *

La noche del tercer día esperamos a que todo estuviera en silencio y salimos a la playa sigilosamente. Más afuera centelleaban los faroles de las embarcaciones pesqueras, las que cazan a mis hermanos con sus redes asesinas. Nos desnudamos al borde del agua. Me tomó del brazo y me llevó tras sí hasta que no tocábamos fondo. Éramos inmunes al frío y flotamos mecidos por la marea. Pronto nuestros cuerpos emanaban una fosforescencia verde-rojiza. Su vientre se abrió y mi hectocótilo buscó su calor de mar primordial. Nos hundimos. Podía respirar sumergido. Podía respirar rodeado de agua, como en el origen de la vida. De vuelta al mar madre y parte de mi cuerpo dentro de otro mar. En el momento culminante el vientre suyo se estremeció y se estrechó, contrayéndose con movimientos de parto hacia dentro. Entonces su abdomen se cerró y cercenó mi hectocótilo. Por último soltó una nube de tinta y me dejó solo, abandonado en la inmensidad del mar.

* * *

Acabo de salir de la ducha. La piel se me reseca al menor descuido, a cada rato debo arrastrarme hasta el baño, abrir la llave de agua fría y pegarme con las ventosas a los azulejos para dejar que el agua corra y resbale por mi cuerpo sediento, que los poros se emborrachen con el líquido salobre que cae de la regadera. Vuelvo a la cama sin secarme y me cubro con la sábana mojada. Escribo las últimas palabras con la punta de mi tentáculo superior derecho. Sé que el fin de esta vida humana se acerca. Esta noche mi cuerpo trasmutado se deslizará por la ventana hasta la playa. Cuando la criada abra la puerta mañana se encontrará con los restos mortales de mi persona. Junto a ellos habrá unos papeles esparcidos por el suelo escritos con una tinta opaca de marca desconocida. La policía buscará la pluma y nunca la hallará. Tal vez descubran el rastro de baba que dejaré en la arena al abrirme paso hacia nuevos mares, hacia nuevos archipiélagos habitados por hembras voraces que engullan mis hectocótilos estériles mas viriles. Quizás si sigo esta evolución en retroceso algún día logre convertirme en pólipo argonauta. En ese estado ideal mi soledad será absoluta, pues el hectocótilo de dicha especie tiene la propiedad de adquirir vida independiente y desprenderse del cuerpo en cuanto alcanza la madurez reproductiva. Ser un ente-falo,◊ no saber por qué ni cómo, tener sólo una misión en la vida sin preguntas ni respuestas, penetrar el regazo de una hembra incauta sin preámbulos y se acabó.

phallic entity

Preguntas:

1. ¿Por qué es el pólipo poco comprendido y temido? ¿Cuál es su naturaleza verdadera?

2. ¿Qué nos sorprende de la narración?
3. ¿Quién será el famoso explorador submarino a que hace referencia el narrador? ¿Qué ha descubierto este explorador?
4. ¿Cuándo comenzó el narrador a sentirse como pólipo?
5. ¿Cómo se sentía al volver a su familia después de sus excursiones? ¿Qué efecto tuvieron en él las huídas de su familia?
6. ¿Cuál es la diferencia entre el pólipo hembra y el macho? ¿Qué anormalidad tiene el narrador?
7. Según el narrador, ¿cómo se notaba que iba cambiando de aspecto?
8. En unas de sus huídas, ¿qué le enseñó una hembra? ¿Adónde ha llegado ahora, en el tiempo presente de la narración?
9. ¿Qué esperaba aprovechar? ¿Cuál fue su desilusión?
10. ¿A quién llegó a conocer? ¿Qué le está pasando al narrador?
11. En el tiempo presente de la narración, ¿por qué agoniza el narrador?
12. Volviendo al pasado de la narración, ¿qué experimentaba el narrador mientras él y la hembra se acercaban a la costa?
13. ¿Adónde fueron al llegar a la costa? ¿Qué es la hembra? ¿Qué le dijo ella al narrador acerca de su destreza sexual?
14. ¿En qué se convirtieron para hacer el amor? ¿Y después?
15. ¿Qué sucedió el tercer día cuando entraron al mar?
16. ¿En qué condición se encuentra ahora el narrador? ¿Con qué escribe su crónica?
17. ¿Cuál podría ser el resultado de su evolución en retroceso? ¿Por qué sería ideal?

Para comentar:

1. ¿En qué sentido es fantástico el cuento? ¿En qué sentido es realista?
2. En el plano realista, ¿de qué adolece◊ el narrador? En otras palabras, ¿cuál es el tema del cuento? sufre
3. ¿Es este cuento una expresión de machismo? Explique.

Temas de composición:

1. Vuelva a narrar el cuento desde el punto de vista del pólipo hembra.
2. Exponga sus ideas acerca del machismo hispano.
3. Escriba un breve cuento fantástico de tema realista.

Rima de Vallbona

Ides (15) En los Idos◊ de marzo de 1931 nací en San José, Costa Rica. Mi infancia y adolescencia transcurrieron en el pueblo de Guadalupe donde aprendí a amar mis montañas, selvas, ríos, cafetales, potreros, casitas de adobe y sobre todo, aprendí a admirar y amar la ingenua sencillez de los campesinos de mi tierra. En la Escuela Pilar Jiménez de dicho pueblo estudié con los hijos de esos campesinos y de humildes obreros, y aunque había entre ellos y yo distancias creadas por diferencias de clase, hice amistad con algunos de ellos. El recuerdo de sus carencias y miserias despertó en mí, desde mi infancia, una viva concien-
dondequiera cia de las desigualdades e injusticias que abundan por doquier.◊ Durante la Segunda Guerra Mundial murió mi padre y con él murió también mi paradisíaco mundo; entonces comencé a experimentar en carne propia los sinsabores de la pobreza. De ahí que mi obra literaria, sea novela, cuento, ensayo, esté contaminada de protestas.

Mis estudios tienen una marca internacional: la secundaria y bachillerato, los realicé en el Colegio Superior de Señoritas, el cual, siendo laico, me trasmitió una rigurosa disciplina se-
semimonástica mimonacal.◊ Con becas, una de la Alianza Francesa de Costa Rica y la otra del Instituto de Cultura Hispánica de Madrid, estudié, primero, en La Sorbona, París, y después, en la Universidad de Salamanca, en España. A mi regreso a mi patria
di impartí◊ clases de francés en el Liceo J.J.Vargas Calvo mientras continuaba mis estudios en la Universidad de Costa Rica. Ya
cuidados casada y con tres hijos, fue cuando con muchos desvelos◊ saqué la Licenciatura en Filosofía y Letras por esa Universidad, aunque ya vivía en Norteamérica. Además, cumplí con todos los requisitos para obtener la maestría en la Universidad de Houston, pero como no presenté la debida tesis, no saqué mi título en dicha institución. Era ya una cuarentona y profesora de la Universidad de St. Thomas de Houston, Texas, cuando inicié mi doctorado en Middlebury College (Vermont). Durante diez años y con muchos sacrificios de toda clase asistí los veranos a esa universidad donde saqué mi título de Doctora en Lenguas Modernas (DML). En una ocasión fui directora del Departamento de Español (1967–71) de la Universidad de St.Thomas ; en otra, lo fui del Departamento de Lenguas Modernas (1977–79); actualmente soy Catedrática de Español por la Fundación Cullen (Cullen Foundation Professor of Spanish).

Vine a los Estados Unidos a casarme después de un largo

noviazgo de cuatro años, tres de los cuales transcurrieron en platónica relación epistolar. Como no hay mal que por bien no venga, el diario ejercicio de escribir esas cartas, creo que fue una forma de entrenamiento eficaz en mi aprendizaje de escritora. Los primeros años de matrimonio fueron muy duros para mí, alejada como vivía de mi familia, y mis amigos, en tierra extranjera y sin poder comunicarme en inglés con los demás. Sin embargo, lo que más me frustró fue no poder ejercer mi carrera docente◊ porque se requería haber residido en Texas durante cinco años. Desesperada y a hurtadillas,◊ mientras cambiaba pañales a los niños y me cuidaba de los quehaceres domésticos, comencé a pergeñar◊ *Noche en vela*, mi primer texto narrativo, el cual venía tramando◊ desde mis años en París. Como ven, éste es otro mal que convertí en provechoso para mi carrera y para mi vida. La novela obtuvo el quinto lugar en el Concurso Nadal de novela, en España, en 1964. Desde entonces hasta el presente, he publicado tres novelas, cinco libros de cuentos, dos de ensayos literarios y tengo montones de proyectos para pasar una vejez plácidamente creativa.

de enseñanza
escondidas
preparar
planeando

El auge◊ que ha ido cobrando en las últimas décadas la literatura hispana en los Estados Unidos es un fenómeno digno de tomarse en cuenta por la riqueza y variedad de temas, tonos y voces que se perciben tanto en la narrativa como en la lírica y el drama; también, porque gracias a la acogida◊ que le han dado los editores y el público, aquellos hispanos que hemos venido de otros países hemos podido integrarnos a dicho movimiento y continuar escribiendo. El aporte de escritores como Tomás Rivera, Rudolfo Anaya, Nicholasa Mohr, Rolando Hinojosa, Roberto Fernández y muchos otros representa un nuevo injerto◊ en una literatura que se había concentrado en España y los países hispanoamericanos. En especial *Bless me, Ultima* de Anaya, es para mí una novela mágica, en la cual se conjugan armoniosamente los más altos valores y cualidades de las letras y la realidad mexicoamericana.

la fama
recibimiento
graft

Me preguntan por qué escribí el cuento "La tejedora de palabras", el cual va incluido en esta antología. En verdad nació a raíz de las confidencias que me hizo un alumno mío acerca de una caduca◊ profesora que vivía asediándolo◊ con cartitas amorosas y trucos para seducirlo. Como he tratado mucho el tópico de la mujer víctima, se me ocurrió darle vuelta a la tortilla y presentar un tema que se está enfocando ya en la

de edad madura / importunándolo

literatura y en los medios de comunicación: el de la mujer como pervertidora de menores. Con este cuento canalicé la angustia que me produjo el peligro que corría mi estudiante. Así, debo reconocer que la mayoría de mis páginas, siempre inspiradas en la realidad, pero transformadas por mitos, sueños y fantasías, son el resultado de una catarsis◇ y de una subversión; ésta, a veces personal y otras, predominantemente social.

purgación

La tejedora de palabras

A Joan, quien desde hace siglos se aventuró por los mares de la vida creyendo que iba en pos de su propia identidad, cuando realmente buscaba, como Telémaco, al Ulises-padre-héroe que todo hombre anhela en sus mocedades.

. . . hallaron en un valle, sitio en un descampado, los palacios de Circe, elevados sobre piedras pulidas. Y en sus alrededores vagaban lobos monteses y leones, pues Circe habíalos domesticado, administrándoles pérfidas mixturas.

Homero

El violento fulgor◊ veraniego de los ocasos de Houston estalló en mil resplandores rojizos en su hermosa cabellera, la cual lo dejó deslumbrado por unos momentos; era como si hubiese entrado en una zona mágica en la que ni el tiempo, ni los sentidos, ni la realidad tuvieran cabida alguna. Ella se dirigía hacia el edificio de lenguas clásicas y modernas cuando Rodrigo tuvo la fugaz◊ visión suya de espaldas, aureolada por el brillo de una nunca antes vista frondosa◊ mata de pelo. Iba cantando —o eso le pareció a él—, con una voz tan melodiosa, que por unos instantes se suspendieron sus sentidos y quedó petrificado.

brillo
momentánea
espesa

—¿Qué te pasa que te has quedado ahí alelado◊ como si hubieras visto un fantasma o un ánima de ultratumba?—, le preguntó Eva, mientras la de los hermosos cabellos subía con aire de majestad los tres escalones de piedra del edificio.

embobado

—¿Quién es?—, le preguntó Rodrigo señalándola con un gesto de la cabeza.

—¿Quién va a ser? ¡Si todo el mundo la conoce! Es la profesora Thompson, la de clásicas. Todo quisque en la U◊ sabe de sus excentricidades. Ella es precisamente la profe por la que me preguntabas ayer, cuanto te matriculaste en su curso.

cada uno en la Universidad

From *The Americas Review* 17.3–4 (1989): 35–42.

Al abrir la puerta para entrar en el edificio, girándose repentinamente, ella fijó en Rodrigo una mirada de cenizas con ascuas. Fue cuando el resplandor de sus cabellos se apagó. Entonces él no pudo dar crédito a sus ojos, pues superpuesta a la imagen de criatura divina, se le manifestó de pronto como un ser grotesco: la juventud que antes había irradiado brillos mágicos en la luz del sol de los cabellos, se trocó en un marchito pelaje color rata muerta, grasienta, sucia. Lo que más le impresionó es que, pese a la distancia que lo separaba de ella, le llegó a él un intenso y repugnante olor a soledad, a total abandono, como de rincón que nunca se ha barrido ni fregado. Sintió náuseas, lástima, miedo . . .

—Da pena verla—, siguió comentando Eva. —Viene a la U en esa facha de trapera, como las *bag ladies* que con la situación escuchimizada◊ de hoy y la derrota de sus vidas, llevan cuatro chuicas◊ en una bolsa plástica, hacen cola en Catholic Charities y se pasan hurgando◊ en los basureros. Sucia, despeinada, sin maquillaje alguno, el ruedo de la falda medio descosido, ¿no la viste?, así viene siempre a clase.

tan débil
trapos
poking

Rodrigo agregó:

—Camina con desgana, como si ya no pudiera dar un paso más en la vida y se quisiera perder en el laberinto de la muerte . . .

—Mejor dicho, en las regiones del Hades, donde habita el clarividente ciego Tiresias, explicaría la profesora Thompson, cargada como tiene la batería de añeja literatura y mitos griegos.

—¿No estás tomándome el pelo, Eva? Este espantapájaros con figura de mendiga no puede ser una profe . . . y menos de clásicas.

—¿Pintoresca tu profesorcita, eh? Verás las sorpresas que te guardan sus clases, Rodrigo—. Muerta de risa, Eva se alejó hacia el edificio de filosofía mientras le recomendaba andarse con cautela◊ con la profesora Thompson porque . . . ¡a saber por qué!, pues las últimas palabras las borró en el aire el traqueteo del camión que pasaba en ese momento recogiendo basura.

cuidado

Como si la profesora Thompson adivinara que hablaban de ella, en un instante fugaz la divisó Rodrigo mirándolo con fijeza detrás de los cristales tornasolados de la puerta. Él no sabía si los reflejos del vidrio, al influjo del sol poniente, habían vuelto a jugarle una mala pasada; lo cierto es que cayó de nuevo presa del embrujo de la primera visión de ella: se le volvió a manifestar en todo el esplendor de su abundante y hermosa cabellera orlada de fulgores mágicos que le daban una aureola de diosa, como salida de un extraño mundo de fantasías.

A partir de entonces, siguió apareciéndosele a Rodrigo en su doble aspecto de joven embrujadora/vieja-hurga-basureros. El fenómeno ocurría aún durante las clases. Al principio, temiendo que los efectos de esa doble obsesión quimérica afectaran sus estudios, Rodrigo se vio tentado a dejar el curso sobre Homero. Sin embargo, una misteriosa fuerza venida de quién sabe dónde, incontrolable, lo hacía permanecer en él. Para justificarse, se repetía, sin convicción alguna, que tenía razones muy sustanciosas: ante todo, curiosidad. Sí, curiosidad, porque en el diario contacto con sus compañeros esperaba que alguno de ellos le revelase a él que también padecía de tan extravagantes espejismos; pero por lo visto, nadie a su alrededor mencionaba nada tan absurdo como el mal que lo estaba aquejando◊ a él. Sus compañeros se complacían en poner en relieve sólo la descharchada◊ figura de mujer que ha llegado a los límites, al se-acabó-todo-y-ya-nada-importa-más. No obstante, todos reconocían que como pocos profesores, la Dra. Thompson daba unas clases fascinantes durante las cuales volvían a cobrar vida Ulises, Patroclo, Nausicaa, Penélope, Telémaco, Aquiles.

afligiendo

inútil

En efecto, mientras ella exponía la materia, era imposible escapar al hechizo◊ de aquel remoto mundo, el cual se instalaba en el espíritu de Rodrigo como algo presente, actual, que nunca hubiese muerto, ni moriría jamás. En varias ocasiones Rodrigo experimentó muy en vivo que, en vez de palabras, la profesora le iba tejiendo a él —sólo a el— la "divina tela" (tela-tejido-textura-texto); ligera, graciosa y espléndida labor de dioses que había venido urdiendo◊ la "venerable Circe" en su palacio, también hecho por Homero de puras palabras. En clase, enredado en la hermosa trama que ella iba tejiendo con palabras, palabras y más palabras, Rodrigo se sentía feliz, más cómodo que moviéndose en su realidad de fugaces amoríos, de conversaciones fútiles, de películas violentas y eróticas, del dolor de haber sorprendido las infidelidades de su imperial padre, de la sumisión dolorosa de su madrecita tierna, benévola, resignada; también de las noticias alarmantemente feroces que lo atacaban por doquier desde el periódico, la radio, la tele, los mismos textos universitarios. La clase sobre Homero era para él un paraíso perfecto donde sorbía embebido el frescor de aquel

encanto

tramando, tejiendo

río de palabras que arrastraba consigo todos sus pesares, angustias, preocupaciones, y lo dejaban limpio y prepotente como un héroe homérico.

Así fue como la profesora Thompson captó el efecto mágico que producía sobre Rodrigo la urdimbre de sus palabras. Sin perder ocasión, lo colmó de palabras para hacerle saber que ella lo comprendía; le escribió al pie de los ensayos que ella le corregía, en las traducciones que él le entregaba como tarea de cada semana y a veces en papelitos clandestinos. Las primeras notas pusieron énfasis en sus cualidades:

> "Rodrigo, por lo que dices y escribes en clase, observo que eres muy inteligente; más que la mayoría de las personas. Lo raro es que también tu sensibilidad e intuición te permiten percibir datos sofisticados y multidimensionales que los demás no alcanzan ni a adivinar. Lo ignoras, pero en tu caso ocurre el fenómeno rarísimo de conjugar íntegramente el poder creativo e innovador de lo intuido y el analítico de la razón resuelveproblemas. ¡Y yo, que siempre me he creído más inteligente y capaz que los otros (perdona mi arrogancia)! Ante ti experimento la impresión de que has venido a mi vida como uno de esos héroes míticos que estudiamos y que aparecen para romper con todas las reglas de lo normal y corriente e instalarse vencedores en el centro del mundo. Lo que te digo es una verdad que debes imponerte y de la que debes sentirte orgulloso, como yo lo estoy, porque juntos, las dos formamos una pareja separada del resto de la raza humana. Y por favor, no hagas esfuerzos —los cuales serán vanos— por escapar a ese destino, como estás intentándolo desde que te conocí".

Rodrigo no salía de su asombro ante tal análisis, el cual denotaba un gran interés en su persona. Además, le pareció que la profesora entendía aquel "destino" plantado en medio del papel, en el rígido e inapelable◇ significado griego y que ella, quién sabe por qué hechicera capacidad, le advertía el contenido de su oráculo.◇ Para complicar más las cosas, en carta adjunta al ensayo sobre el descenso de Ulises al Hades, ella le puso:

inevitable

profecía

> "Por lo mismo que eres tal como te analicé en otra ocasión, es muy difícil que encuentres una respuesta *simple* a tu obsesiva pregunta de quién eres. No olvides que cualquier respuesta satisfactoria será siempre *muy compleja.*

> Recuerda lo que el existencialismo afirma, que *cada uno es lo que escoge ser*. Ulises escogió ser héroe. Tú te debates entre la ventura ilimitada de Ulises y las reducidas demandas inmediatas del joven Rodrigo, atrapado en los avatares◊ superfluos de la vida burguesa de su familia, la cual no le calza en nada. Yo, en tu lugar, estaría furiosa por la injusticia cometida por la familia que se roba hasta la libertad de cualquier ser humano, todos tenemos el deber ineludible◊ de defenderla si no queremos quedar alienados".

cambios

inevitable

Sin ton ni son, siguió pasándole notitas. En una de ellas hacía énfasis en la desesperada necesidad (así, subrayado) que él tenía de establecer una sana y completa relación íntima con alguien. Lo curioso es que Rodrigo nunca aludió a eso ni a nada de lo que ella decía, aunque se vio forzado a reconocer que había un gran fondo de verdad en lo que la Dra. Thompson conjeturaba. Sin duda alguna la mujer tenía algo de hechicera o se las sabía todas en el campo de la sicología. Entre otras cosas, ella le dijo que le daba lástima verlo tan impotente para proteger de las imposiciones de su familia lo que era para él inapreciable, como la íntima e íntegra relación con alguien. Agregó que le destrozaba el corazón, porque de alguna manera el cumplimiento de su destino (¡y dale con el destino!) rompería las amarras◊ con los principios pequeñoburgueses de su familia. Acompañando la notita, en sobre aparte, y para mayor sorpresa de Rodrigo, venía la llave de su casa y un mapa: "Este es el mapa que te llevará, muchacho querido, a través del laberinto de autopistas de Houston hasta mi morada salvadora de la muerte existencial que te imponen ellos, los que diciéndote que te quieren, te están destruyendo", puso al pie del mapa.

ataduras

A partir de entonces la profesora Thompson no perdió oportunidad para escribirle papelitos de toda clase, en los que analizaba con agudeza la idiosincrasia de Rodrigo: la intensidad de sus problemas y emociones, su sensibilidad exacerbada, no comprendida por muchos que hasta lo llamaban neurótico, sicópata, en fin, todos esos membretes◊ que se le ponen a la conducta que no se comprende porque está fuera de los alcances de las inteligencias comunes. En otra carta le decía:

labels

> "No temo de manera alguna la intensidad de tus emociones y arrechuchos◊ y por lo mismo prometo no abando-

indisposición pasajera

let loose

deseo

se instala

narte jamás. Has de saber, Rodrigo del alma, que conmigo puedes desplegar◊ la amenazadora gama de tus pensamientos, iras y emociones. Yo te comprendo y comprendo tu frustración. Conmigo podrás ventilar todo lo que has vivido reprimiendo por temor a malentendidos.

Te sobran razones para creer que lo que ves, percibes, piensas, sientes, es equivocado. Sin embargo, *nada de eso es equivocado*, sólo diferente a lo que los demás ven, perciben, piensan y sienten. Debes tener más fe en ti mismo, Rodrigo, muchachote tan de mi alma. Has de saber que mi tarea a tu lado es la de trasmitirte, infusionarte, saturarte de fe en tu talento y en la extensión de tu potencial. La otra tarea mía consiste sobre todo en librarte de tu familia y de las absorbentes obligaciones sociales que ellos te imponen; te prometo cortar del todo las amarras que te tienen maniatado y no te permiten entregarte a mí. La última de mis tareas reclama que tú y yo gocemos de momentos privados y que vengas a verme cuando las presiones del mundo exterior te hagan daño, para que ventiles tus frustraciones y pesares conmigo. Tú no lo quieres reconocer, pero desde el día que te vi a través del cristal de la puerta del edificio de lenguas, capté en tu mirada un anhelo◊ intenso de morir, de acabar con tu preciosa vida para siempre. Desde entonces, mi amor por ti ha ido creciendo y creciendo. Y porque te amo, Rodrigo, mi Rodrigo, porque has llegado a ser todo para mí, lucharé a brazo partido y hasta daré mi vida entera por salvarte de ti mismo".

Al leer aquello, Rodrigo siente que un raro vacío se ubica◊ en su ser y que la vergüenza, el rechazo, la rabia, el desprecio hacia la vieja-hurga-basureros se apoderan de él. Sin embargo, el penetrante olor a soledad que despide ella le recuerda (¡extraña asociación sin fundamento!), la soledad de su frágil madrecita siempre empequeñecida por el fulgor juvenil de las amantes de su padre. Entonces se le viene al suelo el ánimo que lleva para dejar la clase de Homero, para enfrentarse a la profesora Thompson y gritarle las cuatro verdades de que se mire en un espejo y compruebe que con su imagen cincuentona, surcada ya de arrugas, sin belleza alguna, es ridículo pretender seducir a un mozalbete de su edad. Una vez ante ella, Rodrigo baja la vista y el aprendido código social de gentileza-hipocresía-disimulo, se le impone de nuevo y sí, señora, ¿en qué puedo servirla?, deme la cartera que está muy cargada de libros, para llevársela, le abro la puerta, no tenga cuidado, sabe que estoy a sus órdenes, usted sólo tiene que mandarme. Así fue como después de una de las clases, y so pretexto de que con los atracos y violaciones que abundan por los alrededores de Montrose,* Rodrigo la acompañó hasta su coche.

—¿Dónde estás estacionado, Rodrigo?—, le preguntó la profesora Thompson cuando ya estaba instalada, con el pie en el acelerador.

—A unas cuantas cuadras de aquí, pues hoy me costó encontrar espacio cerca. Debe tener lugar algún concierto o conferencia para que haya tanta gente por aquí.

—Te llevo. Entra.

Fue con miedo, mucho miedo, que Rodrigo entró al destartalado◊ Chevrolet de los años de upa.◊ Las piernas le flaqueaban porque en ese preciso momento recordó otra de las cartas en la que ella le decía que para defenderlo de la muerte (¡del Hades!), la cual pululaba◊ en todo su ser, él debería abandonarlo todo, absolutamente todo y retirarse a vivir con ella en su mansión (sí, había escrito "mansión" y a él le pareció raro que con esa facha tan desgarbada tuviera una mansión) de Sugarland,† donde sólo sus gatos le quitarían a ella poco tiempo para dedicárselo sin medida a él. Ahí, en su mansión, ella le daría cuanto él necesitara y pidiera:

junky / *who knows when*

vibraba

> "Para darte la paz que necesitas, Rodrigo, sólo para eso te llevaré a mi paraíso al que nadie más que mi legión de gatos entra ni entrará. Podrás darles mi teléfono a tus parientes y amigos para no cortar del todo amarras con el mundo de afuera. Allá, conmigo, verás cuánta paz y dicha alcanzaremos juntos, *porque sabes que te amo con un amor rotundo y total, como nadie te ha querido antes, ni siquiera tu madre*".

A Rodrigo no le cabía duda de que ella era una hábil manipuladora de palabras, palabras que iba tejiendo a manera de una tupida red en la que él se iba sintiendo irremisiblemente◊ atrapado, como ahora dentro del coche. En cuanto entró, le vino de golpe un violento tufo◊ a orines y excrementos de gato que lo llenó de incontenibles náuseas. En seguida comprobó que

sin remedio

mal olor

*Vecindario de Houston.

†Suburbio de Houston.

mientras impartía clase por cuatro horas, la profesora Thompson había dejado encerrados a dos de sus numerosos gatos que se quedaron mirándolo con odio y rabia (al menos así le pareció a él cuando atrapaba en la oscuridad el oro luminoso de sus pupilas felinas ... ¿Y si hubiese sido más bien lástima lo que le trasmitió el oro encendido de sus ojos? ¡Había un fondo tan humano en su mirada!).

En ese instante, en la penumbra del desmantelado y ridículo Chevrolet ella volvió a aparecer ante Rodrigo en todo el juvenil resplandor pelirrojo del primer día. Entonces él experimentó con más fuerza que antes que ya nada podía hacer para defenderse de ella, que de veras estaba atrapado en la red tejida por ella con palabras, palabras, palabras y palabras, escritas, susurradas, habladas, leídas, recitadas, palabras, y no, yo quiero irme a casa, déjeme usted, señora, se me hace tarde, mis padres me esperan a cenar, no seas tontuelo, mi muchachote querido, que ellos sólo te imponen obligaciones y yo en cambio te daré el olvido y abolición completos de todo: dolor, deberes, demandas, reprimendas, ¿ves cómo los vapores de este pulverizador exterminan el penetrate olor gatuno del coche?, así se disipará tu pasado en este mismo momento, vendrás conmigo a mi mansión cerrada para los demás y a partir de ahora, sólo tú y yo, yo y tú juntos en mi paraíso ... nada más que tú y yo y el mundo de afuera eliminado para siempre.

* * *

—¿Se enteró usted que desde el jueves pasado, después de la clase suya, Rodrigo Carrillo no ha regresado a su casa, ni ha telefoneado a su familia?—, le preguntó a la profesora Thompson Claudia, una de las alumnas del curso.

—¿Ah? ¡No lo sabía!

—Como acaba de pasar lo de Mark Kilroy y la macabra carnicería ... digo, el sacrifico satánico en Matamoros, la familia Carrillo y la policía lo está buscando temerosos de que haya sido otra víctima de los narcotraficantes.

—Se teme lo peor, dicen los periódicos, y lo malo es que no han dado con la menor pista—,° con voz llena de ansiedad, comentó Héctor, el amigo íntimo de Rodrigo. —Sólo saben por nosotros que estuvo el jueves en esta clase y que después ni siguiera entró en su convertible que encontraron estacionado en el mismo sitio donde lo había dejado al mediodía, cuando

clue

regresamos juntos de tomar una piscolabis.◊ Como anteayer se descrubrió por estos barrios otra banda de traficantes de drogas que también practicaban cultos satánicos, se imaginará usted cómo está de angustiada la familia. *snack*

—¿No la interrogó a usted la poli como a nosotros?

—Oh, sí, sí, pero qué podía decirles yo? Rodrigo debe estar con alguno de sus parientes en Miami, de quienes se pasa hablando. Tengo la corazonada◊ de que esté donde esté, no corre peligro ... ningún peligro. Sigamos con Homero. Comentábamos el pasaje en el que Ulises y sus camaradas llegaron a la isla Eea. *hunch*

Héctor fijó la vista en el libro donde se relata cómo los que se alejaron de la nave oyeron a Circe que cantaba con una hermosa voz, mientras tejía en su palacio "una divina tela, tal como son las labores ligeras, graciosas y espléndidas de los dioses"... Al posar de nuevo la mirada en la profesora Thompson, no podía dar crédito a sus ojos: en lugar de la mujerota alta, fornida, jamona, desaliñada, en la penumbra de la vejez, de rasgos duros y amargos, apareció ante él ¡increíble!, ¿estaría soñándola?, como una bella y atractiva joven de abundante cabellera rojiza —aureola rubicunda que le daba un aire de diosa prepotente. Además, en vez del vozarrón al que él se había habituado, con voz melodiosa que a sus oídos parecía un cántico divino, ella seguía relatando cómo los compañeros de Ulises fueron convertidos en puercos por Circe ...

Preguntas:

1. ¿Qué efecto tienen en Rodrigo la visión y canto de la profesora Thompson? ¿Qué enseña ella?
2. ¿Qué cambio en la profesora asombra a Rodrigo? ¿Qué olor le llega de ella?
3. ¿Qué le parece ella a Eva?
4. ¿Cuál es el doble aspecto que sigue teniendo la profesora para Rodrigo? ¿Les sucede lo mismo a los otros estudiantes?
5. ¿De que manera hechiza la profesora a Rodrigo? ¿A quién la compara la narradora?
6. ¿Qué le escribe ella a Rodrigo en sus tareas de clase? ¿A cuál héroe griego lo compara?

7. Según la profesora, ¿qué debería buscar Rodrigo?
8. ¿Qué captó la profesora en la mirada de Rodrigo? ¿Qué le declara ella?
9. ¿Qué recuerdo provoca en Rodrigo el olor que despide la profesora?
10. ¿Por qué no puede Rodrigo resistir el hechizo de la profesora?
11. ¿Qué sensación experimenta Rodrigo al entrar al coche de la profesora? ¿Cuál es el paraíso que ella le promete?
12. ¿De dónde proviene el tufo que repugna a Rodrigo? ¿Cómo vuelve a aparecerle la profesora?
13. ¿Cómo se da cuenta Rodrigo de que no puede defenderse de ella?
14. ¿A qué se atribuye la desaparición de Rodrigo?
15. Comente la conclusión.

Para comentar:

1. ¿Qué le habría pasado a Rodrigo depués de que la profesora Thompson lo llevó a su casa?
2. Consulte un texto mitológico y explique cómo la profesora es una combinación de Circe, Sirena y Minotauro.
3. ¿Qué opina Ud. del carácter de Rodrigo?

Temas de composición:

1. Haga una comparación entre Rodrigo y los héroes mitológicos Ulises y Dédalo.
2. Escriba sobre un aspecto de la vida moderna en relación a los mitos que Ud. conozca.
3. Escriba un ensayo sobre "La tejedora de palabras" en el que se relacione el plano narrativo de la seducción de Rodrigo lograda por la profesora con el plano metafórico de la seducción o embelesamiento que puede realizar el escritor o escritora de literatura.

Elías Miguel Muñoz

Mi padre tenía diecinueve años y mi madre dieciséis cuando nací en la ciudad de Ciego de Ávila, provincia de Camagüey, Cuba, el 29 de septiembre de 1954. Poco después de la Revolución del '59, mi padre decidió abandonar el país. Quería traernos directamente a los Estados Unidos, pero el proceso se hizo largo y complejo. Al cumplir yo los trece, todavía estábamos esperando el "telegrama" de salida. En un par de años cumpliría la edad militar, teniendo que ingresar en el ejército. Esto implica que ya no podría salir de Cuba. Por eso mi padre se vio presionado a sacarme lo antes posible. En octubre de 1968 mi hermano menor y yo emigramos a España.

Nos recibió un pariente lejano, primo segundo de nuestro padre. Vivimos con él y su familia —esposa e hija— por ocho meses. Al cabo de ese tiempo viajamos a California, donde nos esperaban nuestros padres. (Ellos habían recibido el "telegrama" a principios del '69). Ambos estaban trabajando en una fábrica y habían alquilado un apartamento en Gardena. Se habían instalado en este suburbio de Los Ángeles porque el hermano de mi padre y su familia ya vivían allí.

La vida en Gardena fue una tremenda desilusión para mi hermano y para mí. No se podía ir a ningún sitio sin carro. Nadie caminaba por las calles. No hablábamos inglés. No teníamos nada que hacer más que mirar televisión.

Pronto empezamos a estudiar y el estudio fue cambiando nuestro ánimo. Nos mudamos a Hawthorne, área de la Bahía del Sur, para que yo pudiera asistir a la secundaria Leuzinger (que en aquel entonces tenía "buena reputación"). En esa escuela me involucré◊ en los clubes de español (por supuesto), drama y arte. Hice amigos. Aprendí inglés. Y me gradué un año antes de mi clase.

participé

Luego vino la etapa del *college* (El Camino, California State, Domínguez Hills), la de los estudios graduados en la universidad de California, Irvine, donde recibí un doctorado en español en 1984. Y del '84 al '89 la etapa académica, cuando estuve de profesor en Kansas, mi segundo destierro. En los últimos tres años me he dedicado a escribir.

La experiencia que más profundamente me ha marcado es la de haber salido de Cuba a la edad de catorce años, con mi hermano. Sobrevivir aquellos ocho meses en Madrid ha sido el desafío más grande que he enfrentado hasta el momento. Sin duda, esa ruptura a una temprana edad determinó mi visión del mundo. Y todavía hoy sigue sustentando lo que escribo.

El cuento que aparece en esta antología, "Carta de Julio", parece tratar más de México que de Cuba. Y sin embargo, en el texto puede leerse la vivencia del cubano que abandonó de niño su país y que trata de conservar el recuerdo de una infancia que se le desdibuja: "Extrañaba a mis padres (mis verdaderos padres habían quedado atrás, en Cuba); extrañaba la vida tranquila de Ayapango (Ciego de Ávila) . . . "

Escribo más que nada porque me gusta escribir. Pero la escritura es también mi manera de mantener viva la historia de mi familia; de documentar nuestro exilio, nuestra experiencia de existir entre dos culturas y dos mundos.

Creo que la literatura que escribimos los hispanos en este país, ya sea en inglés o en español, es fuerte y rica. Se nutre de varias tradiciones literarias —la mexicana, la española, la latinoamericana del "boom", la norteamericana— y de varios contextos. Es a la vez marginal, contestaria y *mainstream*. Desde su explosión en los años sesenta, se ha ido incorporando a la cultura de los Estados Unidos, transformándola.

¿Por qué escribí "Carta de Julio"? Un día de verano del '91, se me ocurrió que era hora de contar algo, y decidí desenterrar una de mis primeras experiencias de escritor: la historia de un "obediente escritor agarrado con las manos en la masa"; *caught in the act*, como dice el dicho, en el acto de plagiar un cuento de Julio Cortázar.* Quise escribir algo que fuera, en gran parte, un homenaje a él; constancia de mi admiración. Y también me propuse autentificar mi "plagio" de su obra y de su voz.

Pensé que el motivo recurrente de mi relato debía ser una carta de Cortázar que yo había recibido poco tiempo antes de su muerte. Mi narración tendría que funcionar como parodia del estilo de Julio y oscilaría entre dos planos temporales. Un plano sería el mío, personal y autobiográfico: joven cubano que admira al escritor argentino y que inevitablemente sufre su influencia. Y el otro plano temporal un breve pasaje de la historia mexicana: una visita a la sociedad azteca. (Sí, más o menos en la onda de "La noche boca arriba").

A medida que escribía me vi cuestionando las ideas de autor y autoridad, verdad histórica, origen. Sentí que había

*Novelista y cuentista argentino (1914–1984), autor del cuento "La noche boca arriba", con el cual "dialoga" el de Muñoz.

entablado◇ un diálogo con el maestro y que gracias a él —a su imaginación— yo estaba escribiendo. Surgieron los temas que en la víspera◇ del aniversario del Descubrimiento me acechaban; la confrontación violenta entre dos universos y dos mitologías; la colonización; el ultraje◇ sufrido por nuestras civilizaciones indígenas; la realidad dura y compleja del colonizado.

comenzado

eve

ofensa

El encuentro de Hernán Cortés con el joven guerrero azteca, en "Carta de Julio", iluminaba el mío con la historia mexicana: "¿Qué diablos podía yo decir de un país donde ni siquiera había estado?" El nacimiento de una nueva cultura, en Tenochtitlán, era también, en cierto sentido, el nacimiento de mi propia cultura cubanoamericana: "El dolor de la ruptura, supuse, siempre es el mismo".

Al terminar mi relato experimenté una alegría muy grande. No sólo porque había podido "reclamar un pedazo de Julio, dejarlo vivir otra vez, a mi manera", sino también porque, después de tantos años de vivir en inglés, el idioma español, mi cultura y Cuba seguían existiendo para mí.

Al lector de la antología: Trata de reconstruir la anécdota que se narra en los dos relatos (Daniel-Tozani/autor cubano). Hazte y contesta las siguientes preguntas: ¿Cuál es la relación entre los dos pasajes? ¿Qué temas, símbolos, motivos tienen en común? Sería también interesante hacer una lectura comparativa entre el cuento de Cortázar y "Carta de Julio". De hecho, "La noche boca arriba" podría ser una lectura previa, o paralela, a la de mi relato. Otro aspecto interesante del cuento es el de la escritura por encargo; es decir, que la historia "El quinto sol" fuera asignada por una editorial. ¿Podemos llamarle "arte" a ese tipo de literatura? ¿Qué criterio podríamos utilizar para evaluarla?

Como ejercicio creativo, escribe una composición en la que explores la vida de Daniel Flores en Tenochtitlán. Esto implica adentrarse un poco en la cultura azteca, imaginar los choques culturales entre pasado y presente, etc. Y claro, la idea más fascinante sería la de especular lo siguiente: ¿Qué habría pasado si Daniel-Tozani hubiera derrotado a los españoles cambiando el curso de la historia? ¿Cómo sería el México de hoy?

Carta de Julio

"En la mentira infinita de ese sueño . . . "
(Julio Cortázar, "La noche boca arriba")

La editorial◊ se encargó de proveer los ingredientes: vocabulario, tiempos verbales, modismos, tono y glosario para las expresiones coloquiales. Que divierta, que excite, que despierte interés, me pidió la editora. Que el texto agarre a los alumnos y que no los suelte hasta que lleguen al último silencio. Que se olviden, al leer, que están leyendo en otra lengua.

publisher

¿Qué te parece un relato fantástico?, preguntó la editora, amorosamente autoritaria, como siempre. Un librito de lectura para complementar los grandes métodos comunicativos del momento. Amplio mercado. Grandes ventas. Luego me sugirió el título y la anécdota, por supuesto:

Quinto sol se llamaría el relato y su protagonista sería un joven mexicano, Daniel Flores, estudiante de historia en la UNAM.◊ Buena descripción del Distrito Federal, Chapultepec, museo, etcétera, sin mencionar la polución ni el desempleo. Vida de estudiante pobre pero no tan pobre para que los chicos puedan identificarse, etcétera.

Universidad Nacional Autónoma de México

La peripecia:◊ Daniel se cansa de la ciudad (no porque esté pasando hambre y comiéndose el cable,◊ nada de eso; ni tampoco porque sea un nene de la Zona Rosa, engreído◊ y ávido consumidor de chichifos◊). Agobiado por la gran metrópolis—pobrecito—Daniel decide regresar a su pueblo natal, Ayapango, ubicado entre los dos volcanes, justo al lado del Paso de Cortés. El estudiante añora—¡dígame usted!—el calor del hogar y la comida de su madre.

caso
financial straits
vanidoso
prostitutos

Al caer extenuado en el lecho hogareño, volcado sobre la nada oscura del cansancio, Daniel viaja al siglo dieciséis, a Tenochtitlán, para enfrentarse a los blancos. Una vez pasado el susto de estar en otro tiempo y habitar otro cuerpo, Daniel asume feliz la vida de Tozani, joven guerrero azteca. Luego vislumbra un plan descabellado,◊ ambicioso y tentador: destruir a Cortés y evitar la masacre.

insensato

From *The Americas Review* 19.3–4 (1991): 17–23

* * *

¿Cómo podía contar la historia de un estudiante mexicano? ¿Qué diablos podía yo decir de un país donde ni siquiera había estado? ¿Qué sabía yo de tortillas calentitas y volcanes?

Una cosa era sacar un relato de los libros, (Soustelle, Gary Jennings), reescribir lo que ya había sido machacado, y otra muy distinta era ponerle algo de mí a la narración, darle un poco de vida. Porque yo no concebía la escritura de un texto—así fuera un proyecto menor, esencialmente lucrativo, para una gran casa editorial—sin que llevara algo real, algo *auténtico*.

Podía partir de mi experiencia del destierro. Cubanito refugiado. El dolor de la ruptura, supuse, siempre es el mismo. Sólo tendría que disfrazar levemente los hechos, darles color local, mexicanizar mi exilio cubiche. En realidad, pensé, no era un proyecto irrealizable. Me documentaría conversando con un par de *cuates*, un profe de español y un artista. Después me dejaría arrastrar, llenando de palabras (preasignadas) la fascinante anécdota.

Fue así que me vi describiendo a un personaje que sueña y se desplaza, que *se pierde*. Fue así que me adentré en su pesadilla. Daniel regresaría a su pueblo (¿como deseaba yo regresar al mío?) para vivir la más desafiante de todas las aventuras.

* * *

Algunos detalles de intrahistoria y *backstory*: resulta que Tozani está casado con una hembra buenísima, azteca de pura cepa, ojos verdes y curvas tremendas. Y Daniel mosquitamuerta se coge a la esposa del guerrero, haciéndose pasar por él y sacándole un *fringe benefit* a su aventurita.

Luego resulta que el Emperador nombra a Tozani "Águila de Luz", un gran honor, y le pide que vaya al encuentro de los dioses blancos, llevándoles ofrendas. Pero Tozani (que en realidad no es Tozani sino Daniel Flores) sabe muy bien que no se trata de seres divinos, sino de seres muy "humanos": los españoles. Y claro, Daniel, siendo estudiante de historia, está muy enterado de todos los sucesos. De hecho, una de sus fantasías ha sido siempre desplazarse en el tiempo y salvar su civilización, la otra, la *verdadera*.

En fin, que Daniel-Tozani le confiesa enternecido a su esposa, en víspera del encuentro, que no piensa agasajar◇ a los blancos, sino destruirlos. ¡No lo hagas, esposo!, ella le implora.

festejar

Pero Daniel-Tozani no la escucha. Sólo le pide un lindo recuerdo, por si acaso no vuelve. Y ella le agarra la onda, entregada y obsequiosa. A la mañana siguiente, Daniel—encarnando a Tozani—parte en pos de su historia, dispuesto a pelear por el triunfo de sus antepasados.

Como todos sabemos, *c'est domage,*◊ Daniel no logra su objetivo. Le pega un buen susto a Cortés, eso es todo; casi mata a Alvarado, y le da un sendo trastazo◊ en la cabeza a la Malinche. Lucha como todo un hombre, comandando a sus soldados. Pero pierde y tienen que hacer retirada, él y unos cuantos sobrevivientes, rumbo a Tenochtitlán. Y allí, pues nada, que lo regaña duramente el Emperador. Porque Daniel-Tozani es muy "echao p'alante"◊ y lo primero que hace cuando regresa a la ciudad es decirle a Moctecuhzoma que está equivocado (¡habráse visto mayor atrevimiento!), que Cortés no es Quetzalcóatl, dios creador de los aztecas, que regresa buscando su reino, sino un vil hombre apestoso e ignorante. Y el Emperador que se encojona (y no era para menos), temeroso de la ira del creador. Y condena a Tozani a la pena de muerte, bajo el filo de un cuchillo de obsidiana. Su corazón en sacrificio a Quetzalcóatl, dios de todos los comienzos.

¡qué lástima!

golpe fuerte

atrevido

* * *

Quinto sol no vio nunca la luz. Sé que todavía lo usan por ahí, en algún college de Orange County. Sé que el manuscrito va de mano en manito, como los chismes y las malas noticias.

Al cabo de los años—siendo ya todo un "señor escritor"—me doy cuenta que el relato no fue escrito para ser publicado, y mucho menos para que los amigos de la gran editorial incrementen sus ventas; mucho, muchísimo menos, para que miles y miles de gringuitos tengan una grata experiencia de lectura en su *second language*. La razón de su escritura fue otra.

* * *

¿Rescatar algo del texto? Tarea difícil, porque no guardé copia del manuscrito (en aquellos días todavía no "salvaba" las palabras en los *files* de un ordenador).◊

computadora

Creo que empezaba más o menos así, en primera persona:

Mi vida en la capital (donde yo no había estado, lo repito) se hizo difícil. Extrañaba a mis padres (mis verdaderos padres habían quedado atrás, en Cuba); extrañaba la vida tranquila de Ayapango (Ciego de Ávila), la comida casera, las tortillas calentitas amasadas por mi madre (chicharrones y yuca), el enorme nogal del patio y sus nueces que caían como lluvia (un cocotero); el olor a humo de la cocina, la lucha diaria con las ardillas (en la realidad de mi recuerdo, cucarachas) y los animales que querían devorar el maíz almacenado (comida que mi padre compraba en contrabando); el techo de dos aguas (un chalet que mi familia hizo construir a raíz de la Revolución). Pero lo que más extrañaba de mi pueblo era la vista imponente de los dos volcanes, Ixtaccíhuatl y Popocatépetl (en la experiencia de mi patria, el Pico Turquino).

En algún momento del relato llegaba el cruce del umbral, en tercera persona:

Se quedó dormido hacia las tres de la mañana. Y soñó con la Piedra de Sol. Podía penetrarla, recorrer dentro de ella el tiempo. Vio su propio rostro retratado en la superficie de la roca, junto a Tonatiu, dios del sol. Al penetrar la piedra sintió un calor intenso. Y escuchaba, mientras viajaba al mismísimo centro, un susurro lejano que decía Tozani. Voz de mujer que le dice y le grita ¡Tozani!

Abre por fin los ojos y ve su cuerpo, está casi desnudo; lo cubre un taparrabos de tela muy áspera. No siente el olor dulce del café de su madre, pero escucha una voz de mujer . . . Tozani . . .

Una calle amplia, casas de paredes muy blancas, jardines, y a lo largo de toda la avenida el agua, el lago, hombres en canoas, hombres vestidos como él, taparrabo y manto, hombres cubiertos de plumas, vestidos con pieles de tigre, con lanzas; hombres, mujeres y niños que lo miran y sonríen . . .

Una escultura esplendorosa, el rosotro de Tonatiu, su mirada fija en el vacío, la boca abierta, con hambre de tiernos y jóvenes corazones.

Las colas de dos serpientes se juntan en la fecha sagrada de la creación . . .

* * *

Quiero pensar que Julio tenía razón, que estaba en lo justo, que mi librito era demasiado plagio de uno de sus cuentos. *Usted me pidió mi opinión y se la doy con toda sinceridad* . . .

A veces digo no, te equivocaste, che. Lo tuyo es lo tuyo y el *Quinto sol* es mi parto. No pensarás que sólo vos podés° hablar de los aztecas y los viajecitos en el tiempo. ¿Dónde se ha visto

tú puedes

autoridad igual, chico? *La trama de ambas cosas parecería revelar una influencia excesiva de mi relato . . .*

La sabia editora de la gran editorial husmeó◊ desde el primer momento el parecido. Aquí me huelo yo Julio encerrado, dijo poco después de leer el manuscrito. Un *tour de force*, sin duda, te felicito. Es exactamente lo que te pedimos, pero, por si las moscas,◊ pide permiso, mándaselo a Cortázar a ver que opina.

got wind of — por si acaso

Y yo, obediente escribidor agarrado con las manos en la masa, así lo hice.

Un día, sin poder sobreponerme a la sorpresa, recibí contestación. Una carta frágil de puño y letra, papel de cebolla, tinta negra, caligrafía nerviosa, palabras gentiles, dignas de Julio. Una carta escrita el 18 de septiembre de 1983, poco antes de su muerte.

Sumido en la vergüenza de mi plagio, guardé la misiva. Usted tenía razón, le dije a la editora, mordiéndose la lengua. Hay Julio encerrado en mi relato.

* * *

Uno de los guardias mira a sus alrededores, pero no me ve. Ya casi llego al escondite del "dios" blanco. Un soldado a la entrada. Un golpe de cuchillo y cae al suelo. Agarro su bayoneta.

—¡Buenas noches, señores!—, les apunto. —¡Quietos todos!— Alvarado se me tira encima; le disparo. Cortés y Malinche se miran y me mira, incrédulos. —No esperaba esta visita, ¿verdad, capitán?—, le pregunto en su idioma. Malinche tiembla. Cortés mira a Alvarado, muerto o mal herido en el suelo. —El menor movimiento y los mato a los dos—, les grito.

—El indio aprendió nuestra lengua, Malinche—, dice el Conquistador. —Es increíble, ¿no crees? Esta gente es mucho más inteligente de lo que yo pensaba . . . ¿Cómo te llamas, indio?

Tozani, Aguila de Luz.

—Entonces, Tozani, supongo que ya conoces nuestros planes.

—Sí, sé lo que vas a hacerle a mi pueblo.

—¡Imbécil! Nada pueden tus armas primitivas contra mis cañones.

—Un paso más y disparo—, le digo, y jalo◊ a Malinche,

pull

envolviendo su cuello con un brazo. —Si te mueves la mato, y no tendrás cómplice para tu invasión.

—¡Corre, Hernán!—, grita la amante. —¡Corre a luchar con tus hombres!

—¡Traidora!—, con el filo de mi mano le golpeo la nuca y cae desmayada. —Ahora no tenemos testigos, hombre blanco.

—¿Testigos de tu muerte?

—No, de la tuya, porque voy a matarte, Hernán Cortés.

* * *

Releí la carta cuando ya empezaba a dolerme un poco menos su muerte.◇ La encontré donde acabo de encontrarla hace un momento, acariciada tiernamente por dos páginas de *Salvo el crepúsculo*.

de Julio Cortázar

Porque de pronto quiero reclamar un pedazo de Julio, dejarlo vivir otra vez, a mi manera. Decir, por ejemplo, que por mucho tiempo me sentí personaje de Julio, títere suyo, admirador febril y subyugado, sombra de un texto de Julio.

¿Cómo evitar su influencia, deshacerme de él? ¿Quién, en su insano juicio, podía darse el lujo de despedir a un *tal* Julio, de cantarle por fin una buena milonga?◇

canto argentino de donde se originó el tango

* * *

Cinco soldados me sujetan y me empujan a lo largo de la Gran Plaza, hasta la Pirámide. Escucho los gritos de la gente. ¡Ayyo Ouiyya! Se despiden de Tozani, único guerrero capaz de desafiar al poderoso Uey-Tlatoani Moctecuhzoma. El que encaró◇ a los invasores, en vez de ofrecerles ofrendas y regalos.

enfrentó

Entramos al templo de Huitzilopochtli. Está oscuro y apesta a sangre seca. Encienden las antorchas y me atan a una cama de piedra. Cierro los ojos, exhausto, vencido. Me arrancan la poca ropa que llevo y quedo desnudo. Sobre el suelo, a mi lado, colocan las armas, llenas de polvo . . .

Y aparece un hombre vestido de plumas, rostro blanco; en su mano derecha la obsidiana. Detrás de él, Moctecuhzoma. El Emperador hace un gesto y el sacerdote me dice —¡Ayyo! Estamos preparados para concederte una última palabra, Tozani. Habla.

—¡Sí! Hablaré—, le grito. —¡Los blancos no son dioses! ¡Y Moctecuhzoma es un cobarde!

El Emperador le arrebata al sacerdote su cuchillo. Sus ojos encendidos, sus manos temblorosas. Esta vez será suyo el honor de abrirle el pecho a un prisionero.

—¡Moctecuhzoma es un cobarde!—, le grito.

Una serpiente me recorre la sangre y me desgarra las entrañas. Un sueño intenso. *Cobarde.* Me hundo hasta el centro, *cobarde*, hasta el profundo centro de una piedra . . .

Ahora sé que Daniel Flores nunca despertará.

* * *

Estimado amigo:

La lectura de su novela muestra una semejanza considerable con mi relato "La noche boca arriba". No solamente en el plano de lo fantástico, sino en el hecho de que éste se cumple dentro de un contexto histórico equivalente al de mi cuento, o sea el mundo mexicano de las culturas precolombinas.

La trama de ambas cosas parecería revelar una influencia excesiva de mi relato, que cualquier lector de su novela no tardaría en sentir.

Usted me pidió mi opinión y se la doy con toda sinceridad, a la vez que alabo la vivacidad con que se desarrolla su relato y los muchos aciertos que tiene.

Le envía un saludo cordial,

Julio

* * *

Sé que él era gigantesco de estatura, que tenía ojos enormes de niño solitario, que era tierno. Nunca llegué a conocerlo (en persona, quiero decir). Y sin embargo, cuando murió fue como si la vida no valiera, como si de pronto se esfumaran todos los cuentos del universo.

Se me murió un amigo, coño.

El pedido de la editorial, las largas horas de plagio recreativo, de sudor en las sienes, los sueños de ver mi relato convertido en texto de lectura para los chicos (sueños que ahora tan poco me importan), todo se combinó para que yo, al estilo de Julio, recibiera el anuncio de su fin.

Preguntas:

1. ¿Quién es el narrador y cuál es su profesión?
2. ¿Qué le encargó la editorial al narrador? ¿Cómo se llamará?

3. ¿De qué trataría el relato?
4. ¿Por qué sería problemático el relato para el narrador?
5. ¿Cómo tratará de resolver el problema?
6. ¿Cúal es la diferencia entre Daniel Flores y Tozani?
7. ¿Qué le pide el Emperador a Tozani? ¿Qué piensa hacer Tozani y por qué?
8. ¿Qué le pasa a Daniel/Tozani?
9. ¿Cuál ha sido el paradero de la novela *Quinto Sol*?
10. ¿De qué se da cuenta el escritor y qué pretende hacer?
11. En su recapitulación de la novela, ¿a qué se refiere el escritor entre paréntesis?
12. Según relata el escritor, ¿qué opinaba Julio (Cortázar) de su novela? ¿Tenía razón?
13. ¿Qué sucede en la continuación de la novela?
14. Después de la muerte de Julio Cortázar, ¿cómo quiere honrarle el escritor?
15. ¿Qué le sucede a Daniel/Tozani?
16. ¿Cómo experimentó el escritor la muerte de Cortázar?
17. ¿Llegó a publicarse *Quinto Sol*? Explique.

Para comentar:

1. El cuento no sólo es un acusado caso de metanarrativa (incluye comentarios sobre la escritura dentro de otra escritura) intertextual (referencias —aquí explícitas— a otro texto), sino un verdadero logro de duplicación interior. Comente los *dos* relatos aquí referidos.
2. Comente la ironía de que el escritor no ha sido capaz de publicar una obra que expresaría su admiración por Julio Cortázar.

Temas de composición:

1. Refiérase a las sugerencias que el autor da en su introducción.